D1754408

LA DINASTÍA BORBÓN
Antecedentes y protagonismo en la Historia de España
LA FAMILIA REAL ESPAÑOLA

RAMÓN LÓPEZ VILAS. Abogado del I. C. de Madrid desde 1969. Catedrático de Derecho Civil desde 1974. Vocal Permanente de la Comisión General de Codificación desde 1979. Magistrado del Tribunal Supremo desde 1986; excedente voluntario desde 1991. Académico Electo desde 1995 y Académico de Número desde 2001 de la Real Academia de Jurisprudencia y Legislación. Es, además, Director de la Casa de Galicia en Madrid desde el año 2000.

Ha sido Director General de la Presidencia de las Cortes Constituyentes; Director del Gabinete de la Presidencia del Consejo de Estado; Diputado de la Junta de Gobierno del Colegio de Abogados de Madrid; Vocal de la Junta Electoral Central; Miembro de la Sala Especial del Tribunal Supremo; Profesor de Derecho Civil y Mercantil del Centro de Estudios Judiciales, etc.

Fue Premio Extraordinario de Licenciatura; Premio Nacional Fin de Carrera; Doctor en Derecho por la Universidad de Bolonia y Premio "Víctor Manuel" a la mejor tesis doctoral; Becario de la Fundación March; Premio de la Real Academia de Jurisprudencia y Legislación; Ex-pensionado en las Universidades de Bolonia, París y Florencia, etc.

Autor de varios libros y de diversas publicaciones sobre materias jurídicas de Derecho Civil y Mercantil y de Derecho Nobiliario, se ha ocupado también de temas relativos a la Corona y a la Familia Real Española: "La sucesión en la Corona" en el libro *La Corona y la Monarquía Parlamentaria en la Constitución de 1978*. Editorial Universidad Complutense. Madrid 1983 y "Títulos, tratamientos y honores de la Familia Real. El Registro Civil de la Familia Real" en el libro *La Monarquía Parlamentaria*. Congreso de los Diputados. Madrid. 2001.

JOAQUÍN Mª NEBREDA PÉREZ. Abogado en ejercicio, Doctor en Derecho y Diplomado en Genealogía, Heráldica y Nobiliaria. Ha desarrollado su actividad profesional y privada en Bilbao y Madrid.

Participó en la transición política a la democracia como miembro de la Ejecutiva Regional de U.C.D. del País Vasco (1978-1982), ocupando los cargos electos de Teniente de Alcalde en el Ayuntamiento de Guecho (Vizcaya) y de Juntero en las Juntas Generales de Vizcaya.

Su dedicación profesional ha estado enfocada al Derecho de la actividad industrial, tanto en calidad de Director del Servicio Jurídico de Distribución y de Mercados de Iberdrola SA como por su condición de autor de diversos trabajos en revistas especializadas y en obras colectivas.

En este campo, del Derecho de la actividad industrial, destacan sus dos obras: *Distribución eléctrica. Concurrencia de disciplinas jurídicas*. Cívitas, 2ª ed. Madrid. 2003 y *Títulos habilitantes en el sector de las telecomunicaciones*. La Ley, Madrid. 2000.

Actualmente concluye un trabajo sobre Derecho de la contratación pública y privada, y prepara un estudio sobre "Implantación de redes en el territorio (electricidad, gas, telecomunicaciones y aguas)".

Siguiendo su vocación por los estudios históricos, prepara su segunda tesis doctoral, en Historia, con un trabajo sobre Nobiliaria española.

Ramón
López Vilas

Joaquín Mª
Nebreda Pérez

LA DINASTÍA BORBÓN
Antecedentes y protagonismo en la Historia de España
LA FAMILIA REAL ESPAÑOLA

VELECÍO EDITORES

Primera edición: mayo, 2004

Cubierta:
el Rey Juan Carlos I recibe a su hijo el Príncipe Felipe
en Palma de Mallorca. 16 de agosto de 1998

Todos los derechos reservados.
Prohibida la reproducción total o parcial de este libro
por ningún procedimiento electrónico o mecánico,
sin el consentimiento por escrito del editor.

© Ramón López Vilas, 2004
© Joaquín Mª Nebreda Pérez
© De las fotos de cubierta Europa Press

© Velecío Editores, 2004
Ramón Azorín, 2
28047 Madrid
Teléfonos: 91 470 17 11 - 91 479 22 11
Fax: 91 464 68 70
E-mail: velecio@telefonica.net

ISBN: 84-933530-1-9
Depósito legal:
M-23923-2004

Impreso en España - Printed in Spain

ÍNDICE

Nota preliminar

    CONSIDERACIONES PREVIAS DE LOS AUTORES 17

I ANTECEDENTES HISTÓRICOS DE LA DINASTÍA BORBÓN

    El Renacimiento y la idea del imperio español 35
        Concepto de Renacimiento 35
        Renacimiento y economía 37
        Renacimiento y política 39
        Renacimiento y cultura 40
        La idea del imperio 42
        Las posesiones de Carlos I y Felipe II 43
        Aspectos políticos del Imperio en la península 44
        La religión y el Imperio 47

    La dinastía de los Trastamara 53
        Isabel I y Fernando II, los Reyes Católicos 54
        Juana I la Loca y Felipe I el Hermoso 57
        Árbol genealógico de la dinastía Trastamara 60

    La dinastía española de los Austria 61
        Carlos I el Emperador 62
        Felipe II el Prudente 64
        Felipe III el Piadoso 67
        Felipe IV el Grande 69
        Regencia de Mariana de Austria 70
        Carlos II el Hechizado 71

II LA DINASTÍA ESPAÑOLA DE LOS BORBÓN

    Origen de los Borbón 75
        Cuestión sucesoria (Absburgo-Borbón) 76

    La Ilustración 81

    Concepto 81
        Ubicación cronológica 81
        Ilustración y economía 82
        Ilustración y cultura 83
        Ilustración y política 84
        Felipe V el Animoso 85

　　　　Luis I El Liberal 92
　　　　Fernando VI el Justo 93
　　　　Carlos III el Político 96

　　El Romanticismo 103

　　　　Concepto 103
　　　　Romanticismo y economía 103
　　　　Romanticismo y política 104
　　　　Romanticimo y cultura 106
　　　　Carlos IV el Cazador 108
　　　　José I, Bonaparte Pepe Botella 114
　　　　Fernando VII el Deseado 116
　　　　Regencia de Mª Cristina de Borbón 122
　　　　Regencia del General Espartero 125
　　　　Isabel II la de los tristes destinos 127
　　　　Regencia del general Serrano 134
　　　　Amadeo I, de Saboya 136
　　　　I República 137
　　　　Cuestión sucesoria. Guerras Carlistas 141
　　　　Las guerras carlistas 144
　　　　Desarrollo posterior de la rama carlista 146
　　　　Alfonso XII el Pacificador 148
　　　　Regencia de Mª Cristina Habsburgo-Lorena 152

　　El convulso Siglo XX 157

　　　　Alfonso XIII 159
　　　　II República y Guerra Civil 168
　　　　Régimen del General Franco 174

III　JUAN CARLOS I, REY DE ESPAÑA

　　Juan Carlos I, legítimo heredero de la dinastía histórica 183

　　　　Proclamación constitucional del Rey Juan Carlos I
　　　　como "heredero legítimo de la dinastía histórica" 183
　　　　Conexiones españolas de los Orleans y de los Baviera 191

　　Juan Carlos I Rey de todos los españoles 193

　　　　Monarquía y Democracia 193
　　　　Discurso pronunciado por S.M. el Rey
　　　　en la apertura solemne de las Cortes Constituyentes.
　　　　22 de julio de 1977 197

Discurso pronunciado por S.M. el Rey
en la sesión solemne de sanción de la Constitución.
27 de diciembre de 1978. Comentario 203

Acontecimiento más relevantes
durante el reinado de Juan Carlos I. Cuadro sinóptico 209

IV CORONA DE ESPAÑA, FAMILIA REAL Y CASA DEL REY

Corona de España 217

Familia real y casa de S. M. el Rey 219

Títulos, tratamiento y honores de la Familia Real 223

El Registro Civil de la Familia Real 231

V EL PRÍNCIPE DE ASTURIAS, HEREDERO DE LA CORONA DE ESPAÑA

El Príncipe de Asturias y la sucesión en el Trono
(Art. 57.1 c.e.) propuesta de modificación 235

La dignidad del Príncipe de Asturias
y los demás títulos vinculados
al sucesor de la corona. Art. 57.2 c.e. 255

El matrimonio del Príncipe de Asturias. Art. 57.4 c.e.
La monarquía del siglo XXI 263

ADDENDA

Bandera y Escudo de España 277

Himno de España 281

Cuadro histórico-cultural de medio milenio 285

Reyes y Jefes de Estado de medio milenio 291

Nota preliminar

Los autores nos congratulamos de que, con motivo de la recientísima apertura de la VIII Legislatura de las Cortes Españolas, se ha hecho patente, en solemnidad tan importante y significativa, el criterio unánime sobre la necesidad de superar el principio tradicional de postergación de la mujer al hombre en las previsiones de sucesión en la Corona.

En este mismo sentido, a favor de la igualdad hombre-mujer, nos pronunciamos decididamente en la presente obra, en el amplio Capítulo consagrado al Príncipe de Asturias, sugiriendo al respecto un procedimiento de reforma del apartado 1 del art. 57 CE, mediante ley orgánica prevista en el apartado 5 del propio precepto. Con ello se salvaría el férreo y traumático blindaje que prevé el art. 168 CE, pensado, en realidad, para la modificación de la Monarquía como forma de Estado: acuerdo con mayoría cualificada de dos tercios de cada Cámara, disolución inmediata de las Cortes, ratificación de la decisión por las nuevas Cámaras y aprobación del texto por mayoría cualificada de dos tercios de las Cámaras elegidas y posterior referéndum para ratificar la reforma.

Como decimos en el libro, resulta desproporcionado e ilógico que tales prevenciones y cautelas, claramente disuasorias para evitar cuestionar la Monarquía como forma del Estado español, se apliquen a una reforma o actualización, concreta y puntual de la Constitución, que sólo afecta a la mejora funcional de la Institución, adecuándola a la realidad social del tiempo presente. Y todo ello en línea y concordancia, además, con la decisión tomada por el Príncipe de Asturias en su compromiso matrimonial, que es también claramente rupturista con la tradición secular de la Monarquía española y que se justifica plenamente como adaptación a los nuevos tiempos[1], que rechazan la subsistencia, con sus efectos gravísimos de pérdida de los derechos sucesorios, de la también anacrónica figura de los matrimonios morganáticos o "desiguales", vigente en España hasta la promulgación de la Constitución de 1998.

En el caso de que la reforma del art. 57.1 C.E. se sometiera, en cambio, a las previsiones del aparatoso y complicado blindaje antes citado, con la disolución de estas Cortes recién constituidas al final del periodo legislativo de cuatro años, nos situaríamos en el año 2008[2].

Como decimos en el libro, es lógico que en ese amplio margen de tiempo, el Príncipe Felipe (hoy a menos de un mes de su matrimonio) sea padre. Si los previsibles y deseables alumbramientos de la Princesa de Asturias dentro de los próximos cuatro años se concretaran en una primogénita niña y un segundogénito niño, se correría el evidente e innecesario riesgo de no haberse hecho efectiva la reforma preconizada, pues, en tal supuesto, los derechos sucesorios los adquiriría, "desde su nacimiento" (art. 57.2 C.E.) el hijo varón en perjuicio de la primogénita, con lo que resultaría que en España seguiría subsistiendo hasta prácticamente finales del presente siglo XXI (previsible acceso al trono del primogénito/a del hijo varón mayor del Príncipe Felipe) una anacrónica y no deseada norma discriminatoria que, hoy día, ya es manifiestamente contraria a las actuales demandas sociales y al contexto jurídico-constitucional de todo nuestro entorno y de todas las demás Casas Reales europeas, con la excepción de Inglaterra[3] ...y naturalmente, de las llamadas monarquías de los países árabes.

A nuestro juicio, por tanto, la reforma que proponemos, con base en el artículo 57.5 y por el cauce parlamentario de la mayoría cualificada (sin necesidad de medidas traumáticas que afecten a la vida política ordinaria), debería situarse y proyectarse ya en la descendencia del Príncipe Felipe, y antes de que se produzca el

---

[1] De "modernización" y de "actualización o adaptación de la Monarquía a los nuevos tiempos" ha hablado insistentemente, para defender y justificar la elección matrimonial del Príncipe Felipe, viendo en doña Letizia Ortiz una mujer "representativa de su tiempo: profesional emancipada, divorciada, sin hijos y que vivía de su trabajo en el que triunfaba, tras años de esfuerzo y dedicación".

[2] No es lógico pensar que los parlamentarios recién elegidos propicien una autodisolución sustancialmente anticipada y tan desproporcionada para un referéndum de resultado fácilmente pronosticable.

[3] Monarquía secular de gran tradición, pero que, ciertamente no goza hoy día del prestigio de tiempos pasados.

nacimiento del primogénito/a[4], para evitar así posibles tensiones que, en su caso, pudieran hipotéticamente plantearse en el futuro, en un contexto ya absolutamente generalizado y arraigado de igualdad hombre-mujer.

Y como cierre de todo lo dicho, hay que subrayar que la reforma preconizada en este libro, centrada en la descendencia del Príncipe Felipe, no podrá calificarse de "precipitada", habida cuenta que la "efectividad" de la misma normalmente no se produciría hasta dentro de unos cuarenta años, que es la fecha aproximada de acceso al trono español del primogénito o primogénita de los Príncipes de Asturias.

Madrid, abril, 2004

---

[4] Nos parece preferible y más oportuna en el tiempo esta fórmula a la seguida, por ejemplo, en la Monarquía de Suecia. Nacida ya la Princesa Victoria en 1977, se promovió por el gobierno conservador de dicho país la abolición de la ley que impedía el acceso de la mujer al trono y se proclamó un nuevo orden sucesorio que, de acuerdo con el sentir general, otorgaba aquel derecho al primogénito/a, independientemente de su sexo. El Parlamento modificó la Constitución en 1980 cuando ya había nacido el "afectado" por la reforma, el Príncipe Carlos Felipe (1979) y antes del nacimiento de la Princesa Magdalena (1982).

LA DINASTÍA BORBÓN
Antecedentes y protagonismo en la Historia de España
LA FAMILIA REAL ESPAÑOLA

Consideraciones previas de los autores

> *"¡Ay España! Non a lengua nin ingenio que pueda contar tu bien".*
>
> Apóstrofe al título XIX, *Loor a España,*
> de la primera *Crónica General de España*
> de Alfonso X el Sabio (1252-1284).

Los autores de la presente obra somos dos juristas, de vocación y de profesión, unidos por una pasión común: la historia de España. El libro que presentamos tiene la inmodesta pretensión de ofrecer a sus lectores una visión panorámica de los quinientos últimos años de la historia de España, al hilo de las tres dinastías que en ella reinaron desde los albores de su unidad política hasta nuestros días, si bien prestamos una mayor atención a la dinastía Borbón que ha ocupado el trono en los últimos tres siglos, con los conocidos y, por otra parte, breves interregnos de la presencia napoleónica, de la dinastía Saboya y de las dos Repúblicas, además de los casi cuarenta años de franquismo.

Tras el repaso histórico descrito, nos ocupamos específicamente de la figura trascendental del Rey Juan Carlos I y todo lo que nuestro Monarca ha venido a significar en la historia reciente de España. Nos referimos después a la institución de la Corona y a la actual Familia Real española, para consagrar el Capítulo V de nuestra obra a la figura del Príncipe de Asturias. Cerramos nuestro trabajo con una breve reseña sobre la bandera española, el himno nacional y unos cuadros sinópticos comparativos del medio milenio analizado.

En definitiva, presentamos una historia de España a través de sus reyes, desde los Reyes Católicos a Juan Carlos I, con especial referencia a la Casa de Borbón, y ofrecemos una visión histórica esquemática con una triple finalidad, que pasamos a exponer en las siguientes líneas.

En primer lugar, nuestra pretensión es "utilitarista"; es decir, arranca del convencimiento de la utilidad del presente libro, fruto de dos años de reflexión común, para quienes deseen acercarse a nuestra historia en una visión de conjunto y de fácil lectura.

En esa línea aspiramos a facilitar el acceso al conocimiento de nuestra común andadura, a lo largo de los últimos cinco siglos, seguros de que el desconocimiento de nuestra historia ha sido causa, no irrelevante, de nuestra propia falta de estima como nación, de un cierto complejo de inferioridad y de un manifiesto pesimismo colectivo que se tornaba en autodenigración que es *"ligera y suicida..., que es necedad..."*, en palabras de Juan Guixe (*Idea de España. Ideales españoles*. Madrid, 1915), y, también, causa de la injustificada creencia de que el reconocimiento de nuestra historia, con sus luces y sombras, es signo de desmesurado conservadurismo, mientras que parece representar progresía la articulación de cualquier sucedáneo de la realidad histórica que justifique demérito o devaluación.

En segundo lugar, ya centrados en el análisis de la España actual, nos recreamos en la figura del Rey Juan Carlos I, uno de los monarcas más relevantes de nuestra historia, porque ha sabido aunar en su persona las esencias y los valores permanentes de la Monarquía, con sus arraigadas y acreditadas convicciones democráticas, poniendo fin así, con su fecundo reinado, a la secular contradicción entre Monarquía y Democracia, al tiempo que ha convertido en cuestión no prioritaria la dialéctica Monarquía-República.

Y tras él, la figura pujante y esperanzadora de su hijo, el Príncipe de Asturias, que con sus actitudes y compromisos se perfila como el futuro Rey representativo de la Monarquía del siglo XXI. Monarquía que ya se atisba en el horizonte, europeo y español, como la Monarquía con nueva imagen de modernidad y de cercanía.

Si en su alta función institucional, arbitral e integradora, don Juan Carlos ha sido, sin duda, el Rey de la libertad, don Felipe puede ser, en el futuro, el Rey de la igualdad. Valores, uno y otro, que constituyen, con la justicia y el pluralismo político, los valores superiores de nuestro Ordenamiento jurídico, según proclama solemnemente el artículo 1 de nuestra Constitución.

Nuestra tercera pretensión, y a ello consagramos el resto de este Prólogo, es rendir homenaje a la idea de España, en horas de confusión y tibieza, preguntándonos sobre el ser de España e invitando a nuestros lectores a tal reflexión.

España, como otras naciones-estado, es un complejo concepto cultural, económico y sociológico, en nuestro caso, resultado de la fusión de mil razas y culturas, consecuencia de su posición en el cierre occidental del área mediterránea, cuna de nuestra civilización.

Señala Francisco Rodriguez Adrados, en su discurso de ingreso en la Real Academia de la Historia (*"¿Qué es Europa?. ¿Qué es España?"*. Madrid. 2004): *"A lo largo de dos milenios hemos asistido a la creación de la idea de España, a sus problemas después, a su unificación más tarde en el reino godo, a su disolución cuando la invasión musulmana, a su reunificación con la Reconquista. Hemos asistido a su renovado anclaje en la Antigüedad y en el mundo europeo, a su conquista de América y su retirada de América, a su larga travesía, por las aguas del Renacimeinto y el Humanismo, ..., por la Ilustración,".*

España, desde hace casi quinientos años, se presenta como una unidad jurídico-política continuadora de voluntades sociales y políticas que se pierden en la Hispania romana. Dice Julián Marías en *España inteligible* (Alianza Editorial, Madrid, 2002. 2ª edición) que *"La primera unidad humana de España es consecuencia de su romanización... Roma superpone a la península una unidad administrativa, política, lingüística y finalmente religiosa. Hispania como provincia (o conjunto de provincias) es la primera versión de 'España', todavía no propiamente española".*

Ya se presentan como ciertas estas voluntades sociales y políticas en la época visigótica. Así, nuevamente, Julián Marías, en su obra citada, señala que a mediados del siglo V, y tras la presión ejercida por los francos, los visigodos ocupan, prácticamente, la península Ibérica: *"Es decir, la transformación del poder político va a hacer coincidir la monarquía goda con lo que había sido la España romana, y anticipa lo que será después propia y rigurosamente España... Y se forma una comunidad —ciertamente no 'nacional'— cuyos ingredientes son: la población originaria romanizada, de lengua latina y religión en su mayoría cristiana católica; los restos de la organización romana y la pujante organización eclesiástica; por último, un elemento étnico —minoritario, pero apreciable— germánico, que ejerce el poder político pero está separado de los habitantes originarios por la forma herética arriana de su cristianismo".*

Desde luego, en la época de los distintos reinos medievales es incontestable su plena identidad, política y social, y su voluntad común, expresada en el proceso de la Reconquista, cuando menos a partir de la consolidación del Reino de Castilla y León, en el siglo XI con Alfonso VI. Efectivamente, los reinos de Castilla y León, de Navarra y de Aragón y los condados catalanes estaban movilizados todos en un afán común, actuando como argamasa de tan compleja e itinerante sociedad, en permanente avance y repoblación, la fe cristiana.

Recordemos cómo Alfonso VI y Alfonso VII, en los siglos XI y XII, utilizan el título de *Imperator Totius Hispaniae* aunque, es evidente, que en absoluto representa, tal título, lo que llegaría a representar en la Edad Moderna el de Rey de España, momento en que se constituye como primer Estado de Europa.

El concepto de España se hace efectivo, políticamente, con Carlos I cuando, en 1517, asume el poder efectivo y tiene su antecedente inmediato en la unión personal de los reinos peninsulares que supuso el matrimonio de Isabel I de Castilla y Fernando II de Aragón, pero trae su causa, jurídico-política, del Reino de Asturias y, con anterioridad, de la sociedad visigoda, cuyos cimientos fueron los de la Hispania romana, que consolidó, aunque fuera arrasada después por la invasión musulmana, una forma común de convivencia en la península Ibérica.

Estamos, en consecuencia, hablando de una nación que empezó a hacerse hace mil quinientos años y que conformó su unidad política hace casi medio milenio.

Entrando ya en el análisis del proceso de formación de España, cabe señalar que es común la idea de que Castilla "se hizo" España, más que España creciera en torno a Castilla. Así Julián Marías, recordando a Ortega y a Sánchez Albornoz mantiene, en la obra reiterada, esta tesis que la perfecciona estableciendo que *"Castilla se dedicó, no a hacer España, sino a hacerse España"*. Igualmente Harold Raley, en *El espíritu de España* (Alianza Editorial, Madrid, 2003), reproduciendo el criterio de estos pensadores españoles, ratifica el juicio: *"Aunque Castilla lideró la Reconquista española, nunca trató de forjar España a su imagen castellanizando las tierras no castellanas; en consecuencia, nunca llegó a ser un país, al principio no fue ni siquiera un reino"*.

La prioridad de la Reconquista, como objetivo de religión, que unió a todos los reinos cristianos medievales, se impuso a cualquier otro interés territorial, razón primera por la que el proceso de unidad política de los Reyes Católicos, que puso en práctica Carlos I, conlleva el reconocimiento de una pluralidad de reinos que si ha permanecido latente hasta nuestros días es, probablemente, porque existió, además, siglos después, una segunda razón, como señala el profesor Fernando García de Cortázar, *en* "La nación española : historia y presente" (*Papeles de FAES, nº 63, Madrid, 2001) "... no triunfaron del todo las tesis jacobinas deseosas de hacer tabla rasa de los antiguos reinos de tal forma que las viejas fronteras continuaran presentes en la mentalidad popular..."*.

No cabe duda de que esta pluralidad, que Castilla no ahogó y que por principio es enriquecedora, ha producido, y produce, por su exacerbada utilización, distorsiones que ponen, permanentemente, en cuestión el propio concepto de España, con manifiesto desprecio de nuestra historia y de la común identidad labrada a lo largo de más de un milenio.

Pero no sólo hay un objetivo religioso en la Reconquista. Ramón Menéndez Pidal (*Historia de España. Introducción*. Tomo I, Espasa Calpe, Madrid, 1947) descubre, también, un objetivo unitivo de todos los españoles. *"El propósito de recobro total del suelo patrio, que nunca dejó de ser popular, se sintió cumplido en el siglo XIII, y tanto el pueblo como los reyes miran terminada la gran obra, sabiendo que era empresa unitiva de la España total. Entre poetas gallegos y cronistas castellanos encontramos popularizada la frase bien expresiva: Fernando III y Alfonso X ganaron a España de mar a mar, esto es, desde el mar de las Asturias hasta el de Sevilla y hasta el de Cartagena, ámbito de casi totalidad, que ningún otro reino tenía sino el de Castilla, nuevo solar Hispániae. Simultáneamente Jaime I acaba la reconquista encomendada al reino de Aragón, y después de acabada, en una insurrección de los moros de Murcia acude a socorrer a Alfonso X, deseando él y sus catalanes alcanzar el alto prez y honor de salvar a España, que nos haiam tan bon preu e tan gran honor que per nos sia salvada Espanya, según el mismo rey declara en su propia Crónica. La liberación total de la patria es llevada así a cabo como una obra conjunta de todos los españoles".*

Muy lejos de nuestra intención está presentar una proclama de "nacionalismo español" para confrontarlo a los nacionalismos periféricos, sencillamente porque, con independencia de la licitud ética de cualquier nacionalismo que no sea excluyente, partimos de la existencia de un fenómeno, a nuestro juicio patente, cual es la desaparición del "nacionalismo español", entendido como la exaltación de la uniformidad del Estado español, con ínfulas imperiales, como instrumento identitario del "pueblo español".

A nuestro juicio, el "nacionalismo español" dejó de existir con la generación de los hijos de la Guerra Civil, aunque el general Franco estirara su existencia, como amalgama de su régimen, usando y abusando, más que de un sentimiento ya inexistente, de formas y expresiones de un "patrioterismo" hueco que no conectaba, realmente, con la sociedad española, a partir de los años sesenta.

Es idea comúnmente aceptada la de que el franquismo, con su desmesurado "nacionalismo español", produjo un efecto positivo y otro negativo. El positivo es que nos vacunó contra toda tentación egocéntrica, autárquica y excluyente y el negativo, que la reacción ha sido entender que lo "políticamente correcto" era colocarse en una especie de "neutralidad" frente al propio concepto de España, como si éste no fuera con nosotros, lo que tampoco es de alabar.

En esta línea se expresa Fernando Wulff (*Las esencias patrias*. Ed. Critica, Barcelona, 2003): *"Se ha puesto de relieve en los últimos años cómo el monopolio del nacionalismo español por el franquismo tuvo toda una serie compleja de efectos. Así, su desprestigio se llevó consigo en gran medida el interés por la propia cultura española y produjo la renuncia a profundizar en su estudio por parte de las gentes, como el mismo autor de este libro, pertenecientes a lo que podríamos llamar la 'cultura antifranquista' de los años de la transición, además de una fuerte debilidad a la hora de defender teóricamente un nacionalismo español de corte distinto y más en la línea de aquél cuya memoria se obliteró con ese monopolio o incluso una pertenencia española que excluyera los rasgos fundamentales que han definido históricamente al nacionalismo".*

Pese a la patente desaparición, a nuestro juicio, del "nacionalismo español", los exégetas de algunos nacionalismos excluyentes, porque evidentemente lo necesitan para su propia justificación, denuncian la existencia del "nacionalismo español". A nuestro juicio, aparecen como palmarias, al menos, tres pruebas que adveran la inexistencia, en nuestros días, de dicho fenómeno.

La primera prueba, *ad intra*, es nuestra Constitución de 1978 que consagra el "Estado de las autonomías" y que, por encima de cualquier otro criterio de eficacia administrativa, de racionalidad económica e, incluso, de equilibrio democrático, reconoce quince comunidades y dos ciudades autónomas, con un grado de autonomía, política y administrativa, que hubiera sido imposible imponer a una ciudadanía con fuerte sentimiento nacionalista. Piénsese en lo inviable que resultaría semejante estructura constitucional en Francia, mientras deberá reconocerse la plena aceptación que los españoles otorgan al sistema autonómico.

La segunda prueba, *ad extra*, de la inexistencia del "nacionalismo español", como sentimiento colectivo, la tenemos en el proceso de integración a Europa. Proceso que exige la cesión de competencias administrativas y políticas de relieve, sin que se haya percibido reacción negativa alguna entre nuestros conciudadanos.

La tercera prueba es, también, de carecer interno. Los españoles no pretendemos resaltar, o inventar, circunstancia ni característica alguna que nos muestre como diferentes a los portugueses o a los franceses, por referirnos a nuestros limítrofes. Muy al contrario, se considera de civilidad mínima, y de común interés, la necesidad de considerarnos a todos iguales, respetando las diferencias, pero soslayándolas para facilitar la convivencia.

Percíbase, en sentido opuesto, el afán de algunos nacionalismos periféricos por resaltar las diferencias con el resto de los españoles. Así se practica el bilingüismo asimétrico, en perjuicio del castellano, aunque sea éste el mayoritariamente hablado; se redenominan ciudades y pueblos sin justificación histórica alguna; se asignan a los recién nacidos nombres de fonética aparentemente autóctona, etc. En definitiva, ponen un desmedido empeño en distinguirse de lo que siempre han sido (España), lo que provoca, en no pocas ocasiones, intolerables presiones a nativos y a emigrantes (nacionales) que tienen que asumir estas formas inventadas, para integrarse en una tierra que pareciera no ser suya y a la que hubieran llegado desde los confines del planeta o desde fuera de él.

Es lo que Luis González Antón (*España y las Españas*. Alianza Editorial, Madrid, 1997), denomina "autoidentificación excluyente con el país" que tiene como "*... curiosos efectos, un tanto perversos también, sobre las propias masas de emigrantes, que no ven modo más rápido y seguro para sentirse aceptados que abrazar los* *postulados nacionalistas, incluso en sus versiones más radicales y violentas o xenófobas. Muchos 'maquetos' y 'charnegos' buscan hacerse perdonar su pecado original afiliándose a tales partidos…".*

Entendemos que estas pruebas demuestran que los españoles no precisamos identificarnos ni como "pueblo" ni con la omnipresencia y omnipotencia del Estado, mientras que algunos nacionalistas periféricos viven en la permanente búsqueda de la apariencia de un Estado propio que refleje su "identidad como pueblo". Esto, y no lo contrario, es "nacionalismo".

Así veía Gregorio Marañón (*Raíz y decoro de España*. Espasa-Calpe. Madrid, 1941) el fenómeno de los nacionalismos periféricos: *"Y he aquí que en estos tiempos que vivimos se ha hecho o se ha querido hacer de la noble pasión de la Patria una pasión exclusiva, sin generosidad, una especie de seto punzante que aísla a cada pueblo de la alegría primitiva y eterna de la convivencia con todos los demás. Y se ha hecho de ese nacionalismo una droga con la que se ha envenenado el alma de las juventudes, que, por estar aún muy cerca de la raíz maternal, son especialmente sensibles a sus efectos delirantes.*

"El problema ha de considerarse del modo opuesto. La raíz de las nacionalidades es sin duda más fuerte mientras más ahondemos en ella; pero a medida que la perseguimos por las honduras del pasado, acaba uniéndose con las raíces de las otras nacionalidades, formando un tallo común que se injerta en el principio universal de la especie. Todos nos nutrimos, pues, de savia nacional, y a la vez de savia del universo. Son dos sangres hermanas que se mezclan sin preparación ni riesgo. Y es monstruoso el pretender separarlas y hacer de una de ellas un honor, y de la otra una vergüenza".

En este mismo orden de cosas y pese a que, con sólidos argumentos, Menéndez Pidal, en su *Introducción* ya reseñada, rechaza pueda ser causa de los movimientos secesionistas la existencia de áreas bilingües en España, tiene que constatar que *"… las ideas nacionalistas sobre la base lingüística alcanzan una plena realización durante la segunda República. Primero se aprueba el Estatuto catalán; después el vasco; más tarde había de seguir el gallego. Una voluptuosidad disgregadora quería estructurar de nuevo España. Se incurría en las mayores anomalías históricas para … separar lo que los siglos conocieron siempre unido. En fin, también ahora, en la segunda República, igual que en la primera, la tendencia a la fragmentación se nos presenta como parasitaria de la ideología republicana, y también ahora, como en los tiempos de Pí Margall, trae serios contratiempos al Gobierno, hasta exigir una dura intervención en Barcelona".*

Por último, y para cerrar la argumentación en torno a la inexistencia de un "nacionalismo español", hay que dejar claro que la reacción contra los excesos de aquellos nacionalismos periféricos que sean manifiestamente excluyentes, no puede considerarse como una prueba de la persistencia del "nacionalismo español", sino como una defensa lícita, siempre que sea pacífica y sujeta a nuestro Ordenamiento jurídico, contra abusos sin cuento. No se es nacionalista español por el hecho de rechazar aquellos nacionalismos periféricos que sean manifiestamente excluyentes, ni por levantar bandera de libertad contra la imposición.

Los españoles están hoy en la convicción de su unidad social y cultural, consolidada por cientos de años y justificada en la conveniencia, sin que tal convicción tenga que cimentarse ni en exaltaciones sentimentales, ni en la permanencia del Estado más allá de lo útil, ni, mucho menos, en la exclusión por vía de la diferenciación, que caracteriza a algunos nacionalismos periféricos. Lo cual no impide para que tenga pleno sentido, en el umbral del siglo XXI, demandar la recuperación de una idea de España fundada en la historia y en la convivencia democrática y destinada, por vocación histórica, a integrarse en la gran nación que siempre ha sido Europa.

Es obligado resaltar, por la vigencia de su pensamiento, que Madariaga, en España. *Ensayo de historia contemporánea* (Ed. Hermes, Buenos Aires, 1955, 6ª edición), establece el principio de *"... que Europa es fundamentalmente una y que sus guerras fueron guerras civiles"*, lo que hoy tiene singular actualidad, al construirse el consenso sobre la Constitución Europea, cuando se ponen en cuestión los tres pilares originarios de Europa que hicieron fuera, efectivamente, una gran "nación de Estados", cuales son cultura greco-romana, el cristianismo y la ilustración antropocéntrica.

Por lo que a Europa se refiere, no cabe sino coincidir con la reciente interpretación que de su creación hace Francisco Rodriguez Adrados. Así, con la fusión de la tradición greco-romana y el cristianismo, a lo largo de la Edad Media, se consolidaría lo que se denominaba "Cristiandad", pero las nuevas ideas de la Ilustración y la Revolución francesa, a lo largo del siglo XVIII, cambiaron la faz cultural del mundo, de modo que *"el término "Cristiandad" quedaba definitivamente obsoleto y el término Europa prevalecía. A veces para oponerse a otros, a veces para hacerse sinónimo con la designación de toda la cultura occidental"*.

Coincidimos con la expresión que Fernando Wulff hace en favor de un patriotismo racional, dinámico y no excluyente: *"... se trata de construir y pensar identidades no excluyentes, no unívocas, no vistas como 'naturales' y como destinadas a realizarse y perpetuarse después a toda costa, no concebidas como necesariamente abocadas a formar y perpetuar unidades estatales a partir de un criterio de lo que se 'es', con gentes autoencargadas de inventar, definir y administrar ese criterio incluso de defenderlas, esto es, de defender este criterio frente a ese 'otro' al que ellos mismos dibujan"*.

Es de destacar cómo, ya a principios del siglo XX, empieza a abrirse camino la idea de patriotismo no centrípeto y excluyente, véase como Juan Guixe, ya en 1915, hablaba de un nuevo patriotismo. *"El patriotismo de evolución más avanzada da al individuo, contra lo que puede parecer a primera impresión, un concepto más claro de su nacionalidad, a tiempo que lo hace más asequible y propicio a la asimilación de lo genérico a otros pueblos"*, con lo que nos ofrece un patriotismo que concibe la visión universal de la humanidad para superar nuestro defecto colectivo, que así lo define el propio Guixe: *"Ha faltado espíritu de comunidad, de solidaridad, humanismo en el pueblo español. La idea de España, como comunidad, falta. Se impone sustantivarla"*.

Lo que hemos calificado como efecto negativo derivado del exacerbado "nacionalismo español", durante el franquismo, Inman Fox (*La invención de España*. Cátedra. Madrid, 1998, 2ª edición) lo califica de *"... crisis de identidad nacional, debida al despertar del espíritu regionalista de un lado, y del otro, al desarrollo de una vocación europea dentro de España —lo que— ha llevado a la necesidad de una reinterpretación del pasado. Ha quedado claro, por lo menos* —continúa Fox— *que las ideas principalmente castellanizantes (o 'centralizantes') sobre la cultura española. no responden a nuestro conocimiento o conciencia"*. Fenómeno éste, del centralismo cultural que, si bien no puede ocultarse, se explica por la evidencia de que el centro peninsular (léase Madrid), que está habitado por naturales de todas las periferias, produce una tensión centrípeta insuperable, sin que el poder político, al día de hoy, haga esfuerzo alguno por mantenerla.

Pues bien, partiendo del rechazo a cualquier pretensión de resucitar el viejo "nacionalismo español" y con la pretensión de recuperar el gusto por el conocimiento de la España heredada y de la que estamos siempre rehaciendo para dejarla en herencia, permítasenos, a modo de pórtico de acceso a nuestra historia, hacer alguna referencia al proceso de evolución de España, a lo largo de medio milenio, apoyándonos en juicios y opiniones de quienes, con manifiesta solvencia, se han detenido en tan trascendental reflexión.

Es obligado, al hacer una reflexión sobre España, volver a la obra de Salvador de Madariaga quien, tras referirse a nuestra tierra, auténtico castillo por la altura de sus cotas que arrancan del nivel del mar, cuya ciudadela es la Meseta Central, de aspecto rudo, primitivo y seco, pero rico por la variedad de su vegetación y tras referirse, también, a nuestro pueblo, a los españoles, de psicología individualista en la que prende con facilidad tanto la dictadura (política o empresarial o familiar) como el separatismo (político o asociativo o de cualquier cuerpo social), se adentra en el estudio de nuestra historia moderna, lo que nos permite tomar algunas referencias que ilustren, *a priori*, nuestro esfuerzo.

Por lo que se refiere a la época imperial (1492-1700), Madariaga advierte de que tras la conquista de Granada "... España es la primera gran nación que alcanza talla de tal. El reino de Fernando e Isabel puede considerarse como simbólico de las fuerzas que actúan a través de toda la historia de España. Estas fuerzas pueden reducirse a tres: las dos tendencias extremas, individualismo y universalismo, ... y la fuerza media, entonces vigorosa por doquier en Europa, la conciencia estatal".

La clave de este descomunal éxito, no es sino una Reina, Isabel I, "... *profundamente poseída de su propia responsabilidad como ministra del Señor en la tierra ...* —pese a lo cual— ...*se mantuvo siempre firme frente a la Iglesia y se resistió... a todos los intentos de la jurisdicción eclesiástica para invadir la del Estado*" y un Rey, Fernando, que "... *es un político..., el modelo de Maquiavelo en su Príncipe...* —que— ... *de España no quiere hacer un espíritu, sino un Estado. Su visión es positiva y nacional*".

El esplendor de esta nueva Nación-Estado lo establecen en cotas de máximo nivel el nieto de estos reyes, Carlos I y su hijo Felipe II, que colocaron la expansión de la fe cristiana como objetivo prioritario de sus reinados, tanto en América como en Europa, con manifiesto éxito allende los mares y rotundo fracaso en nuestro continente.

Efectivamente, el esplendor de España coincide con el liderazgo de los Reyes Católicos, de Carlos I y de Felipe II, llegando la decadencia cuando nadie asume el liderazgo de una sociedad absolutista sin conciencia, todavía, de ser titular de su propio destino y sin el nivel cultural que hoy ha alcanzado.

Con los Austria *"menores"*, fruto de la insolvencia de los propios reyes, que entregaron el poder a los validos y del desgaste español en las guerra europeas, llegará la decadencia y será el momento de la venganza de las naciones que había sufrido la hegemonía española. Flandes, Francia, las naciones protestantes, Portugal, etc., son los referentes de nuestra decadencia.

En contraposición a la decadencia política y económica que España sufre con los Austria "menores", es precisamente en el siglo XVII, el llamado Siglo de Oro, en el que "... *parece indicar que la cultura española alcanzó por entonces una personalidad y una excelencia singular... Da la impresión de que por entonces, los españoles alcanzaron un grado de madurez especial y poseían una capacidad de creación como pocas veces se ha visto... Representa una explosión extraordinaria de vitalidad en los reinos españoles, manifiesta especialmente en los de Castilla, pero muchas veces también en los de la Corona de Aragón. Pocas veces un pueblo dio muestras de tal capacidad colectiva. España no pasaba entonces de los diez millones de habitantes (la mitad que Francia), pero daba que hablar en el mundo entero*", al decir de José Luis Comellas y Luis Suárez (*Historia de los españoles*. Ed. Ariel, Barcelona, 2003).

Después de la sangría que supuso la Guerra de Sucesión, se establece en España la dinastía Borbón, si bien desde 1700 Felipe V reinaba, efectivamente, en España. Con la nueva dinastía llega la Ilustración, estimulante periodo cultural que constituyó el antecedente inmediato del liberalismo que tanto costaría que prendiera y arraigara en España.

Pero también la dinastía Borbón, como la Austria, ha tenido sus "mayores" y sus "menores", aunque la historiografía no lo reconozca explícitamente.

Felipe V incorpora nuevas formas de gobierno, basadas en la centralización y la uniformidad administrativa e incorpora profesionales cualificados a la actividad de gobierno. Fernando VI es un rey preocupado por el mantenimiento de la paz, el fomento de las obras públicas, el comercio, la industria así como por las artes. Por último, Carlos III pone, si bien practicando el "despotismo ilustrado", gran empeño en el desarrollo económico y urbanístico, en la promoción de normas mínimas de higiene pública, en la reorganización del ejército y en la repoblación de zonas de Andalucía y Extremadura, aunque su política exterior supusiera costes relevantes para España.

Pero, tras estos Borbón "mayores", llegarían los "menores" con un Carlos IV absolutamente incapaz que se entrega primero, o siempre, a Godoy y después a Napoleón; y un Fernando VII, felón donde los hubiera, que no sólo se somete, también, a Napoleón viviendo de espaldas a la Guerra de la Independencia, sino que, a su vuelta como el Deseado, impide la incorporación de España a la modernidad y a las ideas innovadoras de la Revolución francesa, todo lo cual nos colocó en el atraso hasta el último cuarto del siglo XX.

Así lo recuerda José María Blanco White (*España*. Alfar, Sevilla, 1982): *"El 4 de mayo de 1814 se promulgó solemnemente un decreto por el cual las Cortes fueron declaradas ilegales y, consecuentemente, todas sus leyes rescindidas. El espíritu de las peores épocas de la monarquía española parecía que había dictado esta primera actuación del restaurado Fernando —ese rey por el que los españoles de todas las clases, opiniones y denominaciones habían ofrecido su sangre—. Marchó hacia la capital precedido por una división del ejercito de Elio, bajo el mando del general Eguía una vez anunciada su intención de destruir todo recuerdo a la libertad. Estas tropas no encontraron resistencia ni en su camino hacia Madrid, ni al entrar en esta ciudad. El pueblo, por el contrario, parecía dispuesto a recibir la llegada del rey absoluto".*

Antes de la revolución *Gloriosa* de 1868, se gesta un cambio político transcedental como fue el paso del absolutismo al constitucionalismo, lo que ocurre en el largo reinado de Isabel II que es una reina sin la mínima formación ni capacidad de gobierno, que vive más de treinta años sin comprender las idas y venidas de los políticos y militares que protagonizaron la política española de su tiempo, hasta que es expulsada del trono.

Muy recientemente Isabel Burdiel (*Isabel II. No se puede reinar inocentemente*. Espasa, Madrid, 2004) analiza con desapasionado acierto este reinado de Isabel II: *"Cuando se cumplen cien años de su muerte, poco hay que celebrar en la figura de Isabel II. Sus características personales, y su educación, fueron las menos adecuadas para facilitar el tránsito de una monarquía absoluta a otra constitucional… Sin embargo, demonizar a Isabel II es otra forma de sacralizarla. Al hacerlo, se corre el riesgo de interpretar los fracasos de su reinado como una mera prolongación de su voluntad, ocultando las perversiones de una cultura política sin la cual la voluntad real habría encontrado muchos más obstáculos de los que encontró para formarse y actuar como lo hizo"*.

Tras la Restauración, promovida por el general Martínez Campos, en la persona de Alfonso XII y hasta la mayoría de Alfonso XIII, se produce una cierta consolidación del liberalismo económico, con creación de industrias e incipiente concentración de capitales, aflorando una preocupación social que daría lugar a la Comisión de Reformas Sociales, antecedente del INP, y al florecimiento de las Ciencias Jurídicas, con el gran movimiento codificador y la promulgación de códigos y leyes, bajo la Constitución de 1876, que serían de aplicación a lo largo del siglo XX y que aún lo siguen siendo, como son los códigos civil y de comercio, naturalmente reformados y actualizados.

Ya en el siglo XX, la crisis social en que sucumbe España nos lleva a la vulneración de la Constitución de 1876, con la dictadura de Primo de Rivera, en 1924, y ésta a la II República, que fracasa, entre otras cosas, por la falta de sentido democrático de sus protagonistas. Tras el golpe de estado que supuso la Revolución de Asturias de 1934 y el alzamiento militar de 1936, que nos llevaron a la cruenta y fratricida Guerra Civil, se impuso la larga dictadura del General Franco.

En el último cuarto del siglo XX, la restauración de la Monarquía y el retorno de la dinastía Borbón, en el marco de una Monarquía Parlamentaria basada en una Constitución flexible, fruto del consenso y del diálogo, en una ciudadanía con una estimable formación cívica y, en fin, en una gran clase media económicamente asentada, se abre la esperanza en una España integrada en la vanguardia del desarrollo cultural y económico de Occidente, posición que se refuerza con nuestra plena integración en la Unión Europea.

Una vez recordado, en pocas líneas, medio milenio de nuestra historia, desde los Reyes Católicos a Juan Carlos I, es necesario, como anunciábamos al inicio, preguntarse sobre la esencia de España.

España no es tanto el conjunto de españoles, los que han sido y los que somos, como la vocación de que lo sigan siendo las generaciones venideras, de modo que la idea de España trasciende de la coyunturalidad de un Estado, más o menos fuerte o más o menos cargado de competencias, porque el Estado no es la nación, ni la sociedad, ni su historia, sino un mero instrumento, que fue desmesuradamente sacralizado en toda Europa y que hoy se repliega a favor de una entidad de dimensión superior.

España es subjetividad, personas que tienen historia (pasado) y vocación (futuro). Mejor que nosotros lo expresa Julián Marías en su prólogo a *El espíritu de España* de Harold Raley: *"El supuesto básico de este libro es que España, realidad social e histórica a lo largo de muchos siglos, con variaciones enormes y que no se pueden perder de vista, pertenece a ese orden de cosas que precisamente no son 'cosa'. Nada humano se puede entender si se deja fuera la condición, sobradamente olvidada por tantos, de ser algo rigurosamente personal"*.

¿Quiénes somos los españoles? Un conjunto de individuos, cada día menos diferentes al resto de conjuntos de individuos de nuestro entorno cultural (Europa), que tenemos una historia común e, insistimos, una voluntad de continuar siendo españoles, lo que no es incompatible con la unidad política de Europa, que la lógica de nuestro tiempo nos hace desear.

Efectivamente, cada vez se diferencia menos un español de cualquier otro ciudadano europeo. Los españoles nacidos en el último cuarto del siglo XX y a principios del siglo XXI son unos europeos más, en gustos personales, en talante social, en formación, en modo de vida, en valores éticos, en posiciones ideológicas, en todo. Han bastado 25 años de convivencia en libertad y de gran permeabilidad con el mundo occidental para que hayan desaparecido todas las características antropológicas que tanto nos han dado que hablar y con las que tanto nos hemos flagelado.

Un ciudadano de 30 años, hoy, no entiende, incluso le ofende, la autoimputación de que los españoles somos individualistas, insolidarios, fundamentalistas, supersticiosos, incultos, intolerantes, dogmáticos, belicosos, acomplejados, etc. Si alguna vez ha sido así, ya no lo es. Ya ningún español practica ni acepta lo que Juan Guixe denominaba *"ligera, suicida y necia autodenigración"*.

Así creemos que es, en esencia, la España de hoy: una sociedad correctamente vertebrada, con clases sociales muy permeables, democrática, con un nivel cultural medio estimable, que no siente la necesidad de renunciar a sus raíces, a su historia, para sentirse plenamente integrada en Europa y con manifiesta capacidad de colocarse entre los países líderes del mundo occidental. Y todo esto, que hoy es España, empezó, de manera inmediata, con Carlos I, hace casi quinientos años y, de manera mediata, con la romanización de la península Ibérica. Es la España de hoy, la de Juan Carlos I, Jefe del Estado y símbolo de su unidad y permanencia.

En esencia España es, como otras viejas naciones de Europa, conciencia histórica y vocación de permanencia en libertad, porque su integración europea no le exige renuncia alguna de su ser histórico y porque tiene asumidos, de ataño, los elementos greco-romano y cristiano, que están en el origen de Europa, habiendo sabido integrar, bien es cierto que recientemente, la tradición liberal que trae causa de la Ilustración antropocéntrica, equiparándose así, plena y definitivamente, al resto de naciones europeas de nuestro entorno que tuvieron oportunidad de vivir con criterios de libertad más tempranamente.

En definitiva, "la esencia de España" es su raíz europea ("... aportes de la antigua cultura grecolatina y cristiana... influjos europeos que... nunca cesaron", al decir de Rodríguez Adrados), en la que se integra nuestra memoria histórica, desde la aún viva gloria de la incorporación de Hispanoamérica a nuestra civilización, que presenta un saldo positivo, hasta el recuerdo de nuestro pasado imperial y de nuestra decadencia, resaltando el genio de nuestros pensadores, artistas y escritores que han marcado, indeleblemente, la cultura occidental.

Efectivamente, España es Europa. En palabras de Francisco Rodríguez Adrados, *"Europa y España son lo mismo y son diferentes, se han creado trabajosamente, han crecido y sufrido trabajosamente. Sin Europa difícilmente habría España, sin España Europa habría sido mucho menos de lo que es. No las confundamos pues. No las separemos ni disgreguemos. Porque marchamos juntos en la aventura de un nuevo mundo".*

Con la lectura de nuestra obra aspiramos a que prenda, o, en su caso, crezca en nuestros lectores, el razonable y razonado orgullo de ser españoles en la gran nación que es Europa, porque el patriotismo que nuestro tiempo demanda, trascendiendo a lo político, se establece en el ámbito del reconocimiento y de la gestión de nuestro común acerbo cultural e histórico.

I
Antecedentes históricos de la dinastía Borbón

EL RENACIMIENTO
Y LA IDEA DEL IMPERIO ESPAÑOL

Parece obligado, como introducción a las páginas dedicadas a la breve descripción de los reyes de las dinastías Trastamara y Austria, antecesores de la dinastía Borbón, presentar el escenario cultural y político en que aquellos ejercieron el poder.

Si la corriente cultural de los siglos XVI y XVII es el Renacimiento, desde la perspectiva política, resalta la idea del Imperio que si bien sólo tuvo vigencia en los reinados de Carlos I y de Felipe II, tuvo extraordinaria trascendencia tanto en España como en Europa.

Concepto de Renacimiento

Este movimiento se inicia en Italia a mediados del s. XV y se extendió por toda Europa, agotándose a finales del s. XVI.

El Renacimiento se divide en dos períodos, el Cuatrocientos (Quattrocento), que se extiende en la segunda mitad del s. XV, de mayor impregnación cristiana y contenido latino, y el Quinientos (Cinquecento) más secular, con predominio de la lengua romance y mayor intensidad naturalista, que se desarrolla en los años 1500 (s. XVI).

Tomando a diversos autores, podría hacerse la definición del Renacimiento basandose en las siguientes características:

— Antropocentrismo. Desarrollo del concepto de individuo, introspección en el mundo y el hombre, culto al placer, necesidad de singularidad y de fama. La concepción humanista del Renacimiento, debe de entenderse como concepción individualista. J. A. Maravall precisa que tanto el fenómeno religioso, el económico, el científico, etc., parte del "yo".

— Crisis de fe. Pérdida de la concepción teocéntrica, escepticismo moral, secularización, atisbos de paganismo.
— Vuelta al mundo clásico greco-romano. Sensualismo, gusto por el arte, preocupación por el lenguaje, primero latino luego romance, cultivo.

Por lo que se refiere a España, Menéndez Pelayo lo definió como la resurrección de las ideas y de las formas de la antigüedad clásica, matizada por secuelas del cristianismo, por las invasiones germánicas y por la Edad Media.

El Renacimiento en España no tuvo las connotaciones pseudopaganas que aparecieron en el resto de Europa. Apoyando esta tesis de rechazo del anticristianismo en el Renacimiento español, el hispanista Bataillon resalta los elementos cristianos del *Erasmismo* (Erasmo de Rotterdam), de gran peso en el s. XVI en España, que pueden resumirse en estos:

— Retorno a las fuentes primitivas del cristianismo (San Pablo).
— Exhortación de la lectura de la Biblia, en lengua vulgar, para facilitar su extensión, teniendo en cuenta que en el s. XVI se favorecía el romance.
— Preferencia del sentido vital e interior del cristianismo, frente a las expresiones externas de la religión.
— Mayor importancia de la meditación u oración mental, frente al verbalismo de las fórmulas preestablecidas. No puede olvidarse que el movimiento literario de la ascética y la mística, es un fenómeno típicamente renacentista.

Desde el punto de vista cronológico, puede dividirse el Renacimiento español, en tres períodos:

— Introducción del Renacimiento, en los últimos años de la Edad Media, hacia mediado el s. XV.
— Consolidación del Renacimiento, durante el reinado de los Reyes Católicos, coincidiendo con el descubrimiento de América y la unidad de España.
— Apogeo del Renacimiento, durante el s. XVI en los reinados de Carlos I y Felipe II.

Klemperer mantiene que, también, a lo largo del s. XVII, se hace notar en España el efecto renacentista, al menos durante los reinados de Felipe III y Felipe IV

Renacimiento y economía

La economía renacentista está singularmente marcada, tanto por los descubrimientos geográficos como por los avances científicos de la época.

El comercio interior, centrado en las ferias, tiene todavía los rasgos medievales, mientras que el exterior, con el antiguo Reino de Aragón, más volcado al Mediterráneo, y el de Castilla iniciando los primeros escarceos coloniales, se abre a nuevos horizontes.

Las rutas navales son la clave de la economía renacentista, al mejorar sensiblemente las técnicas de la navegación y los conocimientos geográficos.

Los Reyes Católicos favorecieron una política de exportación lanera a Europa, que generaba a corto plazo evidentes beneficios, pero esta política de protección de la Mesta originó graves perjuicios a la agricultura española.

Vizcaya se convirtió en el puerto de Castilla, en el que se concentraba la exportación de materias primas a Europa (lana, vino, hierro, aceite, etc.).

Desde la llegada al trono de Carlos I (1517) y hasta final del s. XVI se produce un incremento poblacional importante, que se ha llegado a cifrar en torno al 40%, debiendo señalarse que en la primera quincena del siglo, con Fernando el Católico en el gobierno de hecho, se había producido un descenso en el censo, por causa de la peste y la crisis económica de principios de este siglo, que afectó especialmente a Castilla, en la que la población pudo reducirse hasta en un 50%. En conjunto, puede decirse que el 75% de la población tenía establecimiento rural y el 25% vivía en zona urbana.

Desde el punto de vista agrícola, España podía dividirse en tres regiones:

— *España húmeda* (cornisa cantábrica), con Galicia y Asturias deprimidas pues aún no se había iniciado la explotación minera. En el País Vasco además de la pesca, tenía importancia la producción de hierro y la riqueza inherente a ser puerto de Castilla, junto con alguna producción agraria, sobre todo centeno, en la *llanada alavesa*.
— *España interior*, eminentemente agrícola y ganadera, con zonas de páramo como los Monegros, León y Ávila; zonas vinícolas como La Rioja, Rueda, Toro, Valdepeñas y Cariñena, de gran importancia económica; y zonas de cereal, gracias al clima continental, como la Mancha, Valladolid, la Bureba, Tierra de Barros, la Alcarria, la Sagra, etc. Es de señalar el inicio de la técnica del regadío con el Canal Imperial de Aragón, del que se beneficiaría también Navarra.

— *España mediterránea*, en la que destaca el olivo y la vid, con explotación de cereales y una gran huerta, gracias a los regadíos heredados de los musulmanes.

Por lo que se refiere a la ganadería, es necesario hacer una referencia expresa a la Mesta, organización medieval de ganaderos castellano-leonés trashumantes dedicados a la oveja merina, a la que Alfonso X el Sabio le otorgaría un estatuto propio. La ganadería fue uno de los pilares de la economía renacentista. A la Mesta se le reconocieron cañadas y pastos, lo que le mantuvo en permanente enfrentamiento con los agricultores.

Como se ha dicho, la lana fue la materia prima destinada a la exportación a Europa, con gran repercusión en la economía española.

— La Mesta fue protegida por la Corona hasta el reinado de Carlos III, en que se limitaron sus privilegios. Las Cortes de Cádiz decretaron su disolución, revitalizándola Fernando VII durante un breve período que concluyó en 1836, tres años después de su muerte.

Por lo que se refiere a la vida urbana, hemos de señalar que, aun cuando en las ciudades residía escasamente el 25% de la población, éstas tenían un gran influjo en el desarrollo social, pues la incipiente industria, el comercio y sobre todo la propia naturaleza urbana de la cultura renacentista, hacían de las ciudades los centros neurálgicos de la vida social.

Las ciudades, que procedían de la Edad Media, incorporaron los signos de la modernidad que suponía el Renacimiento. El alto clero y la nobleza se ubicaron en estas, desarrollándose una arquitectura urbana.

Las colonias americanas, el "imperio de ultramar", constituyen un nuevo mercado, que tira de la economía peninsular y, en definitiva, hace rentable a las Indias, pero el coste del "imperio europeo", Italia y Flandes, absorbe el beneficio, por cuanto que la exportación de materias primas a Europa, lana, vino..., no es suficiente para compensar la importación de productos elaborados, como tejidos, de mejor calidad que los nacionales, al ser nuestra industria muy rudimentaria.

Carlos I trató de corregir la grave situación de la hacienda española, creando el Consejo de Hacienda, pero su esfuerzo por nivelar ingresos y gastos fue inútil, tanto por el derroche de la propia Corte como por la necesidad de afrontar desde la hacienda de Castilla los gastos de todo el Imperio.

En la segunda mitad del s. XVI, en las postrimerías del Renacimiento, surgiría la concepción económica denominada "mercantilismo", que perduraría hasta finales del s. XVIII, cuando aparecen los primeros albores del liberalismo.

El mercantilismo defiende la intervención del Estado, de la Corona, en la economía y propugna la acumulación de riquezas por el erario público, mediante el incremento de las exportaciones y la restricción de las importaciones, así como por medio del fomento de la agricultura y la industria. El mercantilismo español tuvo su mayor influjo durante el reinado de Fernando VI, ya en la Ilustración.

Renacimiento y política

El poder en el Renacimiento tiene un contenido estético, deslumbrante. Maquiavelo definió el Estado como una obra de arte, queriendo expresar con ello que la conducción de los hombres desde el poder exigía de una inteligencia ordenadora y de una estrategia elaborada.

El Renacimiento es una cultura urbana, producida por y destinada a los ciudadanos, en un período de crecimiento demográfico singularmente urbano y de crecimiento de la influencia de las ciudades, según recuerda J. A. Maravall.

En el reinado de los Reyes Católicos, se producen fenómenos de singular significación, tales como los prolegómenos de la unidad de España, con la conquista de los reinos de Granada y de Navarra, y el descubrimiento de América.

La Inquisición, fortaleció la unidad del que sería el nuevo reino de España desterrando dos religiones, la islámica y la judía, de las tres que convivían en la Península. Debe entenderse la Inquisición, a estos efectos, como un instrumento de la Corona para alcanzar la unidad real de sus reinos personales, más que como un tribunal religioso.

Con Carlos I llega un proceso de europeización congruente con la idea renacentista de renovación.

En el orden político interno, desde los Reyes Católicos, se produce un fenómeno trascendental para la futura consolidación de la idea del Estado en Europa. La Corona asume el pleno poder y queda vacía de poder la nobleza.

Hecho significativo fue la creación de la Santa Hermandad, milicia encargada de la persecución de los delincuentes y de mantener la paz social, ubicando en la Corona el monopolio del uso de la fuerza.

Al mismo tiempo los Reyes Católicos se hicieron con el control de las entonces tres Órdenes Militares, entre 1476 y 1494, aunque fue en 1523 cuando una Bula Pontificia incorporó las Órdenes Militares a la Corona.

Al llegar Carlos I a España, acompañado por una corte de flamencos, surgen discrepancias de gran relieve con la Corona, como la guerra de Las Comunidades, la de Las Germanas y la sublevación en Mallorca, pero no alteran el poder Real absoluto, poder que se resalta aún más por el empaque imperial del nuevo Rey.

Si bien el poder absoluto del Rey se compatibiliza con las peculiaridades de cada reino peninsular, la primacía del Reino de Castilla se extendió a los demás reinos, en el espíritu de la Concordia de Segovia.

La concentración de poder en manos del Rey llega a su punto álgido con Felipe II, obsesionado por asumir personalmente las responsabilidades del gobierno.

Con Felipe III, ya agotado el Renacimiento, aparecería la figura del valido, detentador efectivo del poder absoluto del Rey.

Renacimiento y cultura

Es en las artes y en las letras donde se hace patente la vocación renacentista por la recuperación del mundo clásico.

El antropocentrismo y el triunfo de la razón, darán lugar a un gran avance científico.

Es necesario señalar que la explosión cultural que supuso el Renacimiento, estuvo patrocinada fundamentalmente por el poder Real y por la Iglesia.

Un dato de singular relevancia es el descubrimiento de la imprenta, que aporta un efecto multiplicador en la creación literaria renacentista y que servirá para dar a conocer a los clásicos.

El criterio filosófico de corte aristotélico se altera para centrarse en el estudio de la naturaleza, floreciendo el libre juicio del pensador, que acabaría en la Reforma protestante.

En España tendrán gran difusión las teorías de Erasmo de Rotterdam, humanista que trató de conciliar el humanismo renacentista con la disciplina dogmática de la Iglesia Católica.

En lo referente al mundo literario, las letras renacentistas se caracterizan por el sometimiento al formalismo clásico, por la utilización del latín con preferencia sobre las lenguas nacionales, que no se desprecian sobre todo en el s. XVI y por la paganización de los temas tratados, con el deseo de reflejar el sentimiento de los hombres.

El Renacimiento español fue de corte moderado, sin llegar a romper ni con el espíritu cristiano ni con las tradición literaria nacional.

No puede negarse una referencia a Garcilaso de la Vega (poesía), Santa Teresa de Jesús y San Juan de la Cruz (misticismo), Fray Luis de Granada (ascetismo), Félix Lope de Vega y Calderón de la Barca (teatro) y Miguel de Cervantes (novela).

Como estudioso de la lengua, debemos señalar a Elio Antonio de Nebrija, realmente llamado Antonio Martínez de Cala, que confeccionó la primera gramática castellana.

La literatura renacentista es sustituida en el s. XVII por la barroca, que mantiene los mismos géneros, salvo los libros de caballería, con formas más rebuscadas, alcanzando gran esplendor el teatro. El s. XVII será denominado como el Siglo de Oro español.

En pintura el fenómeno es coincidente con el conjunto del movimiento renacentista. De la pintura religiosa medieval se pasa a temas naturalistas y profanos. En España también convivirá lo profano con lo religioso, como ocurrió en la literatura.

La pintura renacentista tiene gran preocupación por la perfección de las formas del cuerpo humano, se realiza un gran progreso en la conquista de la perspectiva, se desarrolla el colorismo, se presta gran atención a los paisajes y al retrato, junto con el gusto por los motivos mitológicos. Pintores renacentistas a destacar son: Juan de Juanes, Alonso de Berruguete y Doménikos Theotokopoulos, El Greco.

La arquitectura renacentista española en el s. XVI, queda definida por el Plateresco, caracterizado por su riqueza decorativa que recuerda el trabajo de los plateros, desembocando, ya en tiempos de Felipe II, en la sobriedad de la arquitectura herreriana, cuyo primer y mejor exponente es El Escorial.

La música renacentista se caracteriza por trasladar la "polifonía" de la música religiosa a la profana. En España no tuvo acogida el Madrigal italiano, quedando la polifonía profana en los villancicos, sonetos, romances y baladas. La música renacentista religiosa tiene su expresión más destacada en el "Motete". Juan de la Encina es el poeta músico más destacado.

Los instrumentos típicamente renacentistas son el clavecín, el clavicordio, (actual piano), el laúd, la vihuela, sustituida por la guitarra, viola, arpa, lira y los de viento, flauta, pífano, oboe, trompa y órgano. Instrumentistas españoles destacados son: Antonio de Cabezón (organista), Luis Milán y Luis Narváez (vihuelistas).

En el campo de la educación merece especial mención el Cardenal Cisneros, que fue, desde su posición de poder, uno de los pilares del Renacimiento en nuestro país, destacando en su obra docente la fundación de la Universidad de Alcalá de Henares, originaria Universidad Complutense.

Por lo que se refiere a las ciencias, el interés renacentista por lo terrenal, por lo humano, por la naturaleza, abre un enorme campo para la investigación.

Se desarrollaron los estudios sobre geografía, cartografía, astronomía, náutica, las ciencias naturales, las exactas y la medicina. En el campo de las humanidades, tuvo un gran auge el derecho, sobre todo el internacional, la teología y la historia.

Brevemente señalamos algunos nombres de destacados renacentistas que merecen recordarse: educadores como Antonio Nebrija, su hija Francisca, Beatriz Galindo, *la Latina*, Lucía Medreano y Juan Luis Vives; cronistas como Diego de Valera, Fernando del Pulgar y Gonzalo Fernández Oviedo; tratadistas como Juan Ginés de Sepúlveda y Francisco de Vitoria; médicos como Miguel Servet y Jorge Gómez Pereira; americanistas como López de Gomera y Antonio Herrera; historiadores como Zorita y Mariana; teólogos como Cano, Molina y Soto.

La idea del imperio

Aunque el período imperial, por lo que se refiere a España, debe acotarse, con rigor, al reinado de Carlos I de España y V de Alemania, puede extenderse el concepto, desde el punto de vista de la vocación política imperante, también al reinado de Felipe II.

La idea del Imperio debe enmarcarse en el concepto cultural genérico del Renacimiento y se trae aquí para dar una breve pincelada de la concepción política de los Austrias "mayores", Carlos I y Felipe II.

El concepto de Imperio supone: a) "poder absoluto" de la Corona; b) "concepción teocrática del poder", entendiendo al Emperador como la mano civil de Dios, sin más sometimiento (por otra parte teórico), que al Papa como representante de Cristo, del que recibe la consagración imperial y, c) "vocación universal", sometimiento de todo el orbe conocido a una sola corona.

El Emperador no sólo gobierna sus reinos, sino que es, dentro y fuera de los mismos, el primer defensor de la fe, tanto frente a los paganos, como frente a los herejes.

Esta visión totalizadora del Imperio es la que pretendió poner en práctica Carlos I y trató de seguir, sin el título imperial, Felipe II; pero la fuerza modernizadora del Renacimiento, que en lo religioso se concretó en la "reforma protestante", hizo que tal proyecto quedara inconcluso, pues los emperadores alemanes posteriores a Carlos I ni alcanzaron la universalidad, ni fueron el brazo armado de la fe en una Europa central conquistada por el protestantismo, ni, desde luego, se sometieron al Papa cuya autoridad dejarían de reconocer.

El Sacro Imperio Romano Germánico no tuvo la fuerza catalizadora con que soñó Carlos I y, de hecho, era un título honorífico, hasta que en 1806 Francisco II, renunció al rango imperial.

En conclusión, el gran proyecto de una "Única Monarquía Católica de Carlomagno", lo intentó, por última vez y sin éxito, Carlos I.

Con Felipe III está agotado todo ideal de Imperio. Aparecen los validos y, con ellos, el distanciamiento del Rey de las tareas de gobierno. Se relajan las costumbres cortesanas y en el reinado de su hijo Felipe IV empiezan a perderse las posesiones españolas en Europa.

Las posesiones de Carlos I y Felipe II

Al acceder al trono de España Carlos I recibe de su madre, Juana I la Loca, el Reino de Castilla, con Las Indias, el Reino de Aragón, que incluía Cataluña, Valencia, Baleares y el Reino de Nápoles con Sicilia y Cerdeña, aunque, como es sabido, Carlos I recibió esta herencia de su abuelo Fernando el Católico.

De su abuelo materno Maximiliano I de Austria, recibía el Imperio de Austria y de su abuela materna María de Borgoña, el Franco Condado y los Países Bajos. En 1535, Carlos I incorpora al Imperio el Ducado de Milán.

Al conjunto de reinos bajo la Corona de Felipe II, no se le puede llamar formalmente Imperio, por vastos que fueran, puesto que Carlos I abdicó la Corona imperial de Austria en su hermano, que sería el Emperador Fernando II, por lo que la Corona de Felipe II quedó sin los atributos imperiales.

Felipe II heredó el Reino de Castilla con Las Indias, el Reino de Aragón, el Reino de Nápoles, el Franco Condado, los Países Bajos y el Ducado de Milán.

Los Países Bajos los cedería Felipe II a su hija Isabel Clara Eugenia, en calidad de soberana, que casó con Alberto de Austria, con la condición de que retornaran a la Corona de España, si Isabel Clara Eugenia no tuviera descendencia. Aunque ésta no tuvo descendencia, los Países Bajos se convirtieron en Holanda, tras la Tregua de los Doce Años (1609) de hecho, y, efectivamente, en la Paz de Westfalia (1648), durante el reinado de Felipe IV.

Felipe II incorporaría el Reino de Portugal a la Corona de España (1580), que se perdería en el reinado de Felipe IV (1640).

También en el reinado de Felipe IV, España perdería, en el Tratado de los Pirineos (1659), el Rosellón, Cerdeña, Luxemburgo, Artois y doce plazas de Flandes.

Ya en el reinado de Carlos II, España perdería el Franco Condado, recibido por Carlos I de su abuela María de Borgoña, tras la Paz de Nimega, en 1678.

España, al concluir el reinado de Carlos II, se quedaría con las posesiones italianas y Las Indias.

Aspectos políticos del Imperio en la Península

Desde los Reyes Católicos y pese al concepto renacentista del "poder Real absoluto" y centralizado, los reinos peninsulares mantenían sus propias peculiaridades legislativas y sus propias Cortes. Era una especie de federalismo o Estado plural, dentro de una monarquía absoluta.

De hecho, durante el reinado de los Reyes Católicos, se reconocen todas las peculiaridades constitucionales de Aragón, Cataluña y Mallorca, así como las del Reino de Castilla en las Reales Ordenanzas que recopiló Montalvo.

Como ya se ha tratado, los Reyes Católicos bloquearon el poder de la nobleza, centralizando en sus manos todo el poder político. La Santa Hermandad y el control sobre las Ordenes Militares, les otorgaba el monopolio de la fuerza y unas importantes rentas. La creación del Consejo de Castilla, en el que se retiró el voto a los representantes de las grandes familias, acabó con el poder político de la nobleza.

De modo que, al concluir el reinado de los Reyes Católicos, los reinos peninsulares eran gobernados por el doble criterio, pero no contradictorio, del "poder Real absoluto" y la "pluralidad constitucional de los reinos".

Por lo que se refiere a Las Indias, éstas habían sido anexionadas al Reino de Castilla y seguirían sus destinos con legislación específica, ajustada a sus características de tierra en período de descubrimiento y colonización.

Durante el reinado de Juana I la Loca, en realidad durante el breve reinado de Felipe I el Hermoso, nada cambiaron las cosas en los reinos peninsulares.

Con la vuelta al poder efectivo de Fernando el Católico en el Reino de Castilla, muerto Felipe I el Hermoso e incapaz Juana I la Loca, se produce un hecho nuevo: la conquista del Reino de Navarra, en 1512.

Inicialmente el Reino de Navarra se integró en el Reino de Aragón, pero tres años después, en 1515, se incorporaría al Reino de Castilla, siguiendo el espíritu de la Concordia de Segovia, conservando íntegramente sus peculiaridades legislativas, con lo que el criterio comentado de "pluralidad constitucional" o federalidad no se alteró.

Al acceder al trono Carlos I se produce la unidad política efectiva de España y surgirán tres revueltas importantes: la de los Comuneros en el Reino de Castilla, la de las Germanías en el Reino de Valencia y una tercera de menor calado, en el Reino de Mallorca.

La causa de estas revueltas no era la pérdida de autonomía de los reinos, sino la ausencia del Rey, que negociaba entonces su elección imperial, los elevados subsidios que Carlos I reclamaba para su aventura europea y, sobre todo, los abusos de los flamencos que le rodeaban y ejercían el poder Real en forma vicaria.

En el movimiento comunero existía también una voluntad de fortalecer la autonomía municipal y la Guerra de las Germanías reflejaban, además, entre sus causas, el descontento popular por la gran miseria que padecía y la rebelión contra la nobleza. Desde luego, en ningún caso estas revueltas tenían su causa en el temor por la pérdida de autonomía e identidad de los reinos, como pudiera parecer.

Durante su reinado, que duró 40 años, Carlos I sólo residió en España un total de 16 años, por lo que el poder real estuvo durante veinticuatro años en manos de Francisco de Cobos, lo que posiblemente impidió la centralización y pérdida de autonomía de los reinos peninsulares, más factible, quizá, con el poder efectivo del Rey, presente en alguno de los reinos.

El sistema de gobierno, a partir de 1522, se concretó en los Consejos Territoriales de Castilla, Aragón y Flandes, que se acabarían desdoblando, al final del reinado de Carlos I, en cinco Consejos, los de Castilla, Indias, Aragón, Italia y Flandes. En Las Indias se crearían primero Audiencias y luego Virreinatos, que reportaban al Consejo de Indias.

Al llegar Felipe II al trono de España, el Imperio tenía una fisonomía europea muy distinta. Las posesiones austriacas y el título de Emperador, no pudieron ser retenidos por Carlos I para su hijo Felipe II por las fuertes presiones, ya referidas, de su hermano Fernando y del hijo de éste, Maximiliano, que acabaron quedándose con el título imperial y sus posesiones.

Por otra parte, había fracasado el intento de Carlos I de expandir el Imperio español por Inglaterra, pues el matrimonio de Felipe, entonces heredero, con María Tudor, la Reina de Inglaterra, se frustraría por la muerte de ésta y la llegada al trono de su hermana Isabel, en clara confrontación con España.

En consecuencia, el Imperio de Felipe II se limitaría a la península Ibérica, América, los Países Bajos y las posesiones italianas.

Cuando en septiembre de 1559 Felipe II regresa de Flandes, se da por concluso el "Imperio europeo español" y se abre la etapa de lo que pudiera llamarse "Imperio atlántico", con centro en España.

Al iniciarse el reinado de Felipe II, dos son los problemas que le absorberán, la bancarrota de la hacienda pública y la profusión de la herejía que había afectado a algunos núcleos de Valladolid y Sevilla.

Un dato importante es el traslado de la capital del Reino a Madrid, que conlleva la fijación de la Corte en el centro geográfico del Reino de España y la desaparición de la itinerancia. Se hace sedentario el aparato central del Estado.

La fijación de una capital central tuvo un efecto claramente negativo, el Rey no visitaba sus reinos, se distanció de sus súbditos y fortaleció los instrumentos de intermediación: consejos, virreyes, etc. El efecto más negativo fue la castellanización de la Corte y, por tanto, de la Corona.

Sólo en dos ocasiones convocó el Rey Felipe II las Cortes de Aragón, con lo que virtualmente éstas dejaron de existir.

El poder efectivo sobre todos los reinos estaba en el Rey y sus secretarios, pues los consejos sólo tenían carácter consultivo, por lo que, aún cuando Felipe II participaba del criterio de la federalidad, de hecho, se inicia un proceso de centralización, ayudado por la propia personalidad absorbente y autoritaria del Rey, que trabajaba sobre todas las cuestiones, con independencia de su importancia.

Al incorporar el Reino de Portugal, con todas sus posesiones africanas y brasileñas, a la Corona de España, Felipe II aplica, nuevamente, el criterio de la federalidad y en las Cortes de Thomar, en abril de 1581, juró observar las leyes y costumbres portuguesas, creándose el Consejo de Portugal, compuesto de portugueses.

Por convicción, o para facilitar el acceso al trono de Portugal, lo cierto es que Felipe II no trató de castellanizar el Reino de Portugal.

La tensión entre los distintos reinos y el poder central de la Corona eran cada vez más fuertes. La rebelión de los Países Bajos fue la primera expresión de tales tensiones.

En 1591 se produce la rebelión de Aragón que, aferrada a sus fueros, veía en la castellanización de la Corona un peligro para la supervivencia de su propia identidad. Felipe II tuvo que utilizar la fuerza del Ejército y aunque no se le opuso resistencia, se había dado un paso trascendental en la supremacía efectiva de Castilla sobre Aragón.

Felipe II en lugar de plantear, en represalia, un recorte a los fueros aragoneses, convocó las Cortes de Aragón, en Tarazona, en el mes de junio de 1592, ratificando los fueros y alterando cuestiones no trascendentales, lo que supuso una medida política extraordinaria que acabó con las tensiones y evitó nuevas rebeliones.

Como se verá, durante el reinado de Felipe II se mantiene, al menos conceptualmente, el criterio de federalidad del que llamaremos "Imperio atlántico" frente a la idea de "Imperio europeo".

No puede negarse, en todo caso, el hecho de la castellanización del "Imperio atlántico" debida tanto a la personalidad autoritaria del Rey y a la mayoría castellana de sus secretarios como al predominio económico de Castilla, que recibía la plata de América.

Este fenómeno de castellanización y de centralización, que iría incrementándose con los Austrias "menores", Felipe III, Felipe IV y Carlos II, llega a convertirse en centralización efectiva con el primer Borbón, el Rey Felipe V, si bien para entonces no podía hablarse de Imperio, ni metafóricamente, ni con toda suerte de matizaciones.

Puede concluirse afirmando que, desde el punto de vista de la concepción político-administrativa, el Imperio español tuvo vocación y estructura federativa y que el Emperador, o en su caso el Rey, era soberano de cada uno de los reinos y no de un único Estado o Imperio.

La religión y el imperio

Ya se ha dicho que junto al pilar de la universalidad política, la idea del Imperio descansaba sobre otro pilar, la "concepción teocrática del poder", que conlleva la exigencia del Emperador como primer defensor de la fe, frente al enemigo interno, los herejes, y frente al enemigo externo, los infieles, lo cual supone la justa utilización de la fuerza para realizar tal defensa.

Como ya se ha tratado, los Reyes Católicos consiguieron absorber el poder político, hasta entonces en manos de la nobleza, pero no era menor el poder y la riqueza que se concentraba en la Iglesia española.

A la Corona le era imprescindible no perder el tradicional derecho de súplica para el nombramiento de obispos, mientras que el papado tenía el interés contrario. El "derecho de presentación" se otorgó primero respecto de la zona reconquistada recientemente, el Reino de Granada, y después, respecto del "Nuevo Mundo", a cambio de ayudas de la Corona al papado en sus dificultades territoriales en Italia.

Por otra parte, el relajo de costumbres del clero secular era importante y la Corona alentó el espíritu de reforma de las órdenes regulares, lo que le otorgó autoridad moral entre ellas.

En este ambiente de tensión entre Corona y papado, de reforma del clero y de control sobre el episcopado, es en el que se va forjando la autoridad efectiva de la Corona sobre la Iglesia Católica de España, de modo que el "defensor de la fe", la Corona, debe de alcanzar su estatus no sin lucha, frente a la propia "depositaria de la fe", la Iglesia.

Desde el punto de vista de la defensa efectiva de la fe, recordemos la expulsión de los judíos, con la aparición de una clase de judíos conversos, "conversos o marranos", que llevaría a finales del s. XV a los decretos de limpieza de sangre, excluyendo de los cargos públicos a quienes tuvieran ascendencia judía, de tan graves consecuencias a lo largo del tiempo por lo que tenían de subjetivos.

El Tribunal de la Inquisición se dedicaría a rastrear en las conductas de los cristianos nuevos, conversos, y sería un elemento de poder efectivo de la Corona y de uniformidad religiosa de enorme magnitud.

Por otra parte, los moros, mahometanos, habían sido derrotados en la Conquista de Granada y los "moriscos", conversos, serían perseguidos en coherencia con la política de uniformidad religiosa.

En consecuencia, el reinado de los Reyes Católicos, en el orden religioso, se caracteriza por la tarea de "uniformidad religiosa", tanto por la exclusión de las religiones judía y musulmana que habían convivido con la cristiana durante siglos, como por la conquista del poder clerical que permitió controlar a la Iglesia católica en España.

Al acceder al trono, Carlos I tiene que enfrentarse en primer lugar al "peligro turco", al peligro de los infieles que acecha a Europa. Tiene que asumir la defensa de Europa frente al Imperio otomano, lo cual conlleva una evidente carga religiosa. A lo largo de su reinado no será capaz de controlar el proceso de debilitamiento católico.

En Europa central está sembrada la semilla del "libre pensamiento", típicamente renacentista, que cuestiona valores esenciales de la fe.

La victoria de Mühlberg sobre los protestantes no fue suficiente para el sometimiento de la herejía y, por otra parte, la presión de Fernando, hermano de Carlos I, para evitar que el Imperio pasase a manos de Felipe II, hicieron el resto para que la política imperial de Carlos I fracasara, con lo que fracasaba también la uniformidad dogmática de Europa.

Carlos I tuvo los siguientes frentes, desde la perspectiva religiosa:

— FRENTE TURCO. En el Mediterráneo y en el Danubio. Carlos I consiguió formar un ejército "multinacional" que conquistó Túnez, pero el Sultán Barbarroja huyó a Constantinopla y continuó su acción guerrera, en sutil connivencia con Francisco I, Rey de Francia. La idea del Emperador, nunca alcanzada, era la de atacar el Imperio Otomano, desde el Danubio y desde el Mediterráneo, para conquistar Jerusalén, de evidente significación religiosa.

- FRENTE CENTRO-EUROPEO. En el ámbito religioso el enemigo a batir, desde la Dieta de Worms, era Lutero y en el político, los príncipes alemanes que, alimentados por las tesis de éste, acabarían agrupándose en la Liga Smalkalda.
- FRENTE FRANCÉS. Francisco I, enemigo tradicional de Carlos I, apoyaba, o se apoyaba, en el Imperio Otomano y en la Liga Smalkalda para bloquear la política imperial.
- FRENTE PAPAL. A pesar de ser Carlos I el "defensor de la fe", vivió durante años en tensión con el pontificado. La cuestión del Concilio, es decir, la necesidad o no de celebrar un Concilio para enfrentarse a la "reforma protestante" le indispuso con el Papa Clemente VII, que llegó a alinearse con Francisco I, dando lugar al "Saco de Roma" por las tropas imperiales, en el 1527.
En 1530 Clemente VII coronaría en Bolonia como Emperador a Carlos I, en signo de reconciliación. En 1545 se inauguraba el Concilio de Trento, en el que tanta influencia tuvieron la Corona y la Iglesia españolas.
- FRENTE INGLÉS. Enrique VIII, fundador del anglicanismo, era, naturalmente, un enemigo del Emperador católico. Este enfrentamiento tendría una mayor efectividad en el reinado de Felipe II.
- FRENTE COLONIAL. Para el Emperador la colonización americana tenía un sustancial componente evangelizador. Ha de destacarse el influjo que en este campo tuvo Fray Bartolomé de las Casas, apóstol de los indios y exagerado crítico de la actuación española en el Nuevo Mundo.

El reinado de Felipe II, desde el punto de vista de la religión, puede definirse en los siguientes aspectos:

- Felipe II propicia la última Cruzada de la Cristiandad contra el turco. Se crea la Santa Liga, con el Reino de España, Venecia y los Estados Pontificios, cuyo momento culminante fue la batalla de Lepanto que concluyó con la victoria sobre las tropas turcas, al mando de Don Juan de Austria (7 de octubre de 1571).
- El Rey de España tiene que enfrentarse a la nobleza de Flandes que reclama la libertad de cultos por influencia calvinista, lo cual era pretensión imposible desde la intransigencia religiosa de Felipe II.

El bando insurgente estaba dirigido por Guillermo de Nassau, Príncipe de Orange, con el apoyo de Isabel I de Inglaterra. Las fuerzas felipistas las mandaba el Duque de Alba, que sometió a los rebeldes, aunque a medio plazo salieran éstos triunfantes.

- Los "moriscos" españoles recibieron la orden Real de no utilizar su lengua, ni de mantener sus costumbres y religión, lo que originó un período de guerra civil (1568-1570) que acabaría con su sometimiento.
- Felipe II, que ha heredado el enfrentamiento con el Rey de Francia, apoya al católico duque de Guisa en las sangrientas guerras de religión que asolaron Francia, a lo largo de treinta años.
- En el Nuevo Mundo, Felipe II, convencido de la misión evangelizadora que tenía encomendada, promulga los Decretos Tridentinos (1564) que constituían la aplicación de las disposiciones conciliares de Trento. Poco después, en el año 1571, puso en marcha el procedimiento de la Inquisición en tierras americanas.
- Isabel I, Reina de Inglaterra, mantiene una política beligerante contra el Reino de España, apoyando a los insurgentes flamencos. Para Felipe II, que había sido Rey-consorte de Inglaterra, el objetivo de una Inglaterra católica era fundamental en sí mismo, además de necesitar acabar con la Reina británica, enemiga de la Religión Católica.
Decide Felipe II la invasión de Inglaterra, que quedaría frustrada por el fracaso de la Armada Invencible, en 1588.
- En el orden interno, Felipe II mantiene los principios de la contrareforma que se deducen del Concilio de Trento, incrementando la acción del Tribunal de la Inquisición y a la vez trata de reducir los núcleos infieles, cuyo ejemplo más evidente hemos tratado al comentar la represión a los moriscos.

Singular importancia, aunque no política, tendrá el apoyo del Rey y la sintonía de éste respecto de los teólogos, reformadores y místicos españoles de la época, siendo de destacar el influjo que tuvo Santa Teresa de Jesús en el pensamiento de Felipe II.

LAS COLONIAS ESPAÑOLAS EN AMÉRICA

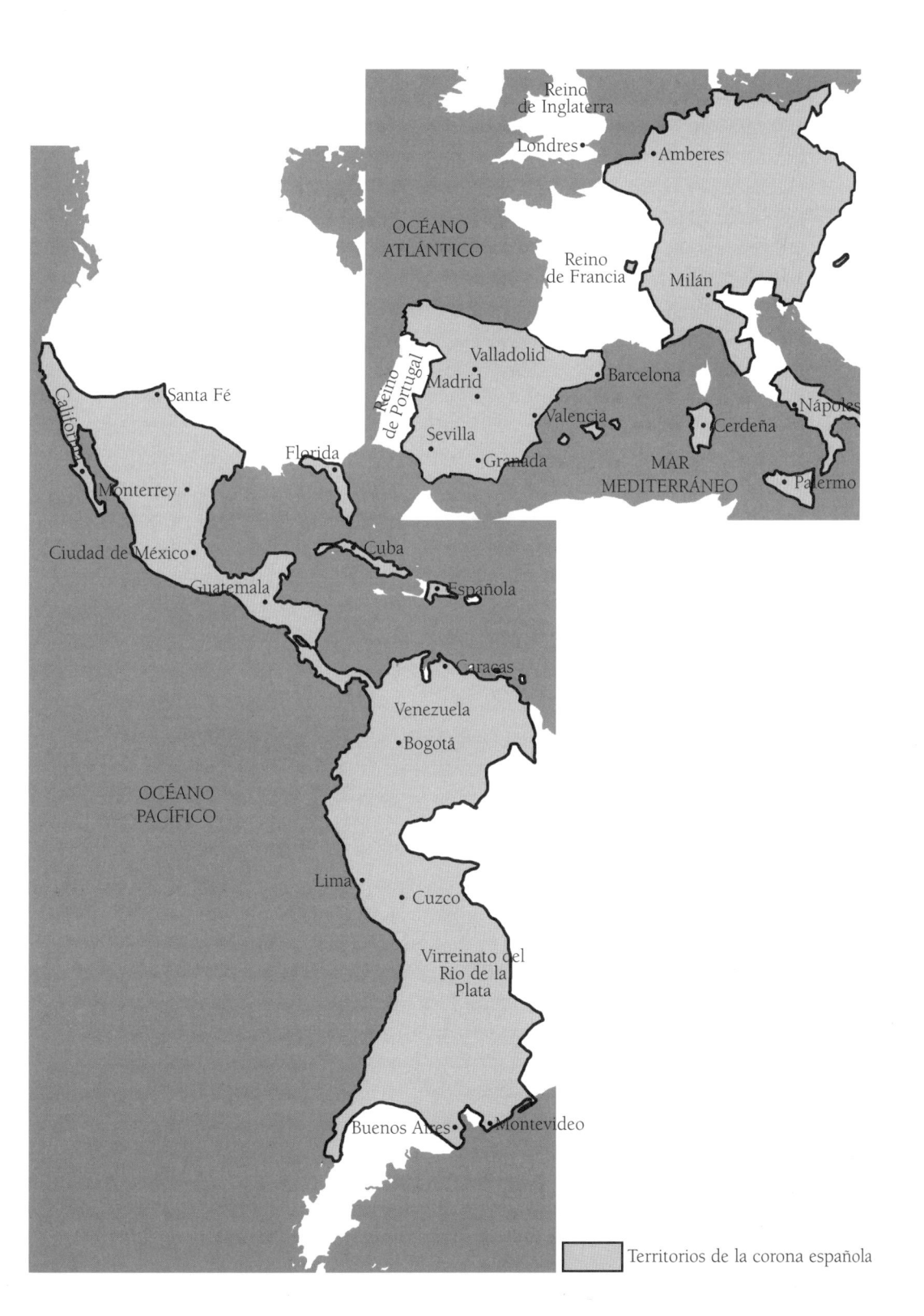

☐ Territorios de la corona española

LA DINASTÍA DE LOS TRASTAMARA

Los Trastamara reinaron en Castilla desde 1368 con Enrique II, hijo bastardo de Alfonso XI, a quien había elevado a la dignidad de Conde de Trastamara, tras asesinar a su hermanastro Pedro I el Cruel.

Enrique II, *El de las mercedes*, fue así llamado porque apaciguó las exigencias de la nobleza otorgándoles señoríos y demás prebendas, lo que vino en detrimento del poder de la dinastía Trastamara y para fortalecimiento de la nobleza.

La última Trastamara reinante en Castilla fue Juana I la Loca, hija de Isabel la Católica.

En Aragón reinaron los Trastamara desde 1412, tras el Compromiso de Caspe en el que, con la intervención del antipapa Benedicto XIII, los parlamentarios de Aragón, Cataluña y Valencia encargaron a nueve compromisarios que resolvieran la sucesión de Martín I de Aragón *el Humano*, que ostentaba la Corona de la Confederación catalano-aragonesa.

Aunque brevemente, es obligado detenerse en el "Compromiso de Caspe" que constituyó una formula ejemplar, y poco repetida en nuestra historia, de solventar diferencias de tanta complejidad como puede ser un pleito dinástico en el que se sentían afectadas no menos de cinco partes.

A la muerte de Martín I, *el Humano*, aparecieron cinco candidatos para ocupar el trono de Aragón: Jaime, Conde de Urgel, que actuaba como Gobernador de Aragón desde la muerte del Rey; Alfonso, Duque de Gandía; Luis, Conde de Calabria; Federico de Luna, hijo natural de Martín *el Joven* y, por tanto, nieto de Martín I; Fernando de Antequera, hijo de Juan I de Castilla y de Leonor, hermana de Martín I.

Los parlamentos de los reinos de Aragón y Valencia y de Cataluña debían de elegir al sucesor, en definitiva, entre Fernando de Antequera y el Conde de Urgél, para lo cual cada Parlamento designó tres representantes que se reunieron en la villa de Caspe.

La Sentencia sucesoria, dictada el 28 de junio de 1412, fue leída por quien sería San Vicente Ferrer y entregó el trono de Aragón a Fernando de Antequera, en adelante, Fernando I de Aragón, primer Trastamara de este Reino.

El último Trastamara del Reino de Aragón sería Fernando II el Católico.

Con el matrimonio de Isabel y Fernando volvieron a unirse las dos ramas Trastamara, agotándose en su hija Juana I, Reina de Castilla, para dar paso a la dinastía Austria, con el hijo de ésta y de Felipe el Hermoso, Carlos I de España y V de Alemania.

Isabel I y Fernando II, los Reyes Católicos

Isabel de Trastamara

Madrigal de las Altas Torres (Ávila), 22 de abril de 1451. Medina del Campo (Valladolid), 26 de noviembre de 1504. Hija de Juan II Rey de Castilla y de su segunda esposa Isabel de Portugal.

Fue designada heredera tras la muerte de su hermano Alfonso, al serle reconocido su derecho por su hermano el Rey de Castilla, Enrique IV el Impotente en 1468, en detrimento de la hija del propio Rey, Juana la Beltraneja.

Casó en 1469 con el príncipe Fernando de Aragón, a espaldas de su hermano el Rey Enrique IV, lo que produjo tensiones y la designación de la Beltraneja como heredera, contradiciendo el Rey su proclamación de Toros de Guisando (1468) a favor de Isabel.

La disputa de derechos entre Isabel y su sobrina la Beltraneja originó una guerra en la que Alfonso V, Rey de Portugal, apoyó a su sobrina Juana. Las victorias de Toro (1476) y Albuera (1479) llevaron el Tratado de Alcaçobas (1479), con el reconocimiento de Isabel, que ya se había autoproclamado Reina de Castilla en 1474, a la muerte de Enrique IV, y que había sido ratificada por las Cortes el 13 de diciembre del mismo año.

Por lo que a Juana la Beltraneja se refiere ha de decirse que se había puesto en cuestión su paternidad. Se decía que no era hija del Rey Enrique IV el Impotente, que pudiera no ser impotente aunque sí homosexual, sino de don Beltrán de la Cueva, nacido en Úbeda, y paje distinguido del Rey, quien pudiera haber tenido relaciones tanto con la Reina como con el propio Rey. De aquí el apodo de la Beltraneja

Fernando de Trastamara

Sos (Zaragoza), 10 de mayo de 1452. Madrigalejo (Cáceres), 23 de enero de 1516. Hijo de Juan II, Rey de Aragón y de Navarra y de su segunda esposa Juana Enríquez.

Fue reconocido heredero de Aragón y Cataluña en 1461, a los nueve años de edad.

El Reino de Navarra correspondía a su hermanastro Carlos, Príncipe de Viana, que murió en 1461 antes que su padre Juan II quien, sin derechos a la Corona de Navarra, ejercía el poder con el título de Rey.

A la muerte de Juan II (1479), Rey de Navarra, le correspondió la Corona a su hija Leonor (1479), sucediendo a ésta sus nietos Francisco Febo (1479-1483) y Catalina (1483-1512).

La Corona de Navarra llegaría a Fernando en 1512 por ocupación del Reino, por el ejército del Duque de Alba, momento en que se consuma la unidad política de España aunque con lo que llamamos "pluralidad constitucional de los reinos", si bien Fernando carecía de título de Rey de Castilla. Con Carlos I tendría España un único Rey y diversidad de reinos.

En 1468 Fernando fue proclamado Rey de Sicilia. En 1469 casó con Isabel de Trastamara.

Fernando apoyó a su padre Juan II en sus luchas en el Principado de Cataluña y luego contra Luis XI, Rey de Francia.

El 19 de enero de 1479 falleció Juan II, sucediéndole Fernando, en adelante Fernando II, Rey de Aragón, jurado en Zaragoza en junio de 1479 y, en septiembre del mismo año, en Barcelona y Valencia.

Al enviudar de la Reina Isabel, Fernando casó en Dueñas (Palencia) con Germana de Foix el 18 de marzo de 1506, de la que tuvo un hijo, el 3 de mayo de 1509, al que se le puso el nombre de Juan y que falleció a las pocas horas de nacer. El fallecimiento del Infante Juan permitiría la unión personal de las Coronas de Aragón y Castilla con Carlos I, nieto de Fernando el Católico.

Germana de Foix fue Lugarteniente General de Carlos I en los reinos de Aragón y de Valencia.

Tras enviudar de Fernando el Católico, Germana de Foix casó sucesivamente con el marqués de Brandemburgo, junto al que repelió duramente la revuelta de Las Germanías, y con el duque de Calabria, junto con el que llegó a ser Virreina de Valencia, donde falleció el año 1537.

El Emperador Carlos, al decir de algunos historiadores, pudo llegar a tener relaciones íntimas con su abuelastra Germana de Foix, su "longa mano" en el levante español.

El matrimonio de Isabel y Fernando

El Papa Sixto IV revalidó, el año 1471, el matrimonio de Isabel y Fernando que se había celebrado en Valladolid el 19 de octubre de 1.469, al descubrirse que la bula expedida por Pío II, levantando el obstáculo dirimente por ser primos los contrayentes, era falsa.

Las mismas Cortes que recibieron la proclamación de Isabel como Reina de Castilla (13 de diciembre de 1474), reconocerían el 23 de diciembre de 1474 a Fernando como Rey de Castilla, Fernando V. Alejandro VI, en 1494, concedió el título de Reyes Católicos.

Fernando quiso imponer el principio sálico en la familia Trastamara para imponer su prioridad respecto de su esposa. La cuestión se solventó con la participación del Cardenal Mendoza, en la Concordia de Segovia (15 de enero de 1475), estableciendo el criterio de la igualdad y el famoso blasón de las flechas (F de Fernando), el yugo (Y de Isabel), el lema "Monta tanto" y el águila de San Juan Evangelista, que el general Franco tomaría para el escudo de España y que dio lugar a tantas imprecisiones como la de creer que el yugo y las flechas, a los lados de la boca del escudo, eran reproducción del logotipo de Falange (yugo y flechas acoladas).

La realidad es que el heraldista del general Franco, al confeccionar el nuevo escudo de España, tomó del de los Reyes Católicos, el yugo y las flechas, colocándolos a los lados de la boca del escudo, como lo hicieran los propios Reyes Católicos, y no acoladas las flechas al yugo como hizo Falange. No cabe duda, en todo caso, que tanto el heraldista de Franco como el de la Falange se inspiraron en las figuras que, en aquella época, constituían el ideal imperial de la derecha española, usando los mismos signos.

A la muerte de Isabel se reunieron las Cortes de Castilla, en Toro (enero de 1505), y designaron Gobernador General a Fernando y Reina a Juana. Se dictaron las 89 Leyes de Toro que regulaban la sucesión a la Corona y el derecho de familia y sucesiones para los súbditos castellanos.

Hijos de los Reyes Católicos

Isabel (1-X-1470) casó con Alfonso de Portugal y después con Manuel I, Rey de Portugal; Juan (30-VI-1478), Príncipe de Asturias, casó con Margarita de Austria y murió antes de la sucesión (1478-1497); Juana (6-XI-1479) que sería

Juana I la Loca, casó con Felipe el Hermoso, hijo de Maximiliano I, iniciándose con su descendencia la dinastía Habsburgo (Austria) en España; María (29-VI-1482), casó con el Rey de Portugal, Manuel I, fue madre de Juan III, Rey de Portugal; y Catalina (15-XII-1485) casó con Arturo, Príncipe de Gales y con Enrique VIII, Rey de Inglaterra, fue madre de la que sería Reina de Inglaterra y esposa de Felipe II, María Tudor.

Fernando el Católico, tuvo un hijo natural, Alfonso, luego Arzobispo de Zaragoza, antes de su primer matrimonio y cinco hijas, también naturales, durante su matrimonio con Isabel la Católica.

Sucesión a los tronos

Al morir en 1504 Isabel II, le sucedió en el Reino de Castilla su hija Juana I la Loca, designándose Regente a su padre Fernando.

Felipe el Hermoso requirió el Gobierno de Castilla, por lo que Fernando se retiró a su antiguo Reino de Aragón, pero, en el mismo año de 1506, Felipe murió y volvió Fernando a asumir la Regencia de Castilla, ya casado con Germana de Foix.

Fernando fallecería en 1516 y le sucedió en todos sus reinos, su nieto, Carlos I de España y V de Alemania, al heredar el Imperio de su abuelo Maximiliano I, si bien se reconoció a Juana la Loca como Reina de Aragón y a su hijo Carlos I como Gobernador.

Carlos I, Emperador desde 1519 hasta su abdicación en 1556, fue Rey efectivo de Castilla y de Aragón, desde la muerte de Fernando el Católico, pero Rey propietario sólo lo fue desde la muerte de su madre, Juana I la Loca que nunca abdicó, el 12 de abril de 1555, hasta su abdicación en su hijo Felipe II el día 16 de enero de 1556, esto es, nueve meses.

Juana I la Loca y Felipe I el Hermoso

Juana I la Loca de Castilla

Toledo, 6 de noviembre de 1479. Tordesillas (Valladolid), 12 de abril de 1555. Tercera hija de los Reyes Católicos, hereda la Corona de Castilla a la muerte de la Reina Isabel, al haber premuerto la primogénita Isabel y su hijo Miguel y el segundo hijo de los reyes, Juan. También heredaría la Corona de Aragón, a la muerte de su padre Fernando el Católico, si bien fuera designado gobernador su hijo Carlos I.

El sobrenombre de la Loca, define rotundamente su estado mental.

Casó en 1496 con Felipe, Archiduque de Austria, hijo del Emperador Maximiliano I y de María de Borgoña. En Toledo y Zaragoza fueron jurados como sucesores de Isabel y Fernando.

Tras el alumbramiento de su segundo hijo, dio muestras de trastorno mental, siendo recluida en Medina del Campo.

El 11 de enero de 1505, tras morir la Reina Isabel, es reconocida como Reina por las Cortes de Castilla, en Toro. Su padre Fernando asumió la regencia.

Vivió recluida en el Palacio de Tordesillas durante 47 años, tras la muerte de su esposo. Recuperó la razón pocas horas antes de morir.

Nunca ejerció efectivamente el gobierno. Su hijo Carlos I de España fue quien unió personalmente los reinos de Castilla y de Aragón, el segundo tras la muerte de Fernando el Católico y el Reino de Castilla al asumir, de forma efectiva, la Corona de Castilla aunque viviera la Reina en reclusión.

Felipe I el Hermoso

Brujas, 22 de julio de 1478. Burgos, 30 de septiembre de 1506.

Tras su boda, en Lille el 18 de octubre de 1496, y reconocidos los esposos como sucesores, marcharon a Flandes, donde el Príncipe llevó una vida disipada.

A la muerte de su madre María de Borgoña, en 1482, se le reconoció soberano de los Países Bajos, bajo la regencia de su padre el Emperador Maximiliano I, hasta su reinado efectivo el año 1493.

Se opuso a la regencia de Fernando el Católico sobre Castilla, lo que provocó La Concordia de Salamanca que establecía un teórico triple gobierno de Juana, Felipe y Fernando y que hizo que durante unos meses fuera Rey de Castilla con el nombre de Felipe I, de junio a septiembre de 1506 fecha en que murió inopinadamente.

Hijos de Juana I y Felipe I

Leonor (15-IX-1498) que casó con Manuel I, Rey de Portugal y con Francisco I, Rey de Francia; Carlos (24-II-1500) que llegaría a ser Carlos I de España y V de Alemania; Isabel (27-VII-1501), que casó con Christian II, Rey de Dinamarca; Fernando (10-III-1503) quien sería Fernando I de Alemania (10-III-1503), al suceder a su hermano Carlos V; María (15-IX-1505) que casó con Luis II, Rey de Hungría y Catalina (14-I-1507) que casó con Juan III Rey de Portugal.

Sucesión al trono

Ya se ha dicho que al morir Fernando el Católico en 1516, Rey de Aragón, Navarra, Sicilia, Nápoles y Regente de Castilla, le sucedió en todos sus reinos el segundo hijo de Juana y Felipe, Carlos I de España y también V de Alemania, al heredar el Imperio de Alemania de su abuelo Maximiliano I, si bien previo un proceso electoral singular, así como las posesiones de Borgoña, por herencia de su abuela materna María de Borgoña.

ÁRBOL GENEALÓGICO DE LA DINASTÍA TRASTAMARA

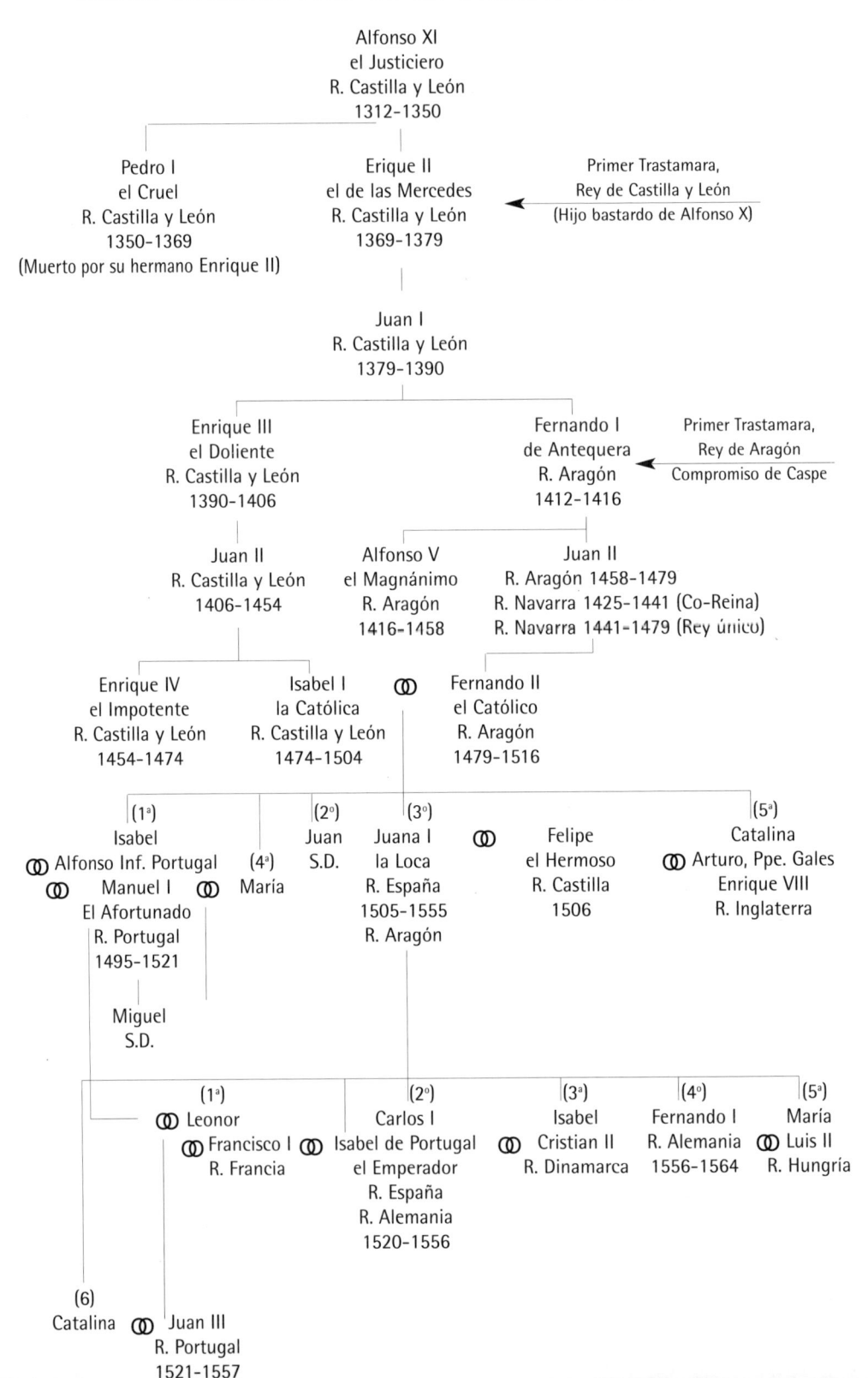

Alfonso XI
el Justiciero
R. Castilla y León
1312-1350

- **Pedro I**
  el Cruel
  R. Castilla y León
  1350-1369
  (Muerto por su hermano Enrique II)

- **Erique II**
  el de las Mercedes
  R. Castilla y León
  1369-1379
  ← Primer Trastamara, Rey de Castilla y León (Hijo bastardo de Alfonso X)

Juan I
R. Castilla y León
1379-1390

- **Enrique III**
  el Doliente
  R. Castilla y León
  1390-1406

- **Fernando I**
  de Antequera
  R. Aragón
  1412-1416
  ← Primer Trastamara, Rey de Aragón, Compromiso de Caspe

Juan II
R. Castilla y León
1406-1454

Alfonso V
el Magnánimo
R. Aragón
1416-1458

Juan II
R. Aragón 1458-1479
R. Navarra 1425-1441 (Co-Reina)
R. Navarra 1441-1479 (Rey único)

- **Enrique IV**
  el Impotente
  R. Castilla y León
  1454-1474

- **Isabel I**
  la Católica
  R. Castilla y León
  1474-1504
  ⚭
- **Fernando II**
  el Católico
  R. Aragón
  1479-1516

(1ª) **Isabel** ⚭ Alfonso Inf. Portugal ⚭ **Manuel I** El Afortunado R. Portugal 1495-1521

(2º) **Juan** S.D.

(4ª) ⚭ **María**

(3ª) **Juana I** la Loca R. España 1505-1555 R. Aragón ⚭ **Felipe** el Hermoso R. Castilla 1506

(5ª) **Catalina** ⚭ Arturo, Ppe. Gales **Enrique VIII** R. Inglaterra

Miguel S.D.

(1ª) ⚭ **Leonor** ⚭ Francisco I R. Francia

(2º) **Carlos I** ⚭ Isabel de Portugal el Emperador R. España R. Alemania 1520-1556

(3ª) **Isabel** ⚭ Cristian II R. Dinamarca

(4º) **Fernando I** R. Alemania 1556-1564

(5ª) **María** ⚭ Luis II R. Hungría

(6) **Catalina** ⚭ **Juan III** R. Portugal 1521-1557

LA DINASTÍA ESPAÑOLA DE AUSTRIA

Austria es la designación que preferentemente se dio en España a la familia Habsburgo.

Los Habsburgo son originarios de Suabia, región alemana entre Baviera y Baden-Württemberg, que luego se establecieron en Suiza, tomando el nombre de Habsburgo, del castillo que ocuparon en Argovia (Suiza), abandonando en el s. XI la denominación Altenburgo.

Su origen conocido se remonta al s. XII, aunque pudiera llegarse al s. X, con Otón el Grande.

Con Rodolfo I accedió esta dinastía al trono Imperial en 1279, manteniendo la Corona sin interrupción hasta el 1740 en que, al extinguirse la línea masculina con Carlos VI que había sido pretendiente al trono de España, frente a Felipe V de Anjou, su hija Carlota casó con Francisco, Duque de Lorena, inaugurándose una nueva dinastía, la Habsburgo Lorena, que mantuvieron el Sacro Imperio Romano Germánico hasta 1806, el Imperio Austriaco hasta 1848 y el Reino de Austria-Hungría hasta 1918.

Maximiliano I de Austria, Emperador de Alemania, extendió, por su matrimonio con María de Borgoña, sus dominios a los Países Bajos y a la Borgoña. Nietos suyos fueron los emperadores Carlos V, hijo de Felipe el Hermoso, y Fernando I, hermano de Carlos V quien abdicó en su favor.

De Maximiliano I, y de su esposa María de Borgoña, y de los Reyes Católicos, parte, por tanto, la dinastía española de los Austria.

Fueron reyes de España de la dinastía Austria (años de reinado):

Carlos I *el Emperador* (1517-1556)
Felipe II *el Prudente* (1556-1598)
Felipe III *el Piadoso* (1598-1621)
Felipe IV *el Grande* (1621-1665)
Carlos II *el Hechizado* (1665-1700)

Carlos I el Emperador

Gante, 24 de febrero de 1500. Yuste (Cáceres), 21 de septiembre de 1558. Hijo de Juana I la Loca, y Felipe I el Hermoso y, por tanto, nieto de los Reyes Católicos y del Emperador Maximiliano I.

El sobrenombre de el Emperador se debe a que fue el único Rey de España con tal rango. Este sobrenombre también se aplicó a Alfonso VI (1065-1109) y a Alfonso VII (1126-1157), reyes de Castilla y León, a quienes se reconoció el título *Imperator Totius Hispanae* (al segundo como consecuencia de la Paz de Tamara), pero no del Imperio europeo.

Alfonso X el Sabio (1252-1284) aspiró a la Corona imperial, de carácter electivo, a la muerte del Emperador Federico, promovido por próceres italianos, fundamentalmente de Pisa, al asumir su madre Beatriz la jefatura de la Casa de Suabia. No lograría su intento, conocido como "el fecho del Imperio".

Carlos I heredó los reinos hasta entonces gobernados por su abuelo Fernando el Católico a la muerte de éste en 1516, pese a que vivía su madre Juana I la Loca que fue Reina propietaria hasta su muerte, pues no abdicó. En 1515 fue designado gobernante de los Países Bajos.

En 1519 murió Maximiliano I y heredó su Corona, tras pasar por la preceptiva elección, pues la Corona imperial, ya se ha dicho, era de carácter electivo. La elección se celebró el 28 de junio de 1519.

Casó con Isabel de Portugal, nieta de los Reyes Católicos, en Sevilla el 11 de marzo de 1526, de la que tuvo cinco hijos:

Felipe (21-V-1527) que sería Felipe II, Rey de España (1556-1598); Juan (1528) muerto de recién nacido. Quizá en el mismo año 1528 nació prematuramente otro Infante, de nombre Fernando, que moriría de forma inmediata; María (21-VI-1529) murió a los pocos meses; Juana (24-VII-535) que casó con el Príncipe Juan de Portugal y fueron padres de Sebastián I, Rey de Portugal, del que heredaría Felipe II el trono de Portugal; Juan (19-X-1537) moriría a los cinco meses de vida y Fernando (1-V-1539) murió al nacer.

Carlos I tuvo varios hijos ilegítimos, entre los que destacaron: Juan de Austria y Margarita de Parma que sería madre de Alejandro Farnesio y gobernadora de los Países Bajos.

Al postularse como Emperador y partir hacia el centro de su Imperio, tuvo problemas, tanto para ausentarse del Reino como para recaudar fondos para el viaje y para imponer extranjeros en el gobierno.

Cuando salió de España quedaron como regentes el Cardenal Adriano, futuro papa Adriano VI, para Castilla, don Juan de Lanuza para Aragón y don Diego de Mendoza para Valencia.

Carlos fue coronado Emperador el 22 de octubre de 1520 en Aquisgrán e inició los preparativos para la larga guerra contra el Rey de Francia, Francisco I.

La Reina Isabel moriría el 1 de mayo de 1539 como consecuencia de un parto inmaduro y, como se advierte en los cuadros genealógicos de Trastamara y de Austria, llegó a ser cuñada de su padre Manuel I de Portugal.

De Carlos I se dice que fue el último Rey renacentista y el primer Rey barroco, aunque realmente fue un Rey renacentista que llegó a vivir en el inicio de la cultura barroca.

En apartado anterior se ha reflejado la curiosidad de que Carlos I, siendo el Emperador Carlos V, desde 1519 y Rey efectivo de Aragón, desde la muerte de su abuelo Fernando el Católico, realmente sólo fue Rey propietario de Castilla durante nueve meses, desde el fallecimiento de su madre Juana la Loca el 12 de abril de 1555 hasta su abdicación a favor de su hijo Felipe (II) el 16 de enero de 1556.

Es de resaltar, también, que la unidad nacional se alcanzó con el acceso a la Corona de Carlos I, momento en que realmente España quedó sometida a un único Rey, aunque se conservaran las Cortes de los antiguos reinos medievales, y no, como es de común creencia, en 1512 (conquista de Pamplona) en que la unidad de los reinos era personal por la concurrencia en la persona de Fernando el Católico el título de Rey de Aragón y de Gobernador de Castilla, en representación de su hija Juana la Loca, Reina titular.

Sucesión a los tronos

En 1555 abdica en favor de su hijo Felipe (II) la Corona de los Países Bajos (25 de octubre de 1555). El 16 de enero de 1556 abdica también en favor de su hijo Felipe II, la Corona de España y Las Indias y en septiembre de 1556, abdica en favor de su hermano Fernando I, la Corona imperial de Alemania. Tras lo dicho se hace necesario explicar el proceso por el que Carlos I y V dividió su Imperio entre su hijo Felipe (II) y su hermano Fernando (I).

Pese a que en 1549 había dictado una "pragmática" en la que declaraba la indivisibilidad de su Imperio, las presiones familiares le hicieron llegar a la conclusión de que la región alemana del Imperio requería, en las ausencias del Emperador, de un representante cualificado y éste sólo podía ser su hermano Fernando, que por otra parte exigía aclarar su posición.

En 1522, cuando se disponía el Emperador a regresar a España, llegó con su hermano Fernando a un acuerdo denominado Acuerdo de Bruselas, en el que se convino que a la coronación de Carlos I, como Emperador, habría de ser elegido

Rey de Romanos su hermano Fernando, con el compromiso de que al final de la vida de Carlos I y V se dividiría el Imperio en una parte española y otra alemana, esta segunda para Fernando, que conllevaría la Corona imperial.

Con el tiempo el Emperador Carlos se arrepintió del referido acuerdo porque rompía la unidad de poder de la dinastía Habsburgo, pero fue leal a su compromiso aunque para ello hiciera falta que suscribieran los hermanos, Carlos y Fernando, con la presencia de la hermana de ambos María, Reina de Hungría, el llamado Pacto de Sucesión de los Habsburgos.

Por el referido Pacto de Sucesión de los Habsburgos, Fernando al llegar a Emperador propondría la elección de Felipe (II) como Rey de Romanos y, a su vez, éste, cuando ciñera la Corona del Imperio, propondría al hijo de Fernando, Maximiliano, como Rey de Romanos, con lo cual se mantendría la unidad de poder de la dinastía aunque con alternancia de las dos ramas.

Naturalmente, tan complicado acuerdo no se llevó a la práctica y Felipe II, al casarse con María Tudor, renunciaría a sus derechos imperiales, separándose definitivamente ambas ramas de los Habsburgo: la española (Austria) y la alemana. Fernando al ceñir la Corona Imperial, por matrimonio, incorporó al Imperio el Reino de Bohemia Hungría.

El título de Rey de Romanos correspondía al Imperio, originariamente era título del propio Emperador, pero acabó utilizándose como título de quien estaba predestinado a alcanzar la Corona imperial.

Felipe II el Prudente

Valladolid, 21 de mayo de 1527. El Escorial (Madrid), 13 de septiembre de 1598. Primogénito de Carlos I y de Isabel de Portugal. El sobrenombre de El Prudente, se debe a su acción política mesurada y responsable. Fue declarado heredero, al año de su nacimiento, por las Cortes del Reino de Castilla y en el año 1542, por las del Reino de Aragón.

Sus objetivos políticos vitales fueron la defensa del catolicismo, frente al protestantismo y frente a los turcos, y el predominio en Europa, tanto en el área mediterránea, de la que es símbolo la batalla de Lepanto, como en la atlántica, respecto de la que puede ser significativa la catástrofe de la Armada Invencible.

Fue un Rey culto, interesado por las letras y las artes.

En 1543, con 16 años, Carlos I le nombró Regente de España durante su viaje a Alemania, por lo que desde joven tuvo experiencia de gobierno. En aquella

Regencia fue ayudado por el Cardenal Tavera, el Duque de Alba y D. Francisco de Cobos, hasta que en 1546 regresó el Rey.

Casó en primeras nupcias el 15 de noviembre de 1543 con María Manuela de Portugal, de cuyo matrimonio nació el príncipe Carlos (8-VII-1545), que moriría en 1568 en circunstancias que tardaron en esclarecerse. Este Príncipe, a pesar de no tener sus facultades mentales en plenitud, fue declarado heredero por las Cortes del Reino de Castilla, en Toledo el año 1560, y por las del Reino de Aragón en 1563. Durante su primer matrimonio Felipe (II) tuvo dos hijos naturales, llamados Pedro y Bernardino.

La Reina María, que moriría el 12 de julio de 1545, era hija de Juan III de Portugal y Catalina de Castilla, hermana de Carlos I, por tanto prima segunda y prima carnal de Felipe II.

Felipe II casó en segundas nupcias con María Tudor, Reina de Inglaterra, el 25 de julio de 1554. Hija de Enrique VIII y Catalina de Aragón, hija esta última de los Reyes Católicos, y, por tanto, prima carnal del padre de Felipe II.

Felipe, entonces príncipe, fue Rey-consorte de Inglaterra sin derecho de sucesión, ni capacidad política en el Reino británico. María Tudor murió en 1558 sin dejar descendencia, siendo ya Felipe II, Rey de España. No está claro si Felipe II llegó a tener descendencia ilegítima durante su estancia en Inglaterra, aunque sí constan sus infidelidades.

En terceras nupcias casó Felipe II, Rey de España, con Isabel de Valois, el 31 de enero de 1560. Isabel era hija del Rey de Francia, Enrique II y de Catalina de Medicis, inicialmente ofrecida al príncipe Carlos, hijo de Felipe II. De este matrimonio, fueron fruto dos hijas: Isabel Clara Eugenia (12-VIII-1566), que sería Regente y luego Gobernadora de los Países Bajos y que casó con el archiduque Alberto de Austria y Catalina Micaela (10-X-1567), que casó con Carlos Manuel de Saboya.

Isabel de Valois murió el 3 de octubre de 1568, tras de un aborto.

El Rey de España contrajo cuartas nupcias con Ana de Austria, el 14 de noviembre de 1570, sobrina de Felipe II, al ser hija de su hermana María y Maximiliano II, Emperador de Alemania, de la que tuvo cinco hijos: Fernando (4-XII-1571) que murió a los 7 años; Carlos (12-VIII-1573), murió a los pocos meses; Diego (12-VII-1575), murió a los 7 años; Felipe (13-IV-1578) que sería Felipe III, Rey de España (1598-1621); y María (14-II-1580), murió a los 3 años.

La Reina Ana moriría el 26 de octubre de 1580, cuando Felipe II se disponía a ceñir la Corona de Portugal.

A Felipe II le correspondía la Corona de Portugal por fallecimiento sin descendencia, y consiguiente extinción de la Casa portuguesa de Avis, del Rey de

Portugal, Sebastian I, hijo de su hermana Juana, casada con el Infante Juan Manuel de Portugal, y nieto de su tía Catalina, casada con Juan III de Portugal. Esta circunstancia originó la Unidad Ibérica, tan deseada por sus bisabuelos, los Reyes Católicos.

A la muerte de Sebastian I, en la batalla de Alcazarquivir, le sucedió su tío, el Cardenal y Rey Enrique I, hermano de su padre el Rey de Portugal, Juan III, que además era su tutor y Regente. En sus dos años de reinado trató de encontrar una solución sucesoria, convocando Cortes en Lisboa, el año 1579, y en Almerím el año 1580. Aparecieron dos candidatos: Felipe II, Rey de España, apoyado por la nobleza y el clero, y el Prior de Crato, Antonio, apoyado por la nueva e incipiente burguesía. El Cardenal y Rey Enrique I, murió sin resolver la cuestión, razón por la que a su muerte Felipe II se hizo con la Corona de Portugal.

En 1555 recibió de su padre las posesiones de los Países Bajos y en 1556 el Reino de España con todas sus posesiones en América y Europa, salvo las correspondientes al Sacro Imperio Romano Germánico que Carlos V traspasó a su hermano Fernando I, segregando el Imperio de la Corona de España.

El reinado de Felipe II fue el de mayor esplendor de la Monarquía española, llegándose a decir que "en su Reino no se ponía el sol".

Felipe II fue un Rey poderoso, que ejerció el poder con rigor y siguiendo la teoría imperial de su padre. Por sus adversarios era conocido como el "demonio del mediodía", por su intransigencia y crueldad. Nunca le movió el interés personal, actuando siempre por el engrandecimiento de su Reino y de la Religión Católica. Las numerosas guerras que mantuvo en Europa conllevaron que el Reino de España sufriera tres bancarrotas en los años 1557, 1575, 1596.

Es obligado hacer una breve referencia a la descomunal operación de desprestigio a que le sometieron sus enemigos, en lo que se ha denominado la "Leyenda Negra".

El historiador Gonzalo Anes señala que la gran eficacia de tal operación se debió a las posibilidades de difusión que ofrecía el descubrimiento de la imprenta.

Las tres líneas en que preferentemente se basó la "Leyenda Negra", fueron la Inquisición con sus excesos, el trato a los indígenas del Nuevo Mundo y el supuesto asesinato del príncipe Carlos, por orden de su padre el Rey.

Por lo que al trato de los indígenas se refiere, la "Leyenda Negra" se alimentó de los escritos de Fray Bartolomé de las Casas, Obispo de Chiapas, pese a que, según recuerda el profesor Anes, tales escritos *como demostró Menendez Pidal, fueron fruto de la vanidad egocéntrica del dominico, llena de exageración enormizante*".

La cuestión de Príncipe Carlos, Infante enfermizo, extravagante y que quizá un fuerte golpe en la cabeza limitó sus facultades, puede concretarse en dos hechos de extraordinaria relevancia, el primero, de cuya certidumbre no se duda, hace referencia a su participación en una conjura contra su padre el Rey con la finalidad de ocupar el trono de los Países Bajos, lo que le supuso la prisión en una torre del Palacio de Madrid, el segundo hecho, de muy dudosa veracidad, se refiere a su relación amorosa con su joven madrastra, Isabel de Valois.

Lo cierto es que el Príncipe Carlos murió en su celda en circunstancias no esclarecidas que permitieron dudar de la intervención de su padre, duda que hoy está absolutamente desterrada al concluir Gachard, en su libro publicado en 1984, que: *"Ha quedado suficientemente demostrado que el príncipe Carlos murió de causa natural, sin la más mínima intervención alevosa por parte de su padre"*, según recuerda Francisco Alonso-Fernandez.

Por lo que a los abusos de la Inquisición se refiere, por otra parte evidentes y no sólo españoles, recuerda el profesor Anes cómo un fugitivo de dicho tribunal, Reinaldo González Montano, publicó un libro falseando y exagerando las prácticas inquisitoriales.

Los grandes difusores de la "Leyenda Negra" fueron el antiguo Secretario del Rey, Antonio Pérez y el líder de la insurrección que daría origen al Reino de Holanda, Guillermo Nassau, Príncipe de Orange.

Sucesión al trono

Felipe II murió el 13 de septiembre de 1598 en El Escorial y le sucedió su hijo Felipe (III), habido del cuarto matrimonio con Ana de Austria.

Felipe II dejó el más extenso Reino que en el orbe haya habido.

Felipe III el Piadoso

Madrid, 14 de abril de 1578. Madrid, 31 de marzo de 1621. Hijo de Felipe II y su cuarta esposa Ana de Austria. Era débil de carácter y sin capacidad para gobernar tan enorme Reino, por lo que entregó el poder en manos de secretarios que se denominarían "validos".

El sobrenombre de el Piadoso se debía no sólo a su piedad, sino a la imposibilidad de destacar otra virtud y quizá, también, por no conocer mujer en los diez años de viudedad y hasta su muerte, lo cual, en la época, era meritorio para un hombre de su posición.

Casó con Margarita de Austria el 18 de abril de 1599, con la que tuvo ocho hijos: Ana Mauricia (22-IX-1601), casó con Luis XIII, Rey de Francia; María (1-I-1603), murió a los dos meses; Felipe (8-IV-1605), futuro Rey Felipe IV; María (18-VIII-1606), casó con Fernando III, Emperador de Alemania; Carlos (15-IX-1607), murió a los 25 años; Fernando (16-V-1609), Cardenal, que dejó una hija que ingresó monja; Margarita (24-V-1610), murió a los 7 años; y Alfonso (22-IX-1611) llamado el Caro porque le costó la vida a su madre (2-X-1611), tras el parto y que vivió un año.

Margarita era hija del Archiduque Carlos Austria-Estiria, sobrino de Carlos I y de María de Baviera, por tanto, prima segunda de Felipe III. Cuando falleció la Reina, su abulia y apatía le impidieron encontrar otra mujer, de aquí que también se le denominara el Casto.

Heredó, Felipe III, la Corona a los 21 años de edad, en 1598, e inmediatamente cedió las riendas del poder a su primer valido, D. Francisco de Sandoval y Rojas, Marqués de Denia y Duque de Lerma. Posteriormente serían validos del Rey, D. Rodrigo Calderón, Marqués de Sieteiglesias y D. Cristóbal Sandoval, Duque de Uceda.

Felipe III era ludópata y dado al lujo sin medida, pese a la crisis económica que sufría el Reino, lo que le originó problemas. Este Rey fue el único que a lo largo de todo su reinado lo fue de España y Portugal, pues Felipe II accedió a la Corona portuguesa siendo ya Rey de España y Felipe IV perdió el Reino de Portugal antes de concluir su reinado.

Durante el reinado de Felipe III se inicia el declive del "imperio español", aunque es un momento de florecimiento de las letras y las artes, pues su reinado se inicia (1598) con el siglo XVII, conocido como El Siglo de Oro español.

Con Felipe III se inicia la cuenta de los llamados Austrias "menores", para distinguirlos de los que serían llamados Austrias "mayores", en referencia a Carlos I y a Felipe II.

El reinado de Felipe III se caracteriza por tres elementos: a) decaimiento del poder de España en el mundo, b) periodo de pacificación y c) esplendor cultural.

La pérdida de poder de España se concreta en los siguientes aspectos: a) bancarrota de la Hacienda Pública, descontrolada por la acción de unos validos corruptos que aprovechaban la abulia del Rey para actuar a su antojo; b) pérdida del poder político en centro Europa, Flandes y Países Bajos; c) grave epidemia que reduce en 500.000 habitantes el Reino (1597-1601); d) pérdida de mano de obra campesina cualificada como consecuencia de la expulsión de los moriscos.

En este período resalta la paz con Inglaterra y con Francia, anudándose lazos de matrimonios reales con esta última, pues se casaron dos hijos de Felipe III, el Príncipe de Asturias, Felipe (IV) con Isabel de Borbón, hermana del Rey de Francia, Luis XIII, y este mismo con la Infanta Ana Mauricia, matrimonio que originaría, al iniciarse el s. XVIII, el acceso de la dinastía Borbón al Reino de España.

En torno al esplendor cultural ya se ha dicho que el s. XVII, que inaugura Felipe III, sería llamado el Siglo de Oro español, con lo que no siempre el mal gobierno afecta a todos los aspectos de la vida social.

Sucesión al trono

A la muerte de Felipe III, el 31 de marzo de 1621, le sucedió su tercer hijo, Felipe IV.

Felipe IV el Grande

Valladolid, 8 de abril de 1605. Madrid, 17 de septiembre de 1665. Hijo de Felipe III y Margarita de Austria. El sobrenombre de el Grande es un sarcasmo que enjuicia al más desgraciado reinado de nuestra historia, dada la absoluta incapacidad del Rey para asumir las tareas de gobierno.

Al heredar la Corona entregó el poder al valido Conde Duque de Olivares.

Además de los problemas de España, la Corona vivía momentos difíciles en los Países Bajos al concluir la Tregua de los Doce años, y continuar la Guerra de los Treinta años en Italia, persistiendo las tensiones con Francia e Inglaterra; pero el Rey estaba más interesado por la vida mundana que por los asuntos públicos.

Casó en primeras nupcias con Isabel de Borbón, el 18 de octubre de 1615, con 11 y 12 años de edad, respectivamente, por lo que vivieron cuatro años separados. Tuvieron 7 hijos: Margarita (14-VIII-1621), que murió al poco de nacer; Margarita (23-XI-1623) murió al mes de nacer; Mª Eugenia (25-XI-1625) murió a los veinte meses; Isabel Mª Teresa (30-X-1627), que falleció a las veinticuatro horas de nacer; Baltasar Carlos (17-X-1629), proclamado heredero, murió a los 17 años; María Antonia (16-I-1635) murió sin cumplir tres años, y Mª Teresa (20-IX-1638), que casó con Luis XIV, Rey de Francia y que fue apartada de la sucesión a la Corona de España, por sí y sus descendientes, en favor de su hermanastro Carlos (II), aunque acabó reinando un descendiente suyo, Felipe V.

Isabel de Borbón era hija del Rey de Francia, Enrique IV, y de María de Medicis y murió el 16 de octubre de 1644.

En segundas nupcias, casó el 4 de octubre de 1649 con Mariana de Austria, hija de Fernando III de Alemania y de su hermana Ana, por lo que su nueva esposa era también su sobrina carnal. Mariana estaba destinada a ser esposa del príncipe Baltasar Carlos, ya fallecido.

De este matrimonio tuvo cinco hijos: Margarita (12-VI-1651) que casó con Leopoldo I, Emperador de Alemania; Mª Concepción Ambrosia (7-XII-1655) murió al mes; infanta sin nombre, nacida y fallecida en agosto de 1656; Felipe Próspero (28-XI-1657) murió a los cuatro años; Fernando (21-XII-1658) murió al año; y Carlos (1661-1700) futuro Carlos II.

Felipe IV tuvo muchos hijos ilegítimos, se dice que quizá llegaran a cien, pero sin duda pasaron de la cuarentena, destacando D. Juan José de Austria, fruto de sus relaciones con la comediante llamada la Calderona. Este hijo, Juan José de Austria, tendría destacado papel en el reinado de Carlos II.

El reinado de Felipe IV se caracteriza, desde el punto de vista político por las pérdidas territoriales y las derrotas militares, así como por el incremento de la corrupción y, desde el punto de vista económico, por las malas cosechas, especialmente la de 1627, por la disminución de las riquezas llegadas del Nuevo Mundo, por el descenso de la población, y por la falta de capitales destinados a la acción militar.

En el campo de las artes y las letras se llegó a un gran esplendor, siguiendo la tónica del siglo que inaugurara su padre Felipe III.

Sucesión al trono

Al morir Felipe IV le sucede Carlos (II) de 4 años de edad, por lo que la Regencia recayó en Mariana de Austria, su madre, que duró hasta ser declarado mayor de edad, en 1675.

Regencia de Mariana de Austria

Mariana de Austria (1634-1696). Segunda esposa de Felipe IV, 29 años más joven, y madre de Carlos II. Hija de Fernando III Emperador de Alemania y de Mariana de Austria, hermana de Felipe IV, y, por tanto, sobrina carnal de su esposo.

Al morir el Rey, su esposo, asumió la regencia del nuevo Rey-niño Carlos II de 4 años de edad. La Reina regente era de escasa inteligencia y nula experiencia política, aunque muy fervorosa.

Nombró Primer Ministro e Inquisidor General a su confesor, el jesuita alemán Juan Nithard apartando del poder a Juan José de Austria, hijo ilegítimo de su difunto esposo.

Juan José de Austria consiguió la destitución del jesuita (1699) pero fue nombrado sustituto Fernando de Valenzuela, Marqués de Villasierra y Grande de España, que acabaría sus días en México, desterrado, quien volvió al despilfarro y al cohecho y ejerció el poder hasta la mayoría de edad de Carlos II. Volvería con éste al poder durante un breve espacio de tiempo, en 1677, y sería derribado definitivamente por Juan José de Austria.

El Consejo de Regencia previsto por Felipe IV, estaba compuesto por el Conde de Castrillo, D. Cristóbal Crespi, el Conde de Peñaranda, el Marqués de Aytona y el Cardenal D. Pascual de Aragón.

En esta época se vivían tanto la guerra con Portugal que pretendía su independencia, como las constantes invasiones de los moros y, para colmo, Luis XIV Rey de Francia y esposo de Mª Teresa, hija de Felipe IV y hermanastra de Carlos II, invadió Flandes.

Se negoció la paz con Portugal, a la que se le reconocía su independencia, de hecho lo era desde 1640, en la Paz de Aquisgrán el 2 de mayo de 1668.

La regencia concluyó en 1675 con la mayoría de edad de Carlos II, siendo Primer Ministro Valenzuela, conocido como El Duende de Palacio. Mariana moriría el 16 de mayo de 1696.

Carlos II el Hechizado

Madrid, 6 de noviembre de 1661. Madrid, 1 de noviembre de 1700. Hijo de Felipe IV y de su segunda esposa Mariana de Austria.

Tenía una débil constitución física, cuando accedió a la Corona por muerte de su padre, con 4 años de edad, casi no tenía fuerza para andar.

La mayoría de edad la alcanzó a los 14 años, aunque su madre la Regente y el "valido" Valenzuela trataron de incapacitarle, pues efectivamente a esta edad no había salido ni psíquica ni físicamente de la infancia. El 6 de noviembre de 1675, accedió de manera plena a la Corona de España.

Carlos II era de aspecto pálido y enfermizo, pelo rubio y lacio, una monstruosa hidrocefalia, prognatismo acentuado y labio inferior colgante. Era el producto de la gran endogamia practicada por los Habsburgo.

Casó en primeras nupcias, con Mª Luisa de Orleans, sobrina de Luis XIV, Rey de Francia, el 19 de noviembre de 1679 en Quintalapalla (Burgos), muriendo la Reina sin descendencia, el 12 de febrero de 1689. Esta Reina congenió con el Rey y fue aceptada por el pueblo.

Sus segundas nupcias, las celebró con María Ana de Neoburgo (o de Baviera), el 4 de mayo de 1690. La nueva Reina despótica y sin simpatía no hizo feliz al Rey, ni le dio descendencia, lo que planteaba un gravísimo problema sucesorio.

El sobrenombre de el Hechizado le viene no sólo por su naturaleza enfermiza, sino porque su confesor fray Froilán Díaz, le convenció de que había sido hechizado por su segunda esposa y el Almirante de Castilla, Juan Tomás Enriquez Cabrera, dejándose el Rey someter a exorcismos y pócimas que pudieron costarle la vida.

A la muerte de Carlos II, sin descendencia, se plantea la necesidad de designar su sucesor, para cuyo puesto había dos candidatos: Felipe de Anjou, nieto de Luis XIV de Francia, y Mª Teresa, hermana de Carlos II y Carlos Archiduque de Austria, hijo del Emperador Leopoldo I. Al tratar del acceso de los Borbón al trono de España se analiza este conflicto.

II
La dinastía española de los Borbón

ORIGEN DE LOS BORBÓN

La familia Borbón tiene su origen en Allier (Francia). El primer Duque de Borbón fue Luis (1327), hijo de Beatriz de Borbón y Roberto de Clermont, sexto hijo de San Luis.

El primer Borbón que llegó a la Corona de Francia fue Enrique IV en 1589, hijo de Antonio de Borbón, descendiente del primer Duque de Borbón, y de Juana de Albret, Reina de la baja Navarra o Navarra francesa.

Los Borbón ocuparon la Corona de Francia de 1589 a 1830, siendo el último Rey Borbón, Carlos X, a quien sucedió en el trono, tras la Revolución de 1830, Luis Felipe I de Orleans, perteneciente a la rama colateral de los Borbón que, a su vez, lo cedió en 1848 a Luis Napoleón. Naturalmente hay que considerar el período de la Revolución francesa (1789-1820), en que los Borbón estuvieron ausentes del trono de Francia.

Actualmente los Borbón españoles son la rama principal de la Casa Borbón, por agotamiento de la rama mayor, los Borbón franceses, que se extinguió con Carlos X, Rey de Francia, ya que su hijo Luis muere sin descendencia y Carlos, Duque de Berry, que murió asesinado, no tuvo descendencia de su hijo Enrique V (para los legitimistas), Conde de Chambort. Debe recordarse que en la rama francesa de la Casa Borbón se mantiene el criterio sálico rígido de la sucesión agnada, por línea de varón.

Los Borbón de España son una rama colateral del tronco principal de Francia y ocuparon el trono español desde 1700 con Felipe V, hasta 1931 con Alfonso XIII; debiendo considerarse los breves intervalos de José I Bonaparte, Amadeo I de Saboya y de la I República.

Tras la muerte del general Franco vuelve la familia Borbón al trono de España con don Juan Carlos I, el 22 de noviembre de 1975.

Los Borbón españoles por medio de su segunda y tercera rama, respectivamente, han sido soberanos también, en el Reino de Nápoles y Sicilias (1735-1860) y en el Ducado de Parma (1748-1850).

LA DINASTÍA BORBÓN

Como se ha señalado anteriormente, el primer Borbón que accede a la Corona de España fue Felipe de Anjou, nieto de Luis XIV de Francia, casado con María Teresa de Austria, hija de Felipe IV de España.

Accedió a la Corona por testamento de Carlos II el Hechizado, dando origen a la Guerra de Sucesión. El designado sucesor, Felipe, Duque de Anjou, que reinaría con el nombre de Felipe V, hubo de enfrentarse en esta guerra con el Archiduque Carlos de Austria, que llegaría a ser Carlos VI, Emperador de Alemania.

Los Reyes de España de la dinastía Borbón

Felipe V	*el Animoso*	1701-1724 y 1724-1746
Luis I	*el Liberal*	1724
Fernando VI	*el Justo*	1746-1759
Carlos III	*el Político*	1760-1788
Carlos IV	*el Cazador*	1788-1808
Fernando VII	*el Deseado*	1808-1833
Isabel II	*la de los tristes destinos*	1833-1868
Alfonso XII	*el Pacificador*	1874-1885
Alfonso XIII		1886-1931
Juan Carlos I		1975

Cuestión sucesoria (Habsburgo-Borbón)

Al carecer Carlos II de descendencia, y dada su precaria salud, desde tiempo se venían planteando hipótesis sucesorias, que se concretan en tres:

— José Fernando de Baviera nieto de Leopoldo I de Alemania y de Margarita (hermana de Carlos II). Carlos II testó en su favor, pero este Príncipe murió sin descendencia, antes que el Rey.

— Carlos, Archiduque de Austria, hijo de Leopoldo I de Alemania y de su segunda esposa Leonor de Neoburgo, a su vez hermana de la segunda esposa de Carlos II, la reina Mª Ana.
Hay que resaltar que Leopoldo I que pretendía el trono de España para su nieto, primero, y luego para su hijo, era hijo de Fernando III de Alemania y de Mariana, hermana de Felipe IV, que es por donde justificaba el derecho a la sucesión.
Este pretendiente llegaría a ser Carlos VI, Emperador de Alemania.

— Felipe de Anjou, nieto de Luis XIV de Francia y de Mª Teresa, hermana de Carlos II.

DINASTÍA ESPAÑOLA DE LOS BORBÓN

CUADRO ESQUEMÁTICO DE LAS RAMAS BORBÓN

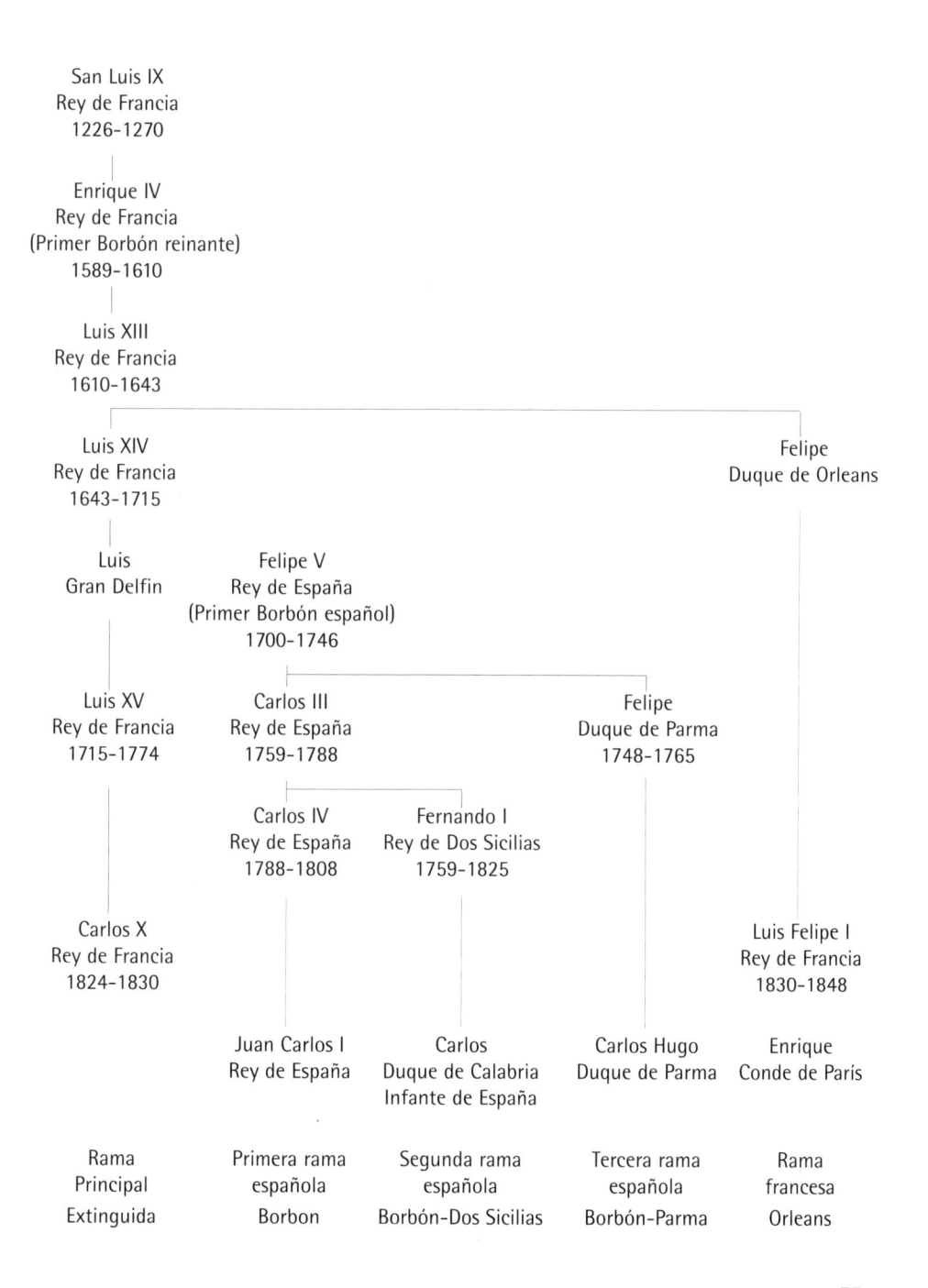

San Luis IX
Rey de Francia
1226-1270
|
Enrique IV
Rey de Francia
(Primer Borbón reinante)
1589-1610
|
Luis XIII
Rey de Francia
1610-1643

Luis XIV	Felipe
Rey de Francia	Duque de Orleans
1643-1715	

Luis	Felipe V	
Gran Delfin	Rey de España	
	(Primer Borbón español)	
	1700-1746	

Luis XV	Carlos III	Felipe
Rey de Francia	Rey de España	Duque de Parma
1715-1774	1759-1788	1748-1765

	Carlos IV	Fernando I	
	Rey de España	Rey de Dos Sicilias	
	1788-1808	1759-1825	

Carlos X			Luis Felipe I
Rey de Francia			Rey de Francia
1824-1830			1830-1848

	Juan Carlos I	Carlos	Carlos Hugo	Enrique
	Rey de España	Duque de Calabria	Duque de Parma	Conde de París
		Infante de España		

Rama	Primera rama	Segunda rama	Tercera rama	Rama
Principal	española	española	española	francesa
Extinguida	Borbon	Borbón-Dos Sicilias	Borbón-Parma	Orleans

LA DINASTÍA BORBÓN

El padre de Felipe fue Luis, Gran Delfín de Francia, heredero de la Corona, falleció en 1711 antes que Luis XIV.

Felipe V, al ser Rey de España, no debía aspirar a la Corona de Francia cuyo aspirante era su padre Luis y al que se preveía sucediera el hermano de Felipe V, llamado también Luis.

Al morir en 1712 Luis, hermano de Felipe V, éste renunció a sus derechos a la Corona de Francia, por sí y sus herederos, por lo que al morir Luis XIV le sucedió su biznieto Luis XV.

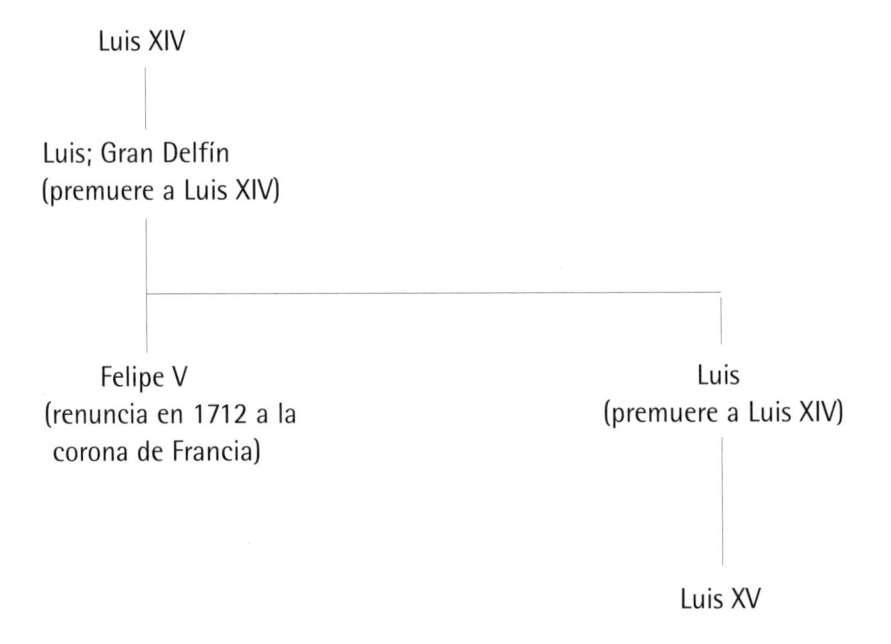

```
                    Luis XIV
                       |
              Luis; Gran Delfín
              (premuere a Luis XIV)
                       |
        _____
       |                           |
    Felipe V                      Luis
(renuncia en 1712 a la      (premuere a Luis XIV)
  corona de Francia)                |
                                 Luis XV
```

Planteadas las cosas así, con tres pretendientes al trono de España, se reduce la disputa a dos, por muerte de José Fernando de Baviera.

La lucha se plantea por el dominio sobre España, tanto de Francia (Borbón) como de Alemania (Habsburgo).

Los derechos teóricos no eran iguales, pues un pretendiente, Felipe, era biznieto de Felipe IV y el otro, Carlos, era biznieto de Felipe III. Ambos por línea femenina.

Carlos II, tras consultar con teólogos y con el Papa Inocencio XII, señaló como sucesor en primer término a Felipe de Anjou, en su defecto a su hermano menor el Duque de Berry, en defecto de ambos al Archiduque Carlos de Austria y en defecto de todos ellos, al Duque de Saboya y a sus descendientes.

La partida la había ganado Luis XIV, Rey de Francia, pues llega al trono de España un Borbón; pero tal decisión testamentaria no sería pacífica, iniciándose la *Guerra de Sucesión* (1702-1715) que se convirtió en una auténtica guerra mundial, afectando a los territorios de España, Bélgica, Alemania e incluso a las colonias de ultramar.

De parte del Archiduque Carlos se ponen los nobles de Aragón, Cataluña y Valencia, además de Austria, Inglaterra, Holanda, Dinamarca, Portugal, Saboya y diversos príncipes alemanes; es *La Gran Alianza*.

De parte de Felipe de Anjou, proclamado ya Felipe V, están el resto de España y Francia.

En España la guerra se decide a favor de Felipe en 1710, en las batallas de Brihuega y Villaviciosa.

En 1713, Inglaterra y Holanda proponen la Paz de Utrech y Alemania lo hizo en 1714 con la Paz de Rastadt.

Tras la Guerra de Sucesión, España perdió los territorios de Europa y como dato singular, el Peñón de Gibraltar.

Se entiende por el Tratado de Utrecht al conjunto de tratados en los que intervienen todos los reinos contendientes y que logra el equilibrio en Europa, siguiéndose sus principios a lo largo de todo el s. XVIII y parte del s. XIX.

Respecto de las cuestiones más destacadas, el Tratado de Utrecht define:

— Reconocimiento de Felipe V como Rey de España y de Las Indias y, por tanto, sucesor de Carlos II.
— Pérdida de Gibraltar y Menorca, a favor de la Corona de Inglaterra.
— Se incorporan a Austria: Países Bajos, Nápoles, Milán y Cerdeña.
— Sicilia pasa al Duque de Saboya, con el título de Rey.
— Se comprometen a no unir en el futuro las coronas de Francia y España.

LA DINASTÍA BORBÓN

CUADRO DE PRETENDIENTES A LA SUCESIÓN DE CARLOS II

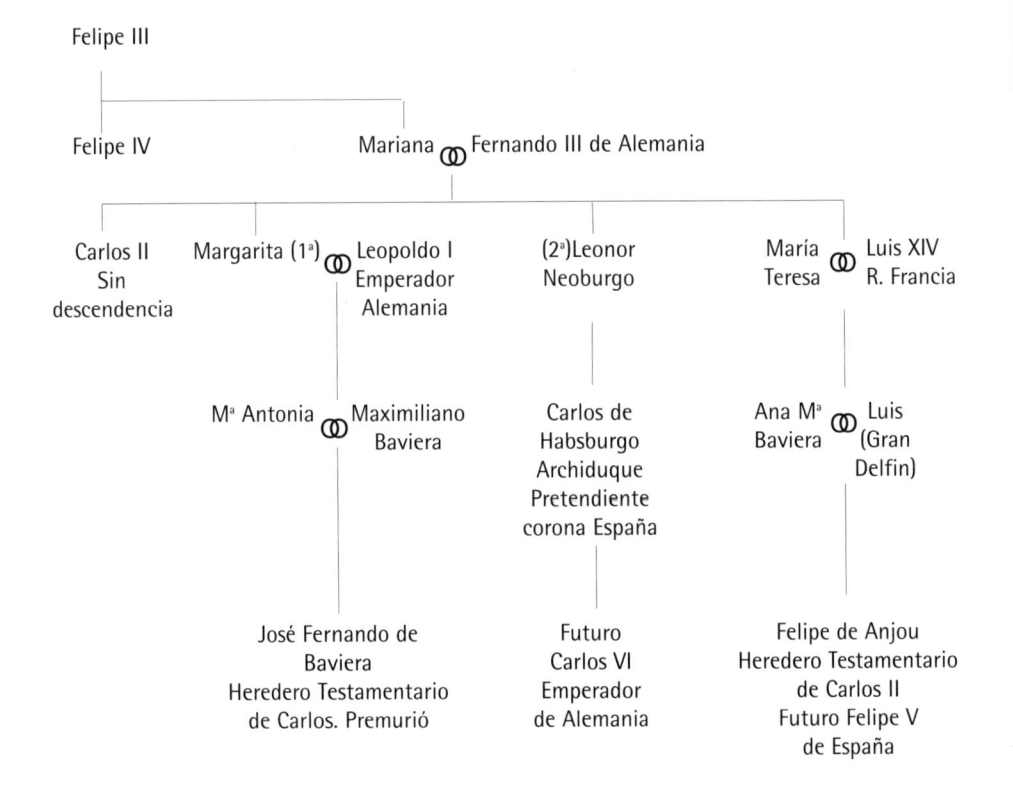

Felipe III
├── Felipe IV
└── Mariana ⚭ Fernando III de Alemania
    ├── Carlos II (Sin descendencia)
    ├── Margarita (1ª) ⚭ Leopoldo I Emperador Alemania
    │   └── Mª Antonia ⚭ Maximiliano Baviera
    │   └── José Fernando de Baviera — Heredero Testamentario de Carlos. Premurió
    ├── (2ª) Leonor Neoburgo
    │   └── Carlos de Habsburgo, Archiduque Pretendiente corona España
    │   └── Futuro Carlos VI Emperador de Alemania
    └── María Teresa ⚭ Luis XIV R. Francia
        └── Ana Mª Baviera ⚭ Luis (Gran Delfín)
            └── Felipe de Anjou — Heredero Testamentario de Carlos II — Futuro Felipe V de España

LA ILUSTRACIÓN

Concepto

La Ilustración fue un movimiento intelectual de renovación espiritual, que avanza en el ideal renacentista de superación del teocentrismo, fundado en la fe, es decir, en la revelación, para consolidar la concepción antropocentrista que, sin renuncia de la fe, hacía girar la actividad humana en el valor capital del ser humano, la "razón". Consiguientemente el "humanismo", es un signo de identidad clave de la Ilustración.

Este movimiento afectó tanto al área económica como a la política y a la cultural, en suma a toda la actividad social, y tanto en Europa como en América.

La Ilustración incorpora el ideal del bienestar del pueblo y, por tanto, la preocupación del poder, el Rey, por alcanzarlo. La vía para alcanzar ese bienestar, es la utilización de la razón, el mejor conocimiento de la naturaleza y sus leyes.

No cabe duda que la Ilustración puede definirse como un "segundo Renacimiento", al que se incorpora la necesidad de que trascienda al pueblo, no el conocimiento científico, sino los efectos de ese conocimiento.

Dos pilares del desarrollo de la Ilustración son, tanto la consolidación de la Reforma que supuso la aparición del protestantismo en Europa, como el avance del conocimiento científico, que abre las puertas al estudio de las leyes de la naturaleza.

Ubicación cronológica

La Ilustración se desarrolló en Europa y América a lo largo del s. XVIII. Para ser más precisos hemos de decir que se inició en la última veintena del s. XVII y tuvo su mayor esplendor en la segunda mitad del s. XVIII. Su origen puede fijarse en las teorías del empirismo racionalista de Descartes, Hobbes y Newton.

Por lo que se refiere a España, los principios de la Ilustración deben de ubicarse, al menos en el campo económico y científico, en el segundo reinado de Felipe V (1724-1746), apoyado en ministros de singular valía como D. José Patiño, y en el reinado de Fernando VI (1746-1756), que se distingue por la vocación pacifista y la recuperación económica y cultural.

El momento de mayor esplendor de la Ilustración coincide con el reinado de Carlos III apoyado en ministros valiosísimos como el Marqués de Esquilache, el Conde de Aranda, *El gran Ilustrado*, el Conde de Floridablanca y el Conde de Campomanes.

Ilustración y economía

El resurgimiento económico tuvo su arranque en unos años de bonanza meteorológica que favoreció las buenas cosechas, lo cual supuso, en una sociedad ruralizada, el punto de apoyo para la aplicación de reformas económicas.

La llegada de la dinastía Borbón al inicio del s. XVIII se encuentra pues, con unas mínimas condiciones favorables para el cambio global que supondría la Ilustración, a pesar de la sangría que conllevó la Guerra de Sucesión y el carácter estamental de la sociedad de la época.

Con las dificultades propias para la realización de un Censo de Población en la época, puede formularse el siguiente apunte, que denota un gran crecimiento demográfico en el s. XVIII.

1717	Censo de Campoflorido	-7.500.000 hab.
1749	Censo de Ensenada	8.000.000 hab.
1768	Censo de Aranda	9.300.000 hab.
1787	Censo de Floridablanda	10.400.000 hab.
1797	Censo de Godoy	10.500.000 hab.

El crecimiento demográfico señalado debe de imputarse a la preocupación que en el período de la Ilustración plantean los problemas higiénicos de las ciudades, al incremento de bienes agrarios para la subsistencia y, quizá, al reordenamiento de la población que supusieron las colonizaciones, pues en Andalucía el crecimiento, a lo largo del s. XVIII, se calculó en 600.000 habitantes.

Aunque la inmensa mayoría del estado llano vivía de la agricultura, sería el sector urbano de este tercer estado el que, al ocupar el área artesanal, comercial y de profesiones liberales, dinamizaría el desarrollo de la futura sociedad burguesa, tanto por su mayor capacidad de influencia social como por su mayor conciencia política y, desde luego, por percibir con mayor intensidad el perjuicio de la subida de los precios de bienes alimentarios y por tanto, de la inflación. Este sector social urbano acabaría, a la larga, con la propia sociedad estamental.

Los gobernantes ilustrados se lanzaron al resurgimiento económico.

Tratando de paliar los males endémicos de la agricultura, como la despoblación, la falta de vías de comunicación, la falta de aplicación técnica, etc., se procede a las colonizaciones, a la mejora de las vías y a la introducción paulatina de mejoras técnicas, favoreciendo el regadío y, sobre todo, apoyando al agricultor frente a los abusos de La Mesta, en la que se protegían a los ganaderos.

El área industrial prácticamente quedaba reducida al mundo artesanal. Los gobiernos ilustrados tratan de potenciar la industrialización, promocionando Fábricas Reales (cristal, tapices, porcelanas, etc.) que alcanzaron fama, pero no sirvieron de modelo al sector privado.

Únicamente Cataluña, con la industria textil, puede señalarse como centro industrial de alguna entidad, además del País Vasco con una incipiente siderurgia y los centros navales de El Ferrol, Cartagena y Cádiz, ya entrada la segunda mitad del s. XVIII.

Merece ser destacado el esfuerzo que España realiza en la recuperación de su flota, como elemento importante para garantizar el comercio con las Colonias, así como la creación de Reales Compañías y de Sociedades Económicas de Amigos del País, promovidas por Campomanes, que vertebrarán el área mercantil.

En definitiva, durante el período de la Ilustración se produce un despegue económico trascendental, que pondría las bases para el proceso de industrialización iniciado en la segunda mitad del s. XIX.

Ilustración y cultura

La concepción estamental de la sociedad de la época no puede perderse de vista, por lo que es necesario resaltar que las ideas ilustradas se cultivan en la nobleza, donde residía el poder económico y la capacidad de su asimilación.

En el campo de la educación se fomenta el estudio de las Ciencias Exactas y Naturales, la Cartografía, la Medicina, la Astronomía, pero no quedan a la zaga el Derecho, con el fortalecimiento de las tendencias del Humanismo jurídico y del Iusnaturalismo, ni la Filosofía.

En Arquitectura es preponderante la corriente neoclásica que convive con una expresión barroca denominada Churrigueresca, en referencia a su máximo valor, José de Churriguera.

La pintura vive un período de rigorismo de carácter cortesano, que se denominó "academicismo". Hay que destacar a Goya, como clave de la pintura española, que, con su fuerza expresiva, traspasará la frontera de la propia Ilustración.

La literatura ilustrada española no tiene especial relevancia, se pasa del *barroquismo* a una especie de *neoclasicismo* que algunos definen como *rococó*, de preocupación más sensitiva que intelectual.

Se desarrolló el teatro con el apoyo del Rey. Cabe destacarse como autores teatrales a Fernández de Moratín, Iriarte, García Huarte y López de Ayala, que cultivaron preferentemente la tragedia. Como dramaturgo destacaría Ramón de la Cruz, de tendencia *costumbrista*.

Fernando VI había iniciado, durante su reinado de paz, una política de revitalización educativa que siguió Carlos III, atrayendo la llegada de científicos extranjeros, para trabajar en centros experimentales que creó junto con la Academia de Ciencias.

En el orden de las ciencias, que también son cultura, la Ilustración avanza un paso más en la línea del Renacimiento. Efectivamente, en el orden científico y tecnológico, la Ilustración pone las bases, para que en el próximo siglo, el XIX, pudiera iniciarse la revolución industrial.

El mecanicismo de Newton será recibido por los científicos Jorge Juan y Antonio Ulloa, que trabajan en Astronomía, Física e Historia Natural.

Se desarrollan con fuerza las Ciencias Naturales, la Química y la Botánica. Destacamos a los botánicos Hipólito Ruiz, Feliz Araza, Celestino Mutis y Jaime Pedrol, a Diego Mateo Zapata que trabajó en farmacología y a Fausto de Elhuyar, minerólogo. En el terreno de las Matemáticas, destaca Tomás Vicente Tosca.

En lo referente a la Medicina fue espectacular el avance de la anatomía con Martín Martínez, así como en Medicina clínica, hospitalaria, que aparece como procedimiento educativo.

Es indispensable destacar la aparición del concepto de "higiene pública", vinculado a la sanidad y al urbanismo, mientras que la cirugía alcanza categoría científica.

En definitiva, desde los inicios de la Ilustración se produce una enorme preocupación por el conocimiento científico, coherente con el concepto humanista y la preocupación propia de la Ilustración por conocer las leyes de la naturaleza.

Ilustración y política

La concepción política de la Ilustración se apoya en tres pilares: el "absolutismo real", el "centralismo" y lo que se ha llamado *el* "filantropismo".

El Rey es el centro exclusivo de poder. Los antiguos reinos pierden su legislación peculiar, universalizándose las leyes de la Corona. El País Vasco y Navarra se salvarían por su apoyo a Felipe V en la Guerra de Sucesión, El Gobierno imbuido de la preocupación por sus súbditos, desarrolla una política más acorde con el interés general que con los intereses dinásticos.

Se ha hecho famosa la frase que resume este criterio ilustrado, "todo para el pueblo, pero sin el pueblo" y así, en el reinado de Carlos III la filosofía política del "despotismo ilustrado" alcanza su expresión más clara.

La concepción política reseñada exige una serie de características concurrentes, a saber:

— Un poder real sólido e indiscutido, superior al poder eclesiástico, lo que se consiguió mediante la política regalista establecida en el Concordato de 1754.
— Existencia de unos políticos a la altura de las circunstancias, aunque todavía no puede hablarse más que de individualidades, no de clase política.
— Una política exterior de paz, perfectamente seguida con Fernando VI, que en la época de Carlos III procuró mantenerse con una clara vocación neutralista y diversos tratados de amistad y comercio.
— Una política interior desarrollista.
— Una legislación uniformadora, como lo fueron los Decretos de Nueva Planta (1707-1716), con la sumisión de todos los antiguos reinos a uno, Castilla que en realidad es, desde hace tiempo, el Reino de España.
— Un principio de unidad y racionalización fiscal, apoyado en la reforma administrativa.

Todos estos condicionantes se produjeron, prácticamente, desde la conclusión de la Guerra de Sucesión, llegando a su madurez en el reinado de Carlos III.

Ha de señalarse que ni el absolutismo ni un cierto centralismo eran novedades en España, pues desde el acceso de la Casa de Austria, con Carlos I, recuérdense las Guerras de las Comunidades y de las Germánicas, se producían ambos fenómenos, pero en la Ilustración se institucionalizan añadiéndose el ingrediente nuevo del llamado *filantropismo* que hace referencia a la convicción del gobernante de la necesidad de favorecer las condiciones de vida del pueblo, desde el poder.

Felipe V el Animoso

Versalles, 19 de diciembre de 1683. Madrid, 9 de julio de 1746. Hijo de Luis, Gran Delfín de Francia, y de Mª Ana de Baviera. Utilizaba en Francia el título de Duque de Anjou. Alcanzó el trono de España por testamento de Carlos II, que dio origen a la Guerra de Sucesión.

El sobrenombre de El Animoso no tenía otro fin que la adulación palaciega, pues fue un Rey de poco carácter y espíritu perezoso.

Fue Rey de España desde el año 1701, en que fue coronado, hasta enero de 1724 en que abdicó en su hijo Luis I quien murió a los pocos meses. Volvió a ocupar el trono de España de septiembre de 1724 hasta su muerte en 1746, en que le sucedió su hijo Fernando VI.

Casó en primeras nupcias con Mª Luisa de Saboya a finales de 1701, de la que tuvo cuatro hijos: Luis (25-VIII-1707) que llegaría a ser Luis I; Felipe (2-VII-1709) muerto a los 6 días; Felipe (7-VII-1712) muerto a los 7 años y Fernando (23-IX-1713), que sería Fernando VI. La Reina Mª Luisa murió en febrero de 1714.

Del segundo matrimonio con Isabel de Farnesio, celebrado el 24 de diciembre de 1714, el Rey tendría los siguientes hijos: Carlos (20-I-1716), después Carlos III; Francisco (21-III-1717) muerto al mes de nacer; Mª Ana Victoria (31-III-1718), que sería Reina de Portugal; Felipe (15-V-1720) Duque de Parma; Mª Teresa (17-VI-1726), que casó con el Gran Delfín, Luis, hijo de Luis XV, que no llegaría al trono de Francia; Luis Antonio (25 -VII-1723), que renunció al capelo cardenalicio en 1754, y Mª Antonia Fernanda (17-XI-1729), Reina de Cerdeña.

El primer reinado de Felipe V (1701-1724) tiene dos claros períodos coincidentes con sus matrimonios, el primer período, el del matrimonio con Mª Luisa de Saboya fue de influencia francesa que, en definitiva, era el origen del Rey y el de los consejeros que le había proporcionado su abuelo Luis XIV, como Harcourt y Orry. La Reina Mª Luisa de carácter y mente despierta supo hacerse con la confianza del Rey y llegó a ocupar la Regencia por ausencia de Felipe V, asistida de su dama la Princesa de los Ursinos que jugará un gran papel político.

Al morir la reina Mª Luisa, la Princesa de los Ursinos asumió el poder absoluto.

Con el nuevo matrimonio de Felipe V con Isabel de Farnesio decaería el poder de la Princesa de los Ursinos, pues la nueva Reina, inteligente ambiciosa y preparada, tenía por objetivo la colocación en tronos menores, Nápoles, Sicilia, Parma, etc., de sus hijos, sin posibilidades aparentes a la Corona de España. Se inicia con la Farnesio la influencia italiana en el Reino de España.

Con Isabel de Farnesio llega el abate Alberoni, que ostentaría el capelo cardenalicio y llegaría a ser nombrado Primer Ministro. Caería, por su temeridad, al enfrentarse a la Cuádruple Alianza formada por los reinos de Inglaterra, Francia, Holanda, Alemania.

El segundo reinado de Felipe V, tras la muerte de su hijo Luis I, se caracterizó por su aproximación a Austria, y después a Francia con la que suscribió el Primer Pacto de Familia (1733).

Felipe V, ya desde la muerte de su primera esposa, daba síntomas de anormalidad mental, claramente agudizados durante su segundo reinado que le llevarían a la total locura.

Durante su segundo reinado, se suscriben los Pactos de Familia siguientes:

— Tratado de Sevilla (9 de noviembre de 1729). Quien llegaría a ser Carlos III, toma posesión de los ducados de Parma y Plasencia.
— Primer Pacto de Familia (1733). España interviene en la Guerra de Sucesión de Polonia. Carlos (III), reconocido Rey de Nápoles y Sicilia (1735).
— Segundo Pacto de Familia (Fontainebleau, 1743). Felipe, hijo de Felipe V e Isabel de Farnesio, reconocido Duque de Parma (1748).

España interviene en la Guerra de Sucesión de Austria.

También durante el segundo reinado de Felipe V se abre una etapa de ministros españoles, como José Campillo, Patiño y el Marqués de la Ensenada, que reorganizaron la hacienda y aportaron su capacidad a la mejora económica nacional.

Felipe V, pese a sus limitaciones personales, realizó una gran obra en favor de las artes y las letras. Supo rodearse de valiosos consejeros, y la participación de sus dos esposas en la gobernación fue decisiva.

Análisis de la política exterior

Concluida la Guerra de Sucesión, que se resuelve a favor de Felipe V, en las batallas de Brihuega y Villaviciosa (1710) y la entrada en Barcelona (1713), se abre un período de distanciamiento de Francia, hasta entonces tan vinculada a España, tanto militar como políticamente. Este distanciamiento se funda en tres causas:

— Resistencia de Felipe V a reconocer, de hecho, su renuncia al trono de Francia, ratificada en el Tratado de Utrecht.
— Necesidad de consolidar los reinos italianos, objetivo básico de la Reina Isabel de Farnesio.
— Interés por recuperar Gibraltar y Menorca, para afianzar su poderío en el Mediterráneo.

La muerte de Luis XIV refuerza esta política, llamada *revisionista*, dirigida por el binomio Farnesio-Alberoni, hasta que España vuelve a reconocer el principio de Utrecht, en el Tratado de El Pardo (1728) que pone fin a la alianza con Austria.

Con José Patiño, España vuelve la mirada hacia sí misma y se dispone al resurgimiento económico y a la estabilización de las posesiones italianas, lo que se iniciaría con el Primer Pacto de Familia, que reconoce a Carlos III como Duque de Parma, Plasencia y Toscana.

La cuestión italiana se define de manera absoluta en la Paz de Viena, que puso el fin a la Guerra de Sucesión polaca, en la que se reconoce a Carlos III Rey de Nápoles y Sicilia, con renuncia al Ducado de Parma, que pasaría a su hermano Felipe, y en la Paz de Aquisgrán que pone fin a la Guerra de Sucesión austriaca, y que se firmaría ya en el reinado de Fernando VI.

Hechos más destacados del reinado

— GUERRA DE SUCESIÓN. Ocupa a España durante doce años y se convierte en una auténtica guerra mundial.
  Supone para España la pérdida de Gibraltar, Menorca y posesiones en Europa.
— DECRETO DE NUEVA PLANTA (16 de enero de 1716). Consecuente con la concepción centralista de los Borbón y una vez abolidos los fueros de Valencia y Aragón, en Cataluña entra en vigor el Decreto de Nueva Planta, aunque no es tan radical como la abolición de Aragón.
  En el País Vasco y Navarra, los fueros se respetaron por haberse colocado, los vascos y navarros, de parte de Felipe V, en la Guerra de Sucesión.
— PACTOS DE FAMILIA. Es la política pragmática que animó José Patiño, fundada en el equilibrio de Europa, que era coincidente con el interés de Isabel de Farnesio para colocar a sus hijos en distintas coronas.
  Esta política obligaría a España a participar en las guerras de sucesión de Polonia y Austria, pero consolidó la posición en Italia (Nápoles, Sicilia, Parma, etc.).

Personajes de la época

Princesa de los Ursino (Orsini). Ana María de la Trèmoliere (París, 1641-Roma, 1722).

Dama francesa, camarera de la Reina Mª Luisa de Saboya que tuvo singular influencia durante el primer matrimonio de Felipe V y aconsejó el segundo con Isabel de Farnesio, creyéndola una princesa dócil.

Luis XVI la tenía por defensora de los intereses franceses, lo cual es cierto en gran medida, pero supo entender los propios intereses del Rey de España, lo que le supuso una momentánea retirada del poder, por presiones del abate D´Estrées, volviendo a su posición a petición del propio Luis XIV.

Julio Alberoni. Fiorenzuola d´Arda 1664 - Plasencia (Italia) 1752.

Fue embajador del Ducado de Parma ante el Reino de España.

Se hizo con la confianza de Felipe V y convenció a éste, y a la princesa de los Ursinos, del segundo matrimonio del Rey con Isabel de Farnesio. Llegó a ser primer ministro, en la época de total poder de la Reina Farnesio.

Se empeñó en alterar el Tratado de Utrecht, enfrentándose a la "Cuádruple Alianza", lo que le valió la salida del Gobierno y su vuelta a las posesiones de Italia.

La gestión de reconciliación del Rey con el Vaticano le valió el Capelo Cardenalicio.

José Patiño. Milán 1666 - La Granja 1736. Hacendista que había pasado por el noviciado de los jesuitas.

Estableció el catastro. Reorganizó la Armada, devolviéndola al primer lugar de las potencias navales. Unió en una las secretarias de Hacienda, Marina e Indias. Creó la Academia Naval y la base naval de Cartagena. Participó en batallas navales, como el levantamiento del asedio de Ceuta (1727) y la toma de Orán (1732).

Reunió en su mano todas las secretarías del Gobierno y fue impulsor del resurgimiento económico iniciado por el consejero francés Orry, a la llegada de Felipe V.

Marqués de la Ensenada. Zenón de Somadevilla y Bengoechea. (Alesanco, Logroño, 1702 - Medina del Campo, 1781). Discípulo de José Patiño, destacará con mayor brillo en el reinado de Fernando VI y de Carlos III.

Participó en las tomas de Orán y Nápoles.

Fue Secretario de Hacienda, Guerra, Marina e Indias y el *factotum* en los últimos años del reinado de Felipe V.

El objetivo prioritario de Ensenada fue el resurgimiento económico, en la línea de Patiño y Orry. Desarrolló la industria naval, las obras públicas, el comercio y las manufacturas.

Fue destituido en dos ocasiones, la primera en 1754 por Fernando VI y la segunda en 1766 por Carlos III, sufriendo en ambas destierro.

José del Campillo y Cossío. Peñaranda (Asturias) 1694 - Madrid 1744. Fue Ministro de Hacienda de Felipe V, colaborando en la reorganización de la Marina. Influyó en la participación de España en la Guerra de Sucesión de Austria.

FELIPE V Y LUIS I

	LA CORONA Y POLÍTICA INTERIOR		POLÍTICA EXTERIOR
1700	5 octubre - Testamento de Carlos II a favor de Felipe de Anjou. 1 noviembre - Muere Carlos II.	1701	Gran Alianza. Austria, Inglaterra y Holanda.
1701	8 mayo - Es jurado Felipe V en Madrid. Inicio de la Guerra de Sucesión.	1704	Inglaterra se apodera de Gibraltar.
1702	Felipe V convoca Cortes en Barcelona.	1707	Unión de Inglaterra y Escocia.
1704	3 agosto - Pérdida de Gibraltar.	1708	Inglaterra se apodera de Menorca.
1705	Sublevación de Cataluña, Valencia y Aragón, el pretendiente Carlos se instala en Barcelona.	1711	Carlos VI, Emperador de Alemania.
1706	Aragón proclama Rey al Archiduque Carlos.	1713	Tratado y Paz de Utrecht. Federico Guillermo I, Rey de Prusia.
1707	Nace el Príncipe Luis (I). Victoria de Almansa.	1714	Paz de Rastatt, Países Bajos, Nápoles, Milán y Cerdeña, pasan a Austria. Jorge I, Rey de Inglaterra.
1709	El Príncipe Luis es jurado como heredero.	1715	Muere Luis XIV, le sucede Luis XV. Regencia de Felipe de Orleans.
1710	Batallas de Brihuega y Villaviciosa.	1717	Formación de la Triple Alianza.
1713	Nace el Príncipe Fernando (VI).	1719	Francia declara la guerra a España.
1714	Muere la Reina Mª Luisa de Saboya. 2º matrimonio de Felipe V con Isabel de Farnesio (diciembre).	1720	Cuádruple Alianza contra España.
1715	Finaliza la Guerra de Sucesión.	1725	Catalina I, Zarina de Rusia. Alianza España-Austria.
1716	Decreto de Nueva Planta. Abolición de los Fueros de Aragón. Nace el Príncipe Carlos (III).	1726	Regencia en Francia, Cardenal Fleury.
1717-18	Conquistas de Cerdeña y Sicilia. Alberoni, Primer Ministro.	1727	Pedro II, Zar de Rusia.
1719	Alberoni es expulsado de España.	1730	Ana Ivanovna, Zarina de Rusia.

FELIPE V Y LUIS I

	LA CORONA Y POLÍTICA INTERIOR		POLÍTICA EXTERIOR
1720	Tratado de Cambrai.	1733	Guerra de Sucesión Polonia, finaliza en 1737.
1722	Matrimonio de Luis (I) con Isabel Luisa de Orleans.	1735	Paz de Viena, Parma para Austria, Plasencia para Nápoles.
1724	10 enero - Abdicación de Felipe V. Luis I Rey de España. 31 agosto muere Luis I. Vuelve al trono Felipe V. 25 noviembre Fernando (VI) jurado heredero.	1740	Guerra de Sucesión Austria. Federico II, Rey de Prusia.
1729	Carlos (III) Duque de Parma y Plasencia. Casa Fernando (VI) con Bárbara de Braganza.	1741	Isabel, Zarina de Rusia.
1732	Conquista de Orán.	1742	Carlos VII de Baviera, Emperador Austria, ocupa Baviera.
1733	1er Pacto de Familia con Francia.	1745	Francisco I, Emperador. Época de influencia de la Marquesa de Pompadour, en Francia.
1735	Carlos (III) Rey de Nápoles y Sicilia.		
1738	Casa Carlos (III) con Mª Amalia de Sajonia.		
1743	2º Pacto de Familia con Francia. Marqués de la Ensenada, accede al poder.		
1746	Muere Felipe V el 6 de julio.		

	AMÉRICA		SOCIEDAD
1702	Apertura de los puertos indianos a los barcos franceses. Asiento de negros concedido a la Cía. francesa de Guinea.	1700	Los protestantes alemanes adoptan el Calendario Gregoriano.
1710	Se establece "La Acordada" en México.	1704	Fundación de la Real Fábrica de Tapices de Madrid.
1711	Fundación Cía. Inglesa de los Mares del Sur.	1710	Impresión a tres colores (Le Blon).
1713	Tratado de Asiento (España, Inglaterra). Introducción esclavos negros, Indias Occidentales.	1711	Creación de la Real Librería (Biblioteca Nacional).
1714	Se crea la Secretaría de Indias.	1713	Descubrimiento Carbón Cok (A. Darby).
1715	Inglaterra establece soberanía en Terranova.	1714	Descubrimiento Termon 20 (Fahrenheit). Fundación Real Academia de la Lengua.
1717	Desaparece el Monopolio de la Casa de Contratación de Sevilla. Fundación de Nueva Orleans. Traslado de la Casa de Contratación a Cádiz.	1724	Benedicto XIII, Papa (+ 1730).

FELIPE V Y LUIS I

	AMÉRICA		SOCIEDAD
1718	Se crean los nuevos virreinatos de Nueva Granada y Santa Fe.	1725	Empieza a llamarse peseta la moneda a dos de plata. Muere José de Churriguera.
1726	Fundación de Montevideo.	1726	Viajes de Gulliver (Swift).
1729	Se crea la Cía. Guipuzcoana de Caracas con el Monopolio del Comercio con Venezuela.	1728	La Pasión según San Mateo (Bach). Logia de las "Tres flores de Lis". Primera de España.
1731	Establecimiento de la Casa de la Moneda de Guatemala. Fundación Colonia inglesa, Georgia.	1730	Clemente XII, Papa (+ 1740).
1739	Guerra Hispano-Inglesa en el Caribe. Creación definitiva del Virreinato Nueva Granada.	1731	Expulsión protestantes de Salzburgo.
1740	Se crea la Real Cía. de Comercio con La Habana.	1734	Creación Real Academia de Medicina.
1741	Programa de reformas para América de José del Campillo: "Nuevo Sistema de Gobierno para la América".	1737	Fundación Casa de Contratación de Bilbao.
1743	Reconstrucción de la Marina Española por el Marqués de la Ensenada.	1738	Comienzan las obras del Palacio Real de Madrid. Bula de Clemente XII, contra Masonería. Creación Real Academia de la Historia.
		1739	Tratado sobre Naturaleza Humana (Hume).
		1740	Benedicto XIV, Papa (+ 1758).
		1744	Nace Melchor Gaspar Jovellanos (1811). Creación Academia de Bellas Artes de San Fernando.
		1746	Nace Francisco de Goya (1828).

Luis I el Liberal

Madrid, 25 de agosto de 1707. Madrid, 31 de agosto de 1724. Primer hijo de Felipe V y de su primera esposa Mª Luisa de Saboya. En 1709 fue proclamado Príncipe de Asturias.

El 21 de enero de 1722 casó con Luisa Isabel de Orleans, de vida disipada. No le dio descendencia y moriría viuda en París el año 1742.

El 15 de enero de 1724 abdicó Felipe V en su favor, proclamándose Rey de España el 9 de febrero del mismo año.

El nuevo Rey era inteligente, aunque no estaba muy interesado por los asuntos políticos, razón por la que, desde La Granja, su padre el Rey Felipe V continuaba participando en el gobierno. A los siete meses de su ascenso al trono, como se ha dicho, murió de viruela.

El sobrenombre de el Liberal, se debe a su condición magnánima y a su deseos de complacer a todos. De su breve reinado nada puede destacarse, salvo los disgustos que padeció por la actitud poco decorosa de la Reina Luisa Isabel.

El Marqués de Miraval fue el Presidente del Consejo del Rey, en su breve reinado.

Fernando VI el Justo

Madrid, 23 de septiembre de 1713. Villaviciosa de Odón (Madrid) 10 de agosto de 1759. Cuarto hijo de Felipe V y de su primera esposa Mª Luisa de Saboya.

Al morir su hermano el Rey Luis I y retomar la Corona su padre Felipe V, fue jurado heredero el mismo año de 1724. En 1729 casó con la Princesa portuguesa Bárbara de Braganza, fea y mayor que el Rey, de la que estuvo siempre enamorado. Este único matrimonio del Rey, no tuvo descendencia.

Fernando VI accedió al trono a la muerte de su padre en 1746 y lo ocupó hasta su muerte el 10 de agosto de 1759. Durante su reinado, no tuvo la menor influencia la Reina-madre, segunda esposa de Felipe V, Isabel de Farnesio y sí la tuvo la esposa del Rey, la Reina Bárbara.

Fernando VI fue un Rey honrado, poco despierto y muy preocupado por la neutralidad de España, lo que dio un período de paz y felicidad a nuestro país. El Marqués de la Ensenada y José de Carvajal y Lancaster, llevaron las riendas del gobierno con eficacia.

Fernando VI había heredado de su padre las enfermedades del escrúpulo y la abulia, por lo que tuvo gran influencia su confesor, el padre Francisco Ravago.

El cantante Carlos Broschi Farinalli tuvo gran influencia en la Corte, actuando como principal cortesano, siendo siempre fiel al Rey y no interviniendo en política.

La política de neutralidad de este reinado permitió que los ministerios de Ensenada y Carvajal se dedicaran a la tarea interior. Se construyeron caminos y canales, se fomentó el comercio y la industria, destacando la Fábrica de Tabacos de Sevilla.

Pudo reflotarse la Hacienda Pública y el Rey se preocupó por las artes, creando la Real Academia de San Fernando de las Bellas Artes.

Otra obra singular de este reinado fue el Jardín Botánico de Madrid. En 1758 murió Bárbara de Braganza y un año después, ya retirado en Villaviciosa de Odón, murió el Rey de melancolía y del propio abandono.

Hechos más destacados del reinado

— Adhesión a la Paz de Aquisgrán (1748) que ponía fin a la Guerra de Sucesión de Austria, por la que España aceptaba las consecuencias de Utrecht, renunciando a intervenir fuera de Italia, salvo Nápoles y el Ducado de Parma, cuyo duque soberano era Felipe (Borbón-Farnesio).
— En Las Indias, se preocupó evitar guerras defendiendo su valor estratégico y económico. Firmó el Tratado con Portugal (1750) por el que cedía al Reino de Portugal, territorios en Paraguay y siete reducciones de jesuitas, a cambio de Sacramento (actual Uruguay).
— En 1753 se firma el Concordato con la Santa Sede, que establecía Las Regalías, por las que el Rey tenía el *pase regio o exequator* y podía designar hasta 12.000 beneficios eclesiásticos frente a los 50 que quedaban reservados al Papa.
— Neutralidad en la Guerra de los Siete Años.
— Crecimiento económico, adelantos en agricultura, industria y comercio. Se dice que ha sido el mejor reinado de España.

Personajes de la época

Marqués de la Ensenada. (Ya tratado en el apartado de Felipe V.)
Era de tendencia francófila. Fue destituido a petición de Wall, siendo el origen de esta destitución que Ensenada advirtiera al Rey de Nápoles, Carlos III, hermano de Fernando VI, sobre el contenido del Tratado con Portugal, que entendía perjudicial para el Reino de España.

José de Carvajal y Lancaster. (Cáceres, 1698 - Madrid, 1754.)
Ministro de Fernando VI a propuesta de Ensenada, aunque tuvo diferencias con él por su condición de anglófilo. Fue un político recto, de altura de miras, pero menos brillante que el Marqués de Ensenada.

Su amistad con Inglaterra la basaba en la seguridad de las colonias y en la necesidad de reducir la influencia francesa. Fundó la Academia de Bellas Artes de San Fernando.

Ricardo Wall. (Nantes, 1695 - Granada, 1778.)
De origen irlandés, dejó la Armada francesa para pasarse al Ejército español. Vino a España, tras la muerte de Carvajal, a instancia del Cardenal Alberoni y fue embajador de Fernando VI en Londres.

Gestionó el Tratado de Portugal. No tuvo la talla de Ensenada ni la de Carvajal.

Fue ministro con Carlos III, colaborando en el *Tercer Pacto de Familia* (1761) y en la Paz de París (1763).

La sucesión al trono

A la muerte de Fernando VI, se hacía realidad la ilusión de Isabel de Farnesio, le sucedería su quinto hermano y primero del segundo matrimonio de Felipe V, Carlos a la sazón Rey de Nápoles, que reinaría en España con el nombre de Carlos III.

FERNANDO VI

	LA CORONA Y POLÍTICA INTERIOR		POLÍTICA EXTERIOR
1746	Fernando VI, Rey de España. José de Carvajal. Secretario de Estado.	1748	Paz de Aquisgrán.
1748	El Infante Felipe, accede al Ducado de Parma y de Plasencia. Nace Carlos (IV), hijo de Carlos (III).	1750	Tratado de Madrid, con Portugal (13 enero). José I, Rey de Portugal.
1749	Censo de Ensenada.	1752	14 junio - Tratado de Aranjuez, ratifica la Paz de Aquisgran (1748).
		1753	11 febrero - Concordato con la Santa Sede.
1754	Ricardo Wall sustituye a Don José de Carvajal, por fallecimiento.	1756	Guerra de los Siete Años. Francia ocupa Menorca.
1758	Muere Bárbara de Braganza, el 27 de agosto en Aranjuez.	1757	Tratado de Versalles, sobre el reparto de Prusia,. Inglaterra conquista La India.
1759	Muere Fernando VI, el 10 de agosto. 11 septiembre, Carlos (III) se proclamó heredero de la corona de España.		

	AMÉRICA		SOCIEDAD
1750	Tratado de Madrid entre España y Portugal, sobre límites de Brasil. Rectifica el T. de Tordesillas (1494). Convenio Hispano-Inglés sobre navegación y comercio con América. Inglaterra renuncia al asiento de negros.	1747	Descubrimiento del azúcar y la remolacha (Marggraf).

FERNANDO VI

	AMÉRICA		SOCIEDAD
1751	Creación de la Real Cía. De Barcelona.	1748	El Espíritu de las Leyes (Montesquieu). Sociedad Vascongada de Amigos del País. C., Peñaflorida.
1754	Guerra Guaraní, contra España y Portugal.	1750	Muere Bach.
1756	Guerra Inglaterra-Francia.	1752	Franklin, inventa el Pararrayos. Diálogos políticos (Hume).
1757	Victoria francesa sobre Inglaterra (Montcalm).	1753	Causas de la desigualdad entre los hombres (Rosuseau).
		1754	Primera fabrica de laminación de acero (Cort).
		1755	Historia Natural y Teoría del Cielo (Kant). Historia Natural de la Religión (Hume).
		1756	1ª Sociedad Económica de Amigos del País.
		1757	Descubrimiento del manuscrito de La Canción de los Nibelungos. Clemente XIII, Papa (+ 1769).
		1759	Muere Händel.

Carlos III el Político

Madrid, 20 de enero de 1716. Madrid, 14 de diciembre de 1788. Primer hijo de Felipe V y su segunda esposa Isabel de Farnesio, era inteligente, de extensa cultura, benévolo, trabajador y, sobre todo, experimentado en el gobierno cuando llegó al trono de España, pues llevaba 25 años reinando en Nápoles, donde dejó el mejor recuerdo.

En el Tratado de La Haya (1720) se le reconoció como sucesor de su tío Francisco de Farnesio en los Ducados de Parma, Plasencia y Toscana. En 1734, Carlos fue coronado Rey de Nápoles, cediendo a su hermano menor Felipe, el Ducado de Parma en 1748.

En el Tratado de Viena (1738) sería ratificado como Rey de Nápoles.

La presencia de Carlos en los reinos italianos se consiguió mediante luchas encabezadas por el propio Carlos, apoyadas por el Ejército español, aprovechando la Guerra de Sucesión de Polonia.

Al ser llamado al trono de España, abdicó en su tercer hijo, Fernando, la corona de Nápoles y Sicilia, Las Dos Sicilias, designando Príncipe de Asturias a su segundo hijo, Carlos, por la incapacidad del primogénito Felipe. En realidad, como ya diremos, Felipe hacía el número seis de sus hijos, Carlos era el séptimo y Fernando el noveno. Carlos III fue jurado Rey de España el 19 de julio de 1760, en la Iglesia de San Jerónimo.

La política del reinado de Carlos III se definió como el "despotismo ilustrado", basado en las ideas reformadoras de la Ilustración, que puede definirse como el criterio político que aspira al máximo beneficio para el pueblo pero sin su participación, por cuanto el poder se concentraba, de manera absoluta, en el rey.

Carlos III casó en únicas nupcias con Mª Amalia de Sajonia, el 9 de mayo de 1738, de la que tuvo trece hijos, siete varones y seis hembras.

Las tres primeras murieron de niñas: Mª Isabel (6-IX-1740) a los 22 meses; Mª Josefa (30-I-1744) a los pocos meses; y Mª Isabel (30-IV-1743) a los seis años. Mª Josefa Carlota (16-VI-1744) casó con el Infante Juan de Portugal; Mª Luisa (24-XI-1745) contrajo matrimonio con el Emperador Leopoldo II; Felipe Pascual ((13-VI-1747) era incapaz; Carlos (12-XI-1748) que sería Carlos IV, Rey de España; Mª Teresa (13-XII-1749) murió a los cinco meses; Fernando I (12-I-1751), Rey de Nápoles y Sicilia; Gabriel Antonio (11-V-1752) casó con la Infanta María de Portugal; Mª Ana (3-VII-1754) murió antes de cumplir el año; Antonio Pascual (31-XII-1755) casó con su sobrina Mª Amelia, hija de Carlos IV; y Francisco Javier (17-II-1757) murió a los 14 años.

La Reina Mª Amalia murió el 27 de septiembre de 1760, al año de acceder al trono de España.

Hechos más destacados del reinado

— Los ataques de Inglaterra a las Colonias impidieron mantener la política de neutralidad de su hermanastro Fernando VI. En 1761, por el Tercer Pacto de Familia, se enfrentó a Gran Bretaña y Portugal, en favor de Francia.

Se zanjó la cuestión con pérdidas como Manila y La Habana y con el Acuerdo de Londres, por el que se cedía la península de Florida y territorios del Mississippi, pero España recibía de Francia, la Luisiana (Paz de París, 1763). En 1779 se declara la guerra a Gran Bretaña y junto con Francia obtuvieron grandes victorias, cerrándose el conflicto con la Paz de Versalles (3 de septiembre de 1784), por la que se recupera Florida y Menorca.

- Desarrollo de la agricultura. Se desarrolla un plan de colonización en Extremadura y Andalucía, siendo la más importante la colonización de Sierra Morena.
- Desarrollo económico. Se potencia el comercio, eliminando aduanas interiores, se mejoran las vías y se da libertad de comercio con las Colonias y se creó el primer banco oficial, el Banco de San Carlos.
- Reorganización del Ejército, mediante las Ordenanzas Militares de Carlos III.
- Se declaró patrona de España a la Inmaculada Concepción.
- Se ordenó la expulsión de los jesuitas (1767).
- Se produjo el "Motín de Esquilache", en reacción a la orden de que no se circulara con capa larga y sombrero de ala, en evitación de los emboscados (marzo, 1766), orden dada por Campomanes, pero en la época todo se achacaba a Esquilache. Esta explosión popular en realidad tenía causas más profundas, como los altos precios de los bienes de primera necesidad y los bajos salarios.
- Desarrollo del urbanismo, de la higiene pública, de las obras públicas y de las artes y letras, en el sentido predicado por las ideas de la Ilustración.
- Apoyo a la Guerra de Independencia de América del Norte.

Personajes de la época

Marqués de Esquilache (Squillace). Leopoldo de Gregorio (Mesina, 1700 - Valencia, 1785). Acompañó al Rey Carlos, de Nápoles a España. En el Reino de España siguió ocupándose de las Secretarías de Hacienda y Guerra.

Fue un político auténticamente ilustrado, centralizador, recaudador de fondos y liberalizador del comercio y las relaciones económicas. Tras el Motín de Esquilache, el Rey le destituyó, le desterró a Nápoles y luego le hizo embajador en Venecia.

Ricardo Wall. (Ya reflejado en el Apartado de Fernando VI.)

Marqués de la Ensenada. (Ya reflejado en el Apartado de Fernando VI.)

Marqués de Grimaldi. Jerónimo de Grimaldi (Génova, 1720 - Génova, 1786). Sustituyó a Ricardo Wall en la Secretaría de Estado, antes fue embajador en París, donde colaboró en el Tercer Pacto de Familia (1761) y firmó la Paz de París (1763).

Colaboró en la expulsión de los jesuitas. Impulsó la creación de las Sociedades Vascongadas de Amigos del País. Fue adversario del Conde de Aranda por su política belicosa y contraria a la Iglesia.

Dimitió con el fracaso de Argel (1775). Fue sustituido por su discípulo, el Conde de Floridablanca.

Conde de Floridablanca. José Moñino y Redondo (Murcia, 1728 - Sevilla, 1808). Fiscal del Consejo de Castilla. Embajador en Roma, consiguió de Clemente XIV la disolución de los jesuitas, por lo que recibió el título de Conde.

Desempeñó la Secretaría de Estado, tanto con Carlos III como con Carlos IV. Fue presidente de la Junta Central para enfrentarse a Napoleón. Se le concedió el Toisón de Oro y el tratamiento de alteza.

La política de paz y progreso tuvo que compaginarla con el contencioso con Inglaterra (Gibraltar y Portugal) y con el conflicto con Portugal, derivado de la Paz de París, que resolvió con el Tratado de Limites en 1777.

Promovió las obras públicas y la agricultura, el comercio y la industria. Apoyó la independencia de los EEUU.

Conde de Aranda. Pedro Pablo de Abarca de Bolea (Siétamo, Huesca, 1719 - Epila, Zaragoza, 1789). De carrera militar brillantísima, llegó a mariscal de Campo y a capitán general de Valencia y Aragón.

Fue presidente del Consejo de Ministros con Carlos III (1765) y con Carlos IV (1782), sustituyendo al Conde de Floridablanca.

Trabajó por el bienestar popular, fue un auténtico representante del "despotismo ilustrado" en España así que se le consideró como el *gran ilustrado*. Participó en la colonización de Sierra Morena. Fue partidario de apoyar a los independentistas americanos contra Gran Bretaña. Artífice destacado de la expulsión de los jesuitas.

Amigo de Voltaire y de los enciclopedistas durante su período de embajador en París. Godoy le acusó de afrancesado y cayó en desgracia, siendo desterrado a Epila (Zaragoza) donde murió.

Conde de Campomanes. Pedro Rodríguez Campomanes (Sta. Eulalia Sorriba Asturias, 1723 - Madrid, 1803). Intelectual y abogado de altura, miembro de la Real Academia de la Historia y su presidente durante 27 años.

Fiscal del Consejo de Castilla en el momento del "Motín de Esquilache", participando en la orden que lo originó. Combatió los abusos de la Mesta, para favorecer a los agricultores. Fomentó la industria y las Sociedades Económicas de Amigos del País.

Presidió las Cortes del Reino que derogaron la Ley Sálica, con Carlos IV, que quedó pendiente de ratificación por el Rey al no suscribir la "Pragmática Sanción" de tal derogación. Trabajó en la reforma universitaria, dando mayor importancia a las ciencias. Fue ministro de Hacienda con Carlos III.

Benjamín Franklin le propuso como miembro de la Sociedad Filosófica de Filadelfia.

Sucesión al trono

A tenor del juramento, como Príncipe de Asturias, celebrado el 19 de julio de 1760, se cumplieron las previsiones sucesorias, por lo que a la muerte de Carlos III, ascendió al trono su séptimo hijo, Carlos IV.

CARLOS III

	LA CORONA Y POLÍTICA INTERIOR		POLÍTICA EXTERIOR
1759	Carlos III, Rey de España. Proclamado heredero Carlos (IV).	1759	Expulsión de los Jesuitas de Portugal
1760	Muere la Reina el 27 de septiembre.	1760	Jorge III, Rey de Inglaterra.
1761	3er Pacto de Familia con Francia. Proyecto de Red Radial de Carreteras.	1762	Paz preliminar de Fontainebleau entre las potencias occidentales. Pedro III, Zar de Rusia.
1763	Grimaldo, Secretario de Estado.	1763	Catalina II de Rusia. Paz de París - Inglaterra se adueña de Canadá y de la India. Menorca para Inglaterra. Fin de la Guerra de los 7 Años.
1765	Matrimonio del Príncipe Carlos (IV) con Mª Luisa de Parma.	1765	José II, Emperador de Alemania.
1766	"Motín de Esquilache". El Conde de Aranda, Presidente del Concejo de Castilla. Muere Isabel de Farnesio.	1768	Francia adquiere Córcega.
1767	Establecimiento de "nuevas poblaciones" en Sierra Morena. Expulsión de los jesuitas.	1769	Nace Napoleón Bonaparte.
1768	22 octubre - Ordenanzas Militares de Carlos III. Censo de Aranda.	1774	Muere Luis XV, Rey de Francia, le sucede Luis XVI.
1771	Proyecto de Reforma Agraria de Camponanes. Creación de la Orden de Carlos III.	1775	Inicio de la Guerra de la Independencia Americana.

CARLOS III

	LA CORONA Y POLÍTICA INTERIOR		POLÍTICA EXTERIOR
1776	El Conde de Floridablanda, Primer ministro.	1777	Tratado de Límites Coloniales, con Portugal.
1779	España declara la Guerra a Inglaterra.	1778	Paz de San Ildefonso con Portugal.
1782	Menorca arrebatada a Inglaterra.	1779	Renovación del Pacto de Familia.
1784	Nace Fernando (VII) hijo de Carlos (IV), el 13 de octubre.	1780	Paz con Marruecos.
1785	Aprobación de la bandera roja y gualda, que en el futuro será la Bandera de España.	1783	Paz de Versalles. España recupera Menorca y Florida.
1787	Creación de la Junta Suprema de Estado, antecedente del Consejo de Ministros.	1786	Federico Guillermo II, Rey de Prusia. Paz de Argel.
1788	Nace Carlos Mª Isidro, hijo de Carlos (IV). Muere Carlos III, el 14 de diciembre en Madrid.	1787	Septiembre, agitación general en Francia. Constitución U.S.A.
		1788	Agosto, Convocatoria de Estados Generales, para mayo de 1789. La Revolución Francesa está en embrión.

	AMÉRICA		SOCIEDAD
1759	Victoria inglesa en Quebec.	1760	Fábrica de Porcelana de El Retiro. Nace Leandro Fernandez de Moratín. Finalizan obras del Palacio Real.
1761	Declaración de Guerra de Inglaterra a España.	1762	El Contrato Social (Rousseau).
1762	Capitulación de Manila, ante Inglaterra. Inglaterra toma La Habana.	1764	Concluyen las obras del Palacio Real de Madrid. Tratado sobre la Tolerancia (Voltaire). De los Delitos y las Penas (Beccaria).
1763	La Habana vuelve a España por el Tratado de París. Cesión de Florida a Inglaterra. Cesión de Sacramento a Portugal. Adquisición de Luisiana.	1766	Sueños de un visionario (Kant). Descubrimiento del hidrógeno (Cavendish).
1764	Reformas administrativas. Se instituyen las Intendencias y se regulariza el Correo.	1769	Clemente XIV, Papa (+ 1774). Watt, Máquina de vapor.
1765	Cía. Gaditana de Negros.	1770	Descubrimiento del oxígeno (Priestley y Scheele). Ensayos sobre pintura (Diderot).
1766	Reorganización del Consejo de Indias.	1772	Conclusión Enciclopedia.
1767	Expulsión de jesuitas de Indias.	1773	Supresión Compañía de Jesús (Clemente XIV).

CARLOS III

	AMÉRICA		SOCIEDAD
1769	Extensión al norte de California y de Texas. Fundación de MonterRey.	1775	Pío VI, Papa (+ 1799). Fauto de Goethe.
1770	Crisis hispano-inglesa sobre las Malvinas.	1776	Adam Smith, investiga sobre bienestar. El Barbero de Sevilla (Baumarchais).
1776	Declaración Independencia EE.UU. Nuevo Virreinato de Buenos Aires.	1778	Mueren Voltaire y Rousseau.
1777	Conquista definitiva de Sacramento.	1782	Primer Banco Oficial de España, el Banco de San Carlos.
1778	Libertad de Comercio con América. Francia reconoce Independencia EE.UU.	1784	Las Bodas de Fígaro (Baumarchais).
1780	Rebelión de Tupac Aman, en Perú.	1785	Metafísica de las costumbres (Kant).
1781	Se establecen en ultramar Sociedades Económicas de Amigos del País.	1786	Invención del alumbrado de gas.
1783	Recuperación Florida (Paz Versalles).	1787	Don Juan (Mozart).
1785	Establecimiento de la Cía. de Filipinas.	1788	Crítica de la razón práctica (Kant).
1786	Inglaterra conquista Las Malvinas.		
1787	Junta Abolición de la Esclavitud.		

EL ROMANTICISMO

Concepto

El romanticismo es un movimiento espiritual, fundamentalmente artístico y literario, que se desarrolla a lo largo del s. XIX, caracterizado por las siguientes notas: "individualismo", "sensualidad" frente a racionalidad, "antiformalismo" e "intimismo". Es un movimiento de reacción frente al largo período de cuatro siglos, caracterizado por el ideal renacentista-ilustrado.

En el orden político, el Romanticismo promueve el concepto liberal de raíz individualista y también racionalista, por lo que cabe hablar de un nexo de unión entre Romanticismo e Ilustración.

En el Romanticismo surge el nacionalismo con enorme carga pasional, romántica, que tiene su fundamento en la consolidación territorial del poder Real, fortalecido en el período de la Ilustración.

Si bien el Romanticismo es un movimiento de reacción al neoclasicismo, la Ilustración tiene claras concomitancias con el Renacimiento.

Romanticismo y economía

Los albores de la industrialización coinciden con la explosión individualista del Romanticismo, por lo que los conceptos económicos no podían librarse de los postulados individualistas, lo que produjo, junto al afianzamiento del desarrollo industrial, graves injusticias y auténtica explotación.

Este grave pecado del liberalismo primitivo, tiene su causa, tanto en la puesta en práctica de un puro economicismo, despreciando, en la práctica, el componente humanista que le era inherente y que recibía de la tradición ilustrada, como en la incapacidad de la sociedad y del Estado, para armonizar los conceptos de libertad e igualdad, lo que llegaría con el desarrollo del concepto de democracia y la confrontación con las teorías colectivistas.

El liberalismo tiene su origen en la segunda mitad del s. XVIII en Inglaterra y pronto se extiende a Francia, a Norteamérica y a todo el mundo civilizado. La desmesura del liberalismo primitivo, se pagaría en los principios del siglo XX, con la aparición de las referidas teorías colectivistas.

El liberalismo supuso un freno a la concepción intervencionista de la Monarquía que, con la práctica de las tesis propias del "mercantilismo" páginas atrás referido, convertía a la Corona en la impulsora de la economía.

Adam Smith (1723-1790) fue el teórico fundamental de este liberalismo económico, que defendía la tesis de que los ciudadanos eran libres de relacionarse económicamente en función de sus propios intereses, sin intervención ni mediatización del Estado.

El liberalismo económico, sufrirá a lo largo del s. XIX y primera mitad del s. XX, un lento proceso de ajuste y de confrontación con las tesis colectivistas, que desembocará, tras la II Guerra Mundial, en una síntesis denominada socialdemocracia que, en el umbral del s. XXI, va perdiendo sus resabios colectivistas para resaltar más su vertiente liberal.

Es patente que el único producto del Romanticismo que ha superado prácticamente todo el siglo XX, junto con el nacionalismo, es el liberalismo, que en conjunción con un desarrollo político de carácter meramente funcional, no ideológico, como es la democracia, ha sido asimilado por una parte importante de la humanidad, la no sometida a la miseria, al subdesarrollo y a la tiranía comunista.

Romanticismo y política

Como ya se adelantaba, los dos conceptos políticos básicos del Romanticismo son el liberalismo y el nacionalismo, si bien ambos tienen raíces antitéticas. El primero se enraíza en el individualismo y el segundo en la idea colectiva de nación.

El Liberalismo político

Su característica básica, mejor dicho, su esencia, es la primacía del individuo sobre las instituciones, lo que pronto se concreta en la defensa del constitucionalismo, como instrumento de definición de los derechos individuales frente a los demás individuos y frente al poder Real, así como de delimitación de dicho poder, desembocando en la teoría de la división de poderes, dictada por Montesquieu y en la idea de la representatividad.

A mediados del s. XIX hizo fortuna en España la concepción liberal denominada "krausismo", de carácter panteísta y europeísta. Destacó en esta tendencia Nicolás Salmerón, que sería presidente de la I República. Los krausistas españoles crearían la Institución Libre de Enseñanza.

Nota singular del liberalismo decimonónico español es su vocación federalista, cuyo patriarca fue el también Presidente de la I República, Francisco Pi y Margall.

El liberalismo político, desde sus tímidos inicios constitucionalistas de principios del s. XIX, ha tenido un desarrollo cabal a lo largo de dos siglos y hoy se presenta con una sólida formulación parlamentaria, representativa, con una diáfana división de poderes, aunque siempre amenazada por la vocación absorbente del poder ejecutivo, y con un pleno reconocimiento de los derechos del individuo, ciudadano, en perceptible simbiosis política de libertad y de igualdad.

El Nacionalismo

El otro concepto político básico del Romanticismo tiene su origen, como ya se ha dicho, en la consolidación territorial que habían alcanzado las monarquías durante la Ilustración y en el centralismo inherente a la concepción ilustrada, a su vez, con origen en la concepción centralizadora del Renacimiento.

El nacionalismo deriva pronto en actitudes de exacerbación patriótica, una de cuyas expresiones más claras se aprecia en el desarrollo de la Guerra de la Independencia, auténtica explosión popular, que no puede frenar el ejército más poderoso del mundo ni la clase dirigente española, que había apostado por el invasor.

Quedan pues, en la España del s. XXI, vestigios de posiciones nacionalistas, de ámbito regional, propias del Romanticismo, que reclaman una identificación colectiva como pueblo, concepto jurídicamente insolvente e incompatible con la estructuración inorgánica de las sociedades modernas, teniendo por insuficiente la identidad individual, en la que cada ciudadano se ubica socialmente en razón de sus específicas ideas e intereses políticos y económicos.

Hoy no puede decirse, con verdad, que frente a los nacionalismos vasco y catalán, se oponga un nacionalismo español de similares características, porque éste desapareció con el régimen franquista que lo prologó artificialmente, lo que no es incompatible con el deseo, mayoritario en la opinión pública española, de mantener la unidad histórica, económica, social y constitucional de España, que pacíficamente desemboca en la Unión Europa y que rechaza movimientos secesionistas fundados tanto en señas de identidad no mayoritarias o innecesariamente excluyentes, así por ejemplo el idioma, como en artificios históricos que se contradicen con la realidad y, también, en un sustrato poblacional radicalmente distinto al mantenido por aquellas regiones, tambien, durante siglos, por causa de la inmigración.

Romanticismo y cultura

Ya hemos dicho que el Romanticismo se caracteriza por la sensualidad, por la exaltación de la pasión, el individualismo, el antiformalismo, etc. Vamos a ver en unas líneas como se concretaban estas características en la literatura, la música, la pintura, la arquitectura y las ciencias.

La literatura romántica está impregnada de la concepción política liberal. En este sentido liberal-romántico, destaca Antonio Alcalá Galiano.

En conjunto, la literatura romántica, se caracteriza por la libertad de cánones y de lenguaje, en lo que a la forma se refiere, y en el patriotismo y el cristianismo, no siempre ortodoxo, en lo que se refiere al fondo.

El componente político que caracteriza a la literatura romántica, hace que tanto la novela histórica como la costumbrista destaquen con singular fuerza. La literatura romántica es singularmente narrativa y alumbra un género prácticamente nuevo, el periodismo.

La poesía romántica, menos rígida que la neoclásica, es fantasiosa, preocupada por la belleza y tiene como modelo y objeto de su atención a la naturaleza. El poeta se deja llevar por la inspiración y el arrebato. La melancolía, la exaltación amorosa, el pesimismo, la euforia, en definitiva la exteriorización de los sentimientos, son las claves de la poesía romántica, en la que la métrica pierde gran parte de su valor.

Son líricos románticos: Gustavo Adolfo Becquer, Rosalía de Castro, José Espronceda, Nicomedes Pastor Díaz, etc.

El teatro romántico es dramático, con temas legendarios o históricos, rompe con las tres reglas neoclásicas de unidad de acción, de lugar y de tiempo. La obra se divide en cinco actos, mezclándose prosa con verso y abundan las escenas truculentas, suicidios y duelos, en lugares tenebrosos, como cementerios, campos oscuros, etc.

Autores románticos a destacar son: Francisco Martínez de la Rosa, Ángel de Saavedra, Duque de Rivas, José Zorrilla, Manuel Bretón de los Herreros.

Por lo que se refiere a la prosa romántica, cabe presentar la siguiente división: a) novela histórica: Francisco Navarro Villoslada, Telesforo Trueba, etc.; b) novela costumbrista, que refleja el modo de vida popular en sus aspectos más ajenos a la sociedad burguesa: Ramón Mesonero Romanos, Serafín Estébanez Calderón, Mariano José de Larra, etc.; c) artículos periodísticos, reflejando la realidad cotidiana con marcado acento político: Mariano José de Larra.

A mediados del s. XIX, surge la tendencia realista que se confronta y convive con la romántica. Representantes de esta tendencia de novela realista serían: José Mª de Pereda, Fernán Caballero, Pedro Antonio Marcón, Pardo Bazán, Blasco Ibáñez. En teatro cabe destacar a José de Echegaray y Adelardo Pérez de Ayala; en poesía a Ramón Campoamor y Gaspar Núñez de Arce; al ensayista Juan Varela y a Benito Pérez Galdós, novelista histórico y dramaturgo. La literatura realista, es una prolongación de la romántica, menos fantasiosa, más crítica con la sociedad de su tiempo y más popular.

La música romántica se caracteriza por su mayor proximidad al pueblo, por la aparición de estilos nacionales y propios, por la preponderancia del piano y de la orquesta y la aparición del virtuosismo; solista de violín, piano, etc. En el Romanticismo aparecerá la música ligera de salón: Mazurka, Vals, etc. Los centros musicales son Alemania, Austria e Italia. Cabe destacar a Wagner en Alemania y Verdi en Italia. En España se escucha la ópera italiana y destacan cantantes como Julián Gayarre y la Malibrán. Resucita la zarzuela y toma gran auge la zarzuela menor o *género chico*, que exalta lo nacional y lo castizo.

Compositores a destacar: Chueca, Chapí, Bretón y Caballero.

La pintura romántica no es una excepción del conjunto de este movimiento cultural, su temática es patriótica, heroica y costumbrista.

El romanticismo pictórico devuelve a los lienzos los colores brillantes, con pinceladas vigorosas y patentes y, sobre todo, añade al color, el movimiento. Es la reacción al neoclasicismo, de pintura lineal y colores fundidos.

El artista queda en libertad de volcar en el lienzo sus sentimientos; destacamos a los pintores Madrazo, Esquivel, Villamil y Padilla.

La arquitectura romántica puede definirse con el concepto de neogótico, caracterizado por el arco apuntado y detalles pictóricos en fachada e interiores. La arquitectura romántica es fantástica, caprichosa y hasta extravagantes. Ejemplos de arquitectura neogótica son el Parlamento de Londres, la Sagrada Familia de Barcelona, de Antonio Gaudí, quien hizo el tránsito del neogótico al modernismo.

Por lo que se refiere a las ciencias, tras la Guerra de la Independencia se inicia un movimiento de progreso científico.

Cabe resaltar la importancia que en el Romanticismo tuvo la implantación de la moderna terminología científica.

La política científica, al igual que en la Ilustración, era de carácter centralista.

En Veterinaria destaca Carlos Risueño y Mena; en Química destacan Pedro Gutiérrez Bueno y Torres Muñoz; en Física Francisco Motells Nadal y Venancio González Valledor; en Zoología Laureano Pérez Arcas; en Geología Francisco de Luxán y Donato García; en Matemáticas Juan Justo García, José Mariano Vallejo y Zoel de Galdeano; en Astronomía y en Náutica José de Mendoza Ríos y José Espinosa Tello; en Botánica Vicente Cutanda y Mariano del Amo; en Biología Peregrín Casanova, y en Medicina Lorenzo Boscasa, Matías Nieto, Pedro Mata.

Los períodos de mayor rigor absolutista, constituyeron un freno al avance científico, siendo frecuente el fenómeno del exilio en el mundo científico.

Carlos IV el Cazador

Portici (Nápoles), 11 de noviembre de 1748. Nápoles, 20 de enero de 1819. Séptimo hijo de Carlos III y de Mª Amalia de Sajonia.

El sobrenombre de el Cazador, se debe a su gran afición a la caza y a la falta de otras virtudes a destacar.

Accedió al trono de España a la muerte de su padre en 1788. Casó en únicas nupcias con Mª Luisa de Parma en 1766, de cuyo matrimonio nacieron catorce hijos:

Carlos Clemente (19-IX-1771) murió con 3 años; Carlota Joaquín (25-IV-1775) casó con el Rey de Portugal, Juan VI; Mª Luisa (11-IX-1777) murió a los 5 años; Mª Amelia (10-1-1779), casó con su tío Antonio Pascual, hijo de Carlos III; Carlos Eusebio (5-III-1780) murió con 3 años; Mª Luisa (6-VII-1782) casó con Luis de Parma, Rey de Etruria; Carlos y Felipe (5-XI-1783) estos gemelos murieron al año; Fernando (14-x-1784), sería Fernando VII, Rey de España; Carlos Mª Isidro (29-III-1788) encabezaría la rama *carlista* con el nombre de Carlos V; Mª de la O Isabel (6-VII-1789) casó con Francisco I, Rey de las Dos Sicilias; Mª Teresa (16-II-1791) murió con 3 años; Felipe (28-III-1792) murió con 2 años; Francisco de Paula (10-III-1794) cuyo hijo, Francisco de Asís, casaría con Isabel II, Reina de España e hija de Fernando VII.

Francisco de Paula fue conocido como "el Infante del abominable parecido", por su semejanza con Godoy, y fue excluido del orden de sucesión por las Cortes de Cádiz, si bien cabe la hipótesis de que las Cortes de Cádiz acordaran tal exclusión por encontrarse retenido por Napoleón, de aquí que fuera repuesto por Decreto de Cortes el año 1820, según criterio de Juan Balanso.

Carlos IV inició el reinado con los ministros de su padre, primero Floridablanca y después Aranda con su política de neutralidad pero, en 1792, accede al poder, que llegará a tenerlo de manera casi absoluta, Manuel Godoy, que era partidario de la acción armada, razón por la que en marzo de 1793 declaró la guerra a la República de Francia, cuya revolución se había iniciado el año 1789, en defensa de la familia Borbón, reinante en Francia, lo que no impidió que Carlos IV acabará siendo un fiel peón de Napoleón, en una política armada contra Inglaterra y contra Portugal.

El sometimiento de Carlos IV a Napoleón, llevaría al pueblo español a la Guerra de la Independencia.

El Príncipe de Asturias, luego Fernando VII, aconsejado por el canónico Escoiquiz estaba claramente enfrentado a sus padres y, por tanto, a Godoy. En definitiva, el Príncipe Fernando estaba enfrentado a la política de sometimiento a Napoleón, en la que también caería durante la época de residencia en Francia.

Hechos más destacados en su reinado

— El 23 de septiembre de 1789 se convocan las Cortes para el reconocimiento del futuro Fernando VII como Príncipe de Asturias.
En estas Cortes se abolió la Ley Sálica impuesta por Felipe V, aunque el Rey no publicó la correspondiente "Pragmática Sanción".
— En marzo de 1793 se declaró la guerra a la República francesa. Se crearon tres Ejércitos, en Cataluña al mando del general Ricardos, en Aragón bajo las órdenes del general Castellfranco y en Navarra y Guipúzcoa.
El pueblo español se adhiere con ardor a la misión de salvar a Europa de la revolución.
La guerra, en la que España había sido aliada de Inglaterra, se cerró con la Paz de Basilea (1795).
— El 18 de agosto de 1796 se firma el Tratado de San Ildefonso muy perjudicial para España, por el que se hacía aliada de Francia contra Inglaterra.
— En octubre de 1796, España declara la guerra a Inglaterra, en la que se perdieron las Islas de Menorca y Trinidad (1798). Menorca se recuperaría en la Paz de Amiens (1802).
— El 9 de febrero de 1801 se firman tres Tratados con Francia: Entrega del Ducado de Parma a Francia.
Creación del Reino de Etruria (Toscana) para Luis de Parma y su esposa

Mª Luisa, hija de Carlos IV. Entrega de Luisiana, la Isla de Elda y otras aportaciones materiales.
— Para apartar de Inglaterra a Portugal, se invade el país vecino. Se llamaría la Guerra de las Naranjas porque Godoy ofreció a la Reina un ramo de naranjo cogido de Olivenza. Esta guerra duró quince días y tuvo como resultado el de que España se quedara con la ciudad de Olivenza, la que, desde entonces, y con un breve periodo de retorno a Portugal, continúa reclamando, casi con matices costumbristas, la nación lusa.
— Vuelve a declararse la guerra a Inglaterra (1804) después de haber firmado la Paz de Amiens un año antes. Nelson derrotó a la Escuadra española en Trafalgar, con lo que concluyó para España la época de su poderío naval.
— Inglaterra ataca en las Colonias y llega a hacerse con Sacramento. El general Liniers la recuperaría (1806-1807).
— En 1807 Francia y España firman el Tratado de Fontainebleu, por el que se reparte Portugal: al norte, Lusitania para los reyes de Etruria; entre el Duero y el Tajo se dejaba para futuras compensaciones y el Sur, *El Algarve*, para Godoy.

Con esta disculpa, entrarían las tropas francesas en España. Concretamente el 18 de octubre de 1807 atravesaban el Bidasoa y entraban en Irún, ocupando después Pamplona, San Sebastián y Barcelona.

El Rey prefirió huir, pero el pueblo se amotinó en Aranjuez (17 de marzo de 1808). Carlos IV abdicaría en su hijo Fernando (VII) el 19 de marzo de 1808, abdicación que luego dejaría sin efecto.
— En Bayona (Francia) padre e hijo, Carlos IV y Fernando VII, sometidos a la presión de Napoleón, abdican a favor de éste.
— El 2 de mayo de 1808 se inicia la Guerra de la Independencia.

Personajes de la época

Manuel de Godoy y Álvarez de Faria. Castuera (Badajoz) 12-5-1767-París 1851.

Al poco tiempo de acceder Carlos IV al trono, sustituyó al conde de Aranda como Primer ministro. Ascendió rápidamente a general, capitán general, mariscal de campo y tras la batalla de Trafalgar, a almirante. Se le concedió el título de Duque y el Toisón de Oro. Alcanzó los ducados de Alcudia y Sueca.

Fue elevado a Príncipe de la Paz, por su participación en la Paz de Basilea. Tuvo un poder absoluto sobre los reyes y vivió un momento de crisis tras la Paz con Portugal, por entender Napoleón que no había defendido sus intereses. Apoyó al pintor Francisco de Goya.

La historiografía le ha tratado con gran dureza. Su política se basó en la actitud de colaboración con Napoleón.

Mantuvo un permanente enfrentamiento con el Príncipe de Asturias, después Fernando VII.

Mucho se ha tratado sobre la excesiva intimidad de Godoy con la Reina Mª Luisa, incluso se le adjudicó la paternidad del último Infante, Francisco de Paula al que se le llamaba maliciosamente "el Infante del abominable parecido".

Francisco de Saavedra (Sevilla, 1746 - Sevilla, 1783).

Sustituyó a Godoy, junto con Jovellanos, en su período de crisis (1798).

Se ocupó de la reforma de la Hacienda Pública. Fue sustituido por D. Miguel Cayetano Soler, por enfermedad. Participó en la Junta de Defensa de Sevilla, durante la Guerra de la Independencia.

Gaspar Melchor de Jovellanos (Gijón, 1744 - Vega de Navia, 1811).

Participó con Saavedra, en el Gobierno de España, durante la crisis de Godoy y por unos pocos meses en 1798.

Junto con Saavedra y en su condición de distinguido ilustrado, trabajó en la reforma de la hacienda, de la enseñanza, en materia de universidades, y en el fomento de la economía nacional y se enfrentó a la Inquisición.

Fue sustituido por D. Mariano Luis de Urquijo.

Fundó el Instituto Asturiano, durante un período de destierro en Asturias. Posteriormente sería desterrado en Mallorca. No aceptó colaborar con José I Bonaparte.

Escribió sobre cuestiones de gran interés para la mente ilustrada: "Plan General de Instrucción Pública", Elogio de Carlos III, Informe en el expediente de la Ley Agraria.

La sucesión al trono

Accedió al trono por abdicación de Carlos IV, el 19 de marzo de 1808, su hijo Fernando VII.

En las borrascosas jornadas de Bayona en que padre e hijo estaban presionados por Napoleón, Fernando devolvió el trono a su padre, que ya había pactado su entrega a Napoleón.

El nuevo Rey se quedó en Francia, mientras que el trono era ocupado por José I Bonaparte, hasta su vuelta a España en 1814, concluida la Guerra de Independencia.

CARLOS IV

	LA CORONA Y POLÍTICA INTERIOR		POLÍTICA EXTERIOR
1788	Carlos IV, Rey de España.	1789	Jorge Washington, Presidente U.S.A. 4 mayo - Apertura Estados Generales (Francia). 5 junio muere el Delfín. El Tercer Estado en permanente ebullición. 9 julio la Asamblea Nacional es constituyente. 14 julio - Toma de La Bastilla. Declarada la Revolución Francesa.
1789	23 septiembre Fernando (VII), jurado heredero. Las Cortes aprueban la abolición de la Ley Sálica de Felipe V.	1790	Leopoldo II, Emperador Alemania. La Asamblea deroga el Pacto de Familia.
1792	Conde de Aranda, Primer ministro. Godoy se hace cargo del poder.	1791	Huida y detención de la Familia Real. 13 septiembre - El Rey sanciona la Constitución Francesa. 1 octubre - Primera Sesión Asamblea Legislativa.
1793	Guerra de El Rosellón.	1792	5 abril Cierre de la Sorbona. 20 abril - Francia declara la guerra a Hungría. 25 abril - Se canta La Marsellesa. 13 agosto - Encierro de la Familia Real en el Temple. 21 septiembre - La Convención abolió la Monarquía. 22 septiembre - Proclamación de la República. 10 diciembre - Proceso al Rey de Francia.
1796	Pacto de Sal Ildefonso, Alianza de España con el Directorio y entra en guerra con Inglaterra.	1793	Luis XVI, declarado culpable (15 enero). 21 enero - Ejecución de Luis XVI. 7 marzo - Declaración de Guerra a España. 24 junio - Aprobación Constitución del Año I. 16 octubre - Mª Antonieta, guillotinada.
1797	Censo de Godoy. Destitución de Godoy. Vuelta de los jesuitas a España (octubre).	1795	Tratado de Basilea, Paz entre Francia y España. El 22 de julio España cede Santo Domingo. Tratado con USA, sobre frontera Nueva España
1800	Tratado de San Ildefonso, paz con Francia.	1797	Nelson bloquea Cádiz (febrero-abril). John Adams, Presidente USA.
1801	Godoy regresa al poder.	1798	Francia invade Roma.
1802	Matrimonio Fernando (VII) con Mª Antonia de Nápoles.	1799	Napoleón, Primer Cónsul de Francia.
1806	Muere Mª Antonia de Nápoles, Princesa de Asturias.	1801	Tres tratados con Francia: Cesión del Ducado de Parma; Creación del Reino de Etruria;

CARLOS IV

LA CORONA Y POLÍTICA INTERIOR		POLÍTICA EXTERIOR	
1806			Entrega de Luisiana y la Isla de Elda. Guerra de Las Naranjas contra Portugal. Jefferson, Presidente U.S.A.
1807	Detención de Fernando (VII).	1802	Guerra contra Inglaterra. En la Paz de Amiens, devuelve Menorca a España.
1808	"Motín de Aranjuez" (19 marzo). Abdicación de Carlos IV (19 marzo) en favor de su hijo Fernando VII.	1804	Código Civil Francés. Napoleón Emperador. Francisco II limita el título imperial a los territorios del Reino Austriaco.
		1805	Batalla de Trafalgar.
		1806	Francisco II, renuncia al título Imperial. Final Sacro Imperio Romano Germánico. Creación Confederación del Rhin (Napoleón) no incluye Austria y Prusia. Napoleón despoja a España de Nápoles. Bloqueo continental contra Inglaterra.
		1807	Tratado de Fontainebleau, ocupación franco-española de Portugal. Gral Junot ocupa Irún, Pamplona y Montjuich.

AMÉRICA		SOCIEDAD	
1790	Incidente hispano-inglés en la Bahía de Nootka. Desaparición de las Casas de Contratación.	1789	Goya, pintor de cámara. Lavoisier, Tratado elemental de Química.
1793	Creación de diversos Consulados de Comercio: Guatemala, Caracas, B. Aires, La Habana, Cartagena, Santiago de Chile, Cartagena, Guadalajara y Veracruz.	1790	Crítica del Juicio (Kant).
1794	Acuerdo hispano-inglés sobre el Pacífico Nororiental.	1791	Muere Mozart, en Viena.
1795	Cesión a Francia de la parte española de Santo Domingo. Tratado Hispano Americano sobre navegación del Mississippi.	1792	Aparece "El Diario de Barcelona". Publicación de La Marsellesa.
1796	Inglaterra conquista La Guayana Occidental.	1794	Abolición esclavitud en las colonias francesas.
1797	Inglaterra conquista la Isla de Trinidad. Cesión a Francia de Luisiana.	1795	Informe Jovellanos sobre una Ley Agraria.

CARLOS IV

	LA CORONA Y POLÍTICA INTERIOR		POLÍTICA EXTERIOR
1803	Napoleón incumple el compromiso con España y vende a EE.UU., Luisiana.	1796	Ensayos sobre telegrafía eléctrica. Bomba de vapor de Clavijo. Jeenner, inventa la vacuna.
1806	Ataque inglés a Buenos Aires.	1797	La paz perpetua (Kant).
1808	Bolívar se apodera de Caracas. Guerra independencia en Santo Domingo.	1798	Invención de la pila (Volta).
		1800	Alumbrado público de gas (Murdock). León XII, Papa (+ 1829).
		1801	Concordato Santa Sede-Francia. Teoría sobre la población de Malthus. Beethoven, Primera Sinfonía. David, El Rapto de las Sabinas.
		1802	El Genio del Cristianismo (Chautebriand). Las Majas (desnuda, vestida) Goya. Ley Protección Infancia (Inglaterra).
		1804	Guillermo Tell (Schiller).
		1805	Fidelio (Beethoven).
		1806	Introducción de la rotación de cultivos. La Apassionata, Beethoven.
		1807	Abolición comercio esclavos en el Imperio Botánico. Buque de vapor (Fulton). Nave Hilarión Eslava (+ 1878).

José Bonaparte Pepe Botella

Ataccio (Córcega) enero de 1768. Florencia, 28 de julio de 1844. Hermano mayor de Napoleón I. Siguió los avatares de la Revolución ocupando cargos de relevancia local. Vivió en Parma y llegó a ser embajador en Roma.

Participó en la firma de la Paz de Amiens. Al ser proclamado Emperador su hermano Napoleón, José fue designado sucesor, para el caso de que faltara descendencia al Emperador. En 1806 fue proclamado Rey de Dos Sicilias.

Tras la abdicación de Carlos IV y Fernando VII, fue proclamado Rey de España el 7 de julio de 1808. El pueblo español le recibió como a un impostor, aplicándole el sobrenombre de Pepe Botella, pese no constar la afición de José a la bebida.

La permanencia de José I en el Reino de España se concreta al período que va de julio 1808 a junio 1813, en que tras la derrota de Vitoria, fue relevado por Napoleón I. José tuvo que evacuar Madrid, a lo largo de la guerra, en tres ocasiones.

En marzo de 1814 en ausencia de Napoleón I en París, ordenó la capitulación de la capital de Francia y huyó. Vivió en Suiza, Estados Unidos e Inglaterra, acabando sus días en Florencia.

De su matrimonio con Julia Clay, tuvo tres hijas: Zenaida (29-II-1796), murió a los 2 años; Zenaida (8-VII-1801) y Carlota (31-XI-802), ambas casaron con dos primos de la familia Bonaparte.

Hechos más destacados del reinado

— 2 de mayo de 1808, levantamiento del pueblo al comprobar que los Infantes salían para Francia. Este levantamiento desencadenó la respuesta armada de las tropas francesas y el principio de la Guerra de la Independencia.
El Ministro Urquijo trató, por orden del General francés Murat, de aplacar los ánimos del pueblo, pero la chispa estaba encendida y los fusilamientos de aquella noche, que inmortalizó Goya, no hicieron sino enardecerle.

— Tanto el propio Carlos IV, como la Junta Suprema de Madrid, como la representación de la Grandeza del Consejo de Castilla, de la Inquisición y del Ejército se dirigen a los españoles pidiéndoles que desistan de su resistencia y acepten al Rey impuesto.

— El 29 de junio de 1808 se confirman las abdicaciones de Carlos IV y Fernando VII y se aprueba una nueva Constitución, que nunca tendría efectividad.

— Napoleón I llegó a España (diciembre de 1808) cuando toda la Península, menos Cádiz, estaba ocupada y visitó Madrid.

— Acontecimientos más destacados de la Guerra de la Independencia:

– 14 de junio de 1808 - Batalla del Bruch
– Junio 1808 - Primer sitio de Zaragoza
– 19 de julio de 1808 - Victoria de Bailén
– Diciembre 1808 - febrero de 1809 - Segundo sitio de Zaragoza
– Mayo de 1809 - diciembre 1809 - Sitio de Gerona

- 22 de julio de 1812 - Victoria de Arapiles (General Wellington)
- 13 de agosto de 1813 - Victoria de San Marcial
- Junio de 1813 - Victoria de Vitoria
- 11 de diciembre de 1813 - Tratado de Valençay, por el que Fernando VII recuperaba el trono de España

— Durante la ocupación francesa el Gobierno de la Nación lo mantuvo la Junta Central, del 25 de septiembre de 1808 al 19 de enero de 1810. Tras la Junta Central se constituyó el Consejo de Regencia que durante cuatro años esperó la vuelta de Fernando VII, el Deseado.
— En Cádiz, la única ciudad no ocupada por Francia, se reunieron las Cortes, con una representación precaria y discutible, dadas las dificultades de la guerra, que proclamaría la primera Constitución española el 19 de marzo de 1812, conocida como *La Pepa*, por coincidir con el día de San José.
— En diciembre de 1813, Napoleón devolvería la Corona de España a Fernando VII.

Fernando VII el Deseado

San Ildefonso, 13 de octubre de 1784. Madrid, 29 de septiembre de 1833. Hijo de Carlos IV y de Mª Luisa de Parma.

Como ya se ha dicho en el apartado de Carlos IV, Fernando accedió a la Corona por abdicación de su padre el 19 de marzo de 1808. En Bayona, presionado por Napoleón I, cede la Corona a su padre que había abdicado ya en el Emperador francés.

Tras la Guerra de la Independencia, que la vivió en *Valançay* (Francia) sin la menor participación y en permanente halago al Emperador, volvió a ocupar el trono de España en marzo de 1814.

Su tutor Escoiquiz, le había enfrentado a Godoy y a su madre Mª Luisa. El reinado de Fernando VII, tras la Guerra de la Independencia, puede dividirse en tres períodos:

— "Epoca Absolutista" (1814-1820). Al volver de Francia deroga la Constitución de Cádiz.
— "Trienio Liberal" (1820-1823).
— "Década Ominosa", con vuelta al absolutismo (1823-1833).

Al final de su reinado (1830), publica la "Pragmática Sanción" que su padre no había publicado, otorgando vigencia al acuerdo de las Cortes de 1789, por el que se abolía el Auto de Felipe V que establecía la Ley Sálica.

Con la vigencia de la "Pragmática Sanción" le sucedería su hija Isabel (II) y se abriría un período de guerras civiles entre el ejército regular y los partidarios del hermano del Rey, el Infante Carlos Mª Isidro y sus descendientes, que constituirían la rama carlista.

Fernando VII contrajo cuatro matrimonios:

— Mª Antonieta de Nápoles (1802), que murió sin descendencia.
— Isabel de Braganza (1816), que murió en 1818, habiendo tenido dos hijos: Mª Isabel (21-VIII-1817) muerta a los 5 meses y un Infante (26-XII-1818) sin nombre, que murió al nacer.
— Josefa Amelia de Sajonia (1819), que murió sin descendencia.
— Mª Cristina de Borbón (9-12-1829) de la que tuvo dos hijas: Isabel (II) (10-X-1830) y Mª Luisa Fernanda (30-I-1832).

La característica más destacada de Fernando VII, fue la cobardía ante su madre, ante Godoy, ante Napoleón, ante cualquiera que representara algún riesgo, y el sobrenombre de el Deseado se refiere a la ansiedad con que el pueblo le esperó y al júbilo con que le recibió, a pesar de que el Rey no había hecho nada por volver al trono ni por sacudir el dominio napoleónico.

Hechos más destacados de su reinado

— El 4 mayo 1814, el Rey firma el "Manifiesto de Valencia" por el que se deroga la legislación de las Cortes de Cádiz, tras recibir el "Manifiesto de los Persas", en el que 69 diputados renegaban de la Constitución. Comienza la persecución de los liberales.
En 1815, como consecuencia de la derrota de Napoleón, se reúne el Congreso de Viena, que en nada favorece al Reino de España, pues el Reino de Etruria (Parma) pasa a Austria, a cambio del Ducado de Lucca. El Reino de España devuelve Olivenza al Reino de Portugal.
— En 1820 se consolida el movimiento liberal. Rafael Riego se levanta en Cabezas de San Juan, pero fracasa su intento de levantar Andalucía en enero 1820. En febrero se levanta Galicia, por la Constitución, y en marzo Zaragoza, Barcelona y Pamplona.

El 7 de marzo el Rey dicta un Decreto por el que jurará la Constitución del 12, lo cual ocurre el día 10 del mismo mes. Se hace famosa la frase del Rey en el Manifiesto: *"Marchemos francamente, y yo el primero, por la senda constitucional"*. Como se verá, Fernando VII, a los tres años dejó de hacer honor a sus palabras.

— En 1822 se reúne la Santa Alianza y Francia se decide a ayudar a Fernando VII, enviando los "Cien mil hijos San Luis", que el 7 de abril de 1823 atraviesan el Bidasoa, y llegan a Madrid, sin resistencia.

El 23 de mayo se aprestan a conquistar Cádiz, donde está el Gobierno Constitucional español con el Rey, ya incapacitado por su oposición. El 10 de octubre queda libre el Rey y empieza la "Década Ominosa", con feroz persecución a los liberales y la aparición del partido Apostólico en torno a Carlos Mª Isidro, futuro Carlos V de la rama carlista.

En este período se sucedieron diversas escaramuzas liberales, como la de Torrijos, que no tuvieron consecuencias.

— En 1828 se crea la Comisión para la redacción del Código de Comercio.

— El 20 de marzo de 1830, Fernando VII promulga la "Pragmática Sanción", poniendo en vigor la abolición de la *Ley Sálica*, acordada por las Cortes de 1789 y a los diez meses, nace su hija Isabel, que llegaría a ser Isabel II.

— El Ministro Calomarde convence al Rey, postrado por la enfermedad, para que derogue la Pragmática, lo cual hace el 18 de septiembre de 1832.

— El 22 de septiembre de 1832, vuelve a poner en vigor la Pragmática por la presión de la Infanta Luisa Carlota, esposa de su hermano Francisco de Paula, y hermana de la Reina.

De esta presión queda la escena, no probada, de la bofetada que Luisa Carlota da a Calomarde, con la respuesta de éste: *"Manos blancas no ofenden"*.

— En junio de 1833, unos meses antes de morir Fernando VII, las Cortes juran a su hija Isabel (II), como Princesa de Asturias.

Sucesión al trono

Al morir Fernando VII (1833), su hija Isabel tenía solamente tres años. En el testamento de Fernando VII se preveía que la Reina madre, Mª Cristina, asumiera la Regencia, lo cual hizo hasta el año 1840, en que renunció por discrepancias con el general Espartero, que le sustituyó hasta el año 1843 como Regente.

Al caer Espartero, las Cortes adelantaron la mayoría de edad de Isabel, que asumió sus responsabilidades plenas de Reina, a los trece años.

Personajes de la época

Juan Escoiquiz. Navarra, 1762 - Ronda, 1820. Sacerdote, preceptor y ministro de Fernando VII, al que educó en el temor y en la desconfianza, en el desamor a su madre la Reina y en el odio a Godoy.

Antonio Ugarte. Natural de Navarra. Perteneció a la camarilla absolutista de Fernando VII. Se exilió durante el "Trienio Liberal". Fue Ministro durante la "Década Ominosa". Le sustituiría Calomarde, también absolutista. Participó en el primer período absolutista de Fernando VII, en la turbia compra de buques rusos para el tráfico con las colonias, que resultaron de escasa utilidad.

Blas Ostolaza. Confesor de Carlos IV. Acompañó a Fernando VII en su destierro dorado de Valançay. De tendencia absolutista, sufrió cárcel durante el "Trienio Liberal".

Francisco Bermúdez. (Reseñado en el apartado de la Regencia de Mª Cristina.)

José María Calatrava. (Reseñado en el apartado de la Regencia de Mª Cristina.)

Francisco Tadeo Carlomarde de Retascón. Villel, Teruel (1773) - Tolosa de Francia (1842). Conde de Almeida y Duque de Santa Isabel.
Inició su carrera en la Administración con el apoyo de Godoy, en el reinado de Carlos IV.
De tendencia claramente absolutista, desde 1824 a 1832 colaboró estrechamente con Fernando VII, como Secretario de Estado y de Gracia y Justicia, durante la llamada "Década Ominosa".
Forzó a Fernando VII a derogar la "Pragmática Sanción" que abolía la Ley Sálica, aunque se volvió a poner en vigor tras la intervención de la Infanta Carlota, hermana de la Reina.
Viendo próxima la muerte del Rey, se pasó al bando carlista y huyó a Francia, donde moriría concluida ya la primera Guerra Carlista, en la que no participó.

FERNANDO VII

	LA CORONA Y POLÍTICA INTERIOR		POLÍTICA EXTERIOR
1808	Fernando VII, Rey de España. Familia Real retenida en Bayona. Sublevación del 2 de mayo. Fernando VII abdica 6 mayo. Murat lugarteniente de Napoleón. José I Bonaparte Rey de España. 7-VII. Guerra de la Independencia.	1809	Metternich, Primer Ministro austriaco. Incorporación de los Estados Pontificios a Napoleón (reino de Italia). El Papa prisionero en Savona. El Tirol pasa al Reino de Italia. James Madison, Presidente U.S.A.
1809	Regencia provisional.	1812	Guerra U.S.A. - Inglaterra por el comercio marítimo.
1810	Inicio Cortes de Cádiz.	1814	1ª Abdicación de Napoleón, accede al trono Luis XVIII. Regreso del Papa a Roma.
1811	Decreto de Abolición de Señoríos.	1815	Tratado de la Santa Alianza. Rusia, Austria y Prusia se adhieren. 2º Reinado de Napoleón). Waterloo. Vuelve Luis XVIII. Congreso de Viena. Creación Confederación Germánica. Neutralidad Suiza. Los Borbón vuelven a Nápoles. Restablecimiento Braganza en Portugal. reino Países Bajos. Holanda, Bélgica y Luxemburgo.
1812	Constitución de Cádiz, 19 marzo. Trasunto pacifico de la Revolución Francesa.	1817	James Moore, Presidente U.S.A.
1813	Victorias de Vitoria (julio) y San Marcial (agosto). Tratado Valençay. Fin de la Guerra.	1820	Jorge IV, Rey de Inglaterra.
1814	22 marzo - Vuelve Fernando VII. "Manifiesto de los Persas". Rey absoluto (1814-1820).	1821	Muere Napoleón en Santa Elena (5 mayo).
1819	Muere Carlos IV el 19 de enero y su esposa Mª Luisa el 2 de enero. Boda Fernando VII con Josefa Amalia de Sajonia en el mes de octubre.	1824	Accede al trono de Francia, Carlos X. Legalización Trade-Unions.
1820	Pronunciamiento de Riego. Fernando VII Rey constitucional. 1er. Gobierno liberal.	1825	Nicolás I, Zar de Rusia. John Quincy Adams, Presidente U.S.A.
1821	2º Gobierno liberal, Eusebio Bardají.	1828	Católicos ingleses tienen derecho a ocupar cargos políticos y administrativos.
1822	"100.000 hijos de San Luis" (Congreso de Verona).	1829	Andrew Jackson, Presidente U.S.A.

FERNANDO VII

	LA CORONA Y POLÍTICA INTERIOR		POLÍTICA EXTERIOR
1822	3er. Gobierno liberal. Martinez de la Rosa. 4º. Gobierno liberal. Evaristo San Miguel.		
1823	"Década Ominosa" (1823-1830).	1830	Abdicación de Carlos X, Rey Francia. Accede al trono de Francia, Luis Felipe Orleans (hijo de Felipe Igualdad). Guillermo IV, Rey de Inglaterra. Independencia de Bélgica y Luxemburgo. Independencia de Grecia.
1829	Muere la Reina Josefa Amelia en mayo. 11-XII Fernando VII casa con Mª Cristina de Borbón.	1832	Derecho de voto burguesía inglesa.
1830	Promulgación Pragmática Sanción. Nace la princesa Isabel (II).	1833	Conquista de Argel por Francia.
1832	Derogación Pragmática Sanción. Restablecimiento Pragmática Sanción.		
1833	Isabel (II) reconocida como Heredera. Muere Fernando VII, el 29 de septiembre. Regencia de Mª Cristina.		

	AMÉRICA		SOCIEDAD
1808	Comienzan los movimientos independentistas en las Colonias.	1808	Cuadro de los fusilamientos Goya. Beethoven, Quinta Sinfonía.
1810	Insurrección generalizada en las Colonias.	1809	Nace Mariano José de Larra (+ 1837). Telégrafo eléctrico (Soemmering).
1813	Independencia de Paraguay. Decreto de "guerra a muerte" de Simón Bolívar.	1810	Fundación fábrica Krupp. Fundación Escuela de Pintura Nazarena.
1816	Independencia de Argentina.	1811	Savigny. Legislación y derecho. Muere Melchor Gaspar de Jovellanos.
1818	Independencia de Chile.	1812	Byron: Child Harold.
1819	Venta a EE.UU. de Florida. Independencia de Colombia; de Venezuela; de la Gran Colombia.	1813	Tomas Moore: Melodías irlandesas.
1821	Imperio de Iturbide. Independencias de México; de Perú; de Santo Domingo; de Guatemala; de Nicaragua; de Costa Rica y de Panamá.	1814	Stehpehnson, inventa la locomotora. Bandolerismo en Sierra Morena.

FERNANDO VII

	AMÉRICA		SOCIEDAD
1822	Independencia de Ecuador. Brasil, Imperio; Pedro I.	1815	Nace el pintor Federico Madrazo (+ 1894).
1824	Independencia de Bolivia. México, República. Batalla de Ayacucho.	1816	Viaje a Italia Goethe. Restauración de las Ciencias Políticas (Karl von Haller).
1826	Rendición de Childe y El Callao.	1817	Lordy Byron, Mamfredo. David Ricardo, Principios de Economía. Enciclopedia Ciencias Filosóficas (Hegel).
1827	Independencia de Uruguay.		
1830	Fin de la Gran Colombia. Muere Simón Bolívar.	1819	Nace Monistrol, inventor del submarino. El mundo como voluntad y representación (Schopenhauer). Inauguración Museo del Prado.
1831	Pedro II, Emperador de Brasil.	1820	Principios de Economía Política (Malthus). Fundación del Ateneo Científico Literario.
		1822	Sinfonía Incompleta, Schubert. Misa solemnis, Beeethoven. 1er. Código Penal.
		1824	Baladas, Víctor Hugo. Novena Sinfonía, Beethoven.
		1825	Teoria de las Ondulaciones (Weber).
		1826	Primera fábrica de Gas, Hannover. Obertura al Sueño de una noche de Verano (Mendelsson-Bartholdy).
		1827	Fundación del Colegio de Mediana de San Carlos. Ley de Ohm..
		1829	Pío VIII, Papa (+ 1830).
		1830	Gregorio XVI, Papa (+ 1846).
		1831	Mc Lormick, inventa la cosechadora. Creación Bolsa de Madrid.
		1832	Nace José Echegaray (+ 1916).

Regencia de María Cristina

Nápoles 27 de abril de 1806 - Sainte Adresse (Francia) 23 de agosto de 1878. Hija del Rey de Nápoles y Sicilia, Francisco I y de Mª Isabel, hermana de

Fernando VII. Fue la cuarta esposa de Fernando VII y la única que le dejó descendencia que le sobreviviera.

Al morir Fernando VII el 29 de septiembre de 1833 su heredera Isabel (II) tenía 3 años, por lo que tuvo que asumir la Regencia de la Reina-niña, hasta el año 1840 (12 de octubre), en que por discrepancias con el Jefe del Gobierno, general Espartero, en materia de la Ley de Ayuntamientos, cesó.

Sufrió el inicio de la primera Guerra Carlista y vio su final con el "Abrazo de Vergara" (4 de octubre de 1833 - 31 de agosto de 1839). Durante su reinado se vivió un período liberal con Francisco Zea Bermúdez y firmó el Estatuto Real (17-4-1834), estableciendo dos Cámaras.

Se produjo la expulsión de los jesuitas, la desamortización de Mendizábal y la instauración de la Constitución de Cádiz.

En política exterior suscribió la Cuádruple Alianza, con Francia, Inglaterra y Portugal.

Tras renunciar a la Regencia se exiló en París donde se conoció oficialmente el matrimonio con Fernando Muñoz, que se había celebrado a los tres meses del fallecimiento de Fernando VII y del que la Regente tuvo numerosa descendencia, 8 hijos, los Muñoz Borbón, que recibieron títulos nobiliarios de Isabel II, con la que acabaron pleiteando por la herencia de su madre común, la Regente. Reinando ya Isabel II, volvería a Palacio la ex Regenta donde recuperó temporalmente la influencia política, para volver a Francia definitivamente.

Personajes de la época

Francisco Cea Bermúdez. Málaga, 1772-1850. Fue embajador de España y llegó a Jefe de Gobierno en las postrimerías del reinado de Fernando VII, iniciando el período de Regencia.

Su tendencia era absolutista. En su época se dividió España en 49 provincias. Pretendió la concordia entre "carlistas" y "liberales", mediante la confección de un manifiesto. No tuvo éxito y se gano la enemistad de ambos bandos.

Su falta de interés por convocar las Cortes le supuso la caída (1834) y el exilio en Francia, donde murió.

Francisco Martínez de la Rosa. Granada, 1878 - Madrid, 1862. Participó en las Cortes de Cádiz. En la época absolutista de Fernando VII pasó seis años en la cárcel por sus ideas liberales.

Fue ministro de Fernando VII en el "Trienio Liberal". Volvió al exilio en la "Década Ominosa". En la Regencia sustituyó en la jefatura del Gobierno a Zea Bermúdez.

Confeccionó el Estatuto Real de 1834. Volvió a ser Ministro con Isabel II (1857). Por su afán negociador recibió el sobrenombre de "Rosita la pastelera". Destacó como escritor romántico, siendo su obra teatral más destacada La Conjura de Venecia.

Conde de Toreno. José María Queipo de Llano y Ruiz de Saravia (Oviedo, 1786 - París, 1843).

Sucedió en la jefatura del Gobierno a Martínez de la Rosa en 1835, cargo que ocupó tres meses. Suprimió la Compañía de Jesús y los conventos de menos de 12 individuos.

Fue historiador, destacando la historia del levantamiento, guerra y revolución de España.

Álvarez Mendizábal. Juan Álvarez de Mendizábal (Cádiz 1790 - Madrid, 1853).

Sucedió al Conde de Toreno. Su mandato duró ocho meses, en los que desarrolló una gran labor revolucionaria y anticlerical.

Ha pasado a la historia por su Decreto de Desamortización, que pretendía cubrir la deuda pública con la venta de los bienes de la Iglesia, pero lo cierto es que no pudo resolverse el problema económico del Estado.

Francisco Javier de Istúriz (Cádiz, 1790 - Madrid, 1871).

De tendencia liberal, sufrió 11 años de exilio. En 1836 sustituyó a Mendizábal en la Jefatura del Gobierno, de la que fue destituido como consecuencia de los sucesos denominados. El "Motín de la Granja", producidos por unos sargentos que entraron en el palacio y obligaron a la Regente a firmar un decreto de restablecimiento de la Constitución del 12.

Volvería a la Jefatura del Gobierno entre 1846 y 1847, ya en el reinado de Isabel II.

José María Calatrava. Mérida, 1781-1847. Sustituyó a Istúriz, ocupando la Jefatura del Gobierno de agosto de 1836 a agosto de 1837. De filiación progresista. Impulsó la aprobación de la Constitución de 1837.

En el Gobierno Calatrava estaba Álvarez Mendizábal como ministro de Hacienda a quien se le puso en duda su moralidad, lo que acabó arrastrando a todo el Gobierno. A. Calatrava sustituiría a Eusebio Bardaji que cesó en diciembre de ese mismo año de 1837.

Tras Bardaji formaron Gobierno el Duque de Frías y después Pérez de Castro aunque en realidad el general Espartero ostentaba el poder.

Calatrava participó en las Cortes de Cádiz. Durante la época absolutista estuvo preso en Melilla y fue Primer ministro al final del "Trienio Liberal". Durante la "Década Ominosa", se exilió.

Regencia del general Espartero

Joaquín Baldemoro Fernández Espartero, Duque de la Victoria (Granátula de Calatrava, Ciudad Real, 7-9-1793 - Logroño, 8-1-1879).

Participó en la Guerra de la Independencia, que acabó de capitán. Luchó contra el ejército carlista y le venció en la batalla de Luchana (1836). Había sido nombrado Comandante General de Vizcaya, donde más fuerte era el carlismo.

Fue protagonista del "Abrazo de Vergara" (1839), con el general carlista Maroto, que dio fin a la primera Guerra Carlista, en el norte.

Cuando la Regente Mª Cristina se exilió, le sustituyó en la Regencia de Isabel II (1840-1843).

Se exilió a Londres (1843-1848) y fue llamado para formar Gobierno por Isabel II en 1854.

Se le concedieron muchos títulos, como Duque de la Victoria y de la Morella, Conde de Luchana, Vizconde de Banderas, Príncipe de Vergara, otorgado por Amadeo I, Rey de España, caballero del Toisón de Oro, etc.

En 1839 fue designado Jefe del Gobierno, pero su conocimiento de la política no era igual al militar.

Tuvo un grave enfrentamiento con la Regente con motivo de la Ley de Ayuntamientos y aspiró a la co-regencia, razón por la que Dª Mª Cristina renunció a la Regencia y se exilió. Al hacerse cargo de la Regencia, Espartero no tenía apoyo más que de un grupo reducido del Partido Progresista.

El general O'donnell se levantó, apoyado por otros generales, presentándose el general Gutiérrez de la Concha en Palacio con tropas, para liberar a la Reinaniña de Espartero.

El propio general Diego de León se incorporó al intento, que fracasó, y que costó el fusilamiento a este general, el mejor del Ejército, junto con otros sublevados, pues Espartero se negó al indulto.

El levantamiento de Barcelona (1842) se reprimió ordenando Espartero el bombardeo de la ciudad.

La situación se hizo insostenible para Espartero. El nuevo Jefe de Gobierno, Joaquín Mª López, le exige la disolución de su camarilla y al no hacerlo dimite a los ocho días de su toma de posesión.

A partir de mayo de 1843, Espartero tiene prácticamente todo el Ejército sublevado y entre ellos a Juan Prim, en Reus. Narváez y Concha llegan a Valencia en plena revolución, las tropas de Narváez entran en Madrid el 23 de julio y el 30 del mismo mes, Espartero desde Puerto de Santa María, huye.

La Regencia de Espartero, aún durando sólo tres años, es un cúmulo de errores políticos e intransigencias. Para resolver la situación, debe de adelantarse la mayoría de edad de la Reina-niña, once meses antes de cumplir los catorce años.

REGENCIAS DE Mª CRISTINA Y GENERAL ESPARTERO

	LA CORONA Y POLÍTICA INTERIOR		POLÍTICA EXTERIOR
1833	Regencia de Mª Cristina. Isabel (II), Princesa de Asturias 1ª Guerra Carlista. Manifiesto de Abrantes.	1834	Cuádruple Alianza. Portugal, España, Francia Inglaterra. Asociaciones Sindicales en Inglaterra y EE.UU.
1834	Cese de Cea Bermudez. Estatuto Real (Martínez de la Rosa). Abolición definitiva de la Inquisición.	1837	Reina Victoria, Inglaterra (+ 1901). Martín van Burén (Presidente U.S.A.).
1836	Motín de La Granja, 12 de octubre. Instauración Constitución de Cádiz.	1840	Federico Guillermo IV, R. Prusia.
1837	Constitución de 1837. Gobiernos, Bardají, Conde de Ofilia, Duque de Frias y San Miguel.	1841	Canadá, primera colonia inglesa con Constitución propia. Gral. Harrison, Presidente U.S.A. John Tyler, Presidente U.S.A.
1839	Abrazo de Vergara (Fin 1ª Guerra Carlista).		
1840	Fin Regencia Mª Cristina. Ley de Ayuntamientos. Regencia del General Espartero.		
1841	2ª Desamortización. Levantamiento O'Donnell, Narvaez, Diego de León. Abolición Régimen Foral País Vasco. Ley Paccionada Navarra.		
1842	Levantamiento de Barcelona.		
1843	Levantamiento generalizado contra Espartero. Espartero huye a Londres (30-7-43). Gobierno Joaquín Mª Lopez. Mayoría de edad de Isabel II, el 8 de noviembre.		

	AMÉRICA		SOCIEDAD
1833	Constitución de Chile.	1835	Estreno de "Don Álvaro" (D. Rivas). Las Universidades se incorporan al Estado. La vida de Jesús, Strauss.
1834	Extinción de la Cía. de Filipinas. Confederación Peruano-Boliviana.	1834	Disturbios derivados de la epidemia de cólera. Se acusa a los jesuitas.
		1836	Se extingue "La Mesta".
		1837	Estreno de "Los amantes de Teruel". Suicidio de Mariano José Larra.
1838	Independencia de Honduras, que desde 1824 pertenecía a la Federación de Provincias Unidas de Centroamérica (República).	1841	La esencia del Cristianismo (Feuerbach).
1839	Disolución Peruano-Boliviana.	1842	Martillo de vapor (Nasmyth). El Mercurio del Rhin (Marz, Engels). Ley Conservación de la Fuerza. Muere Espronceda.
1840	España reconoce independencia de El Ecuador.	1843	Nace Benito Pérez Galdós (+ 1920). Estreno de "Don Juan Tenorio" (Zorrilla).
1841	Independencia de El Salvador, que abandona la Federación Centroamericana. Relaciones diplomáticas con México. Inicio persecución de la trata de negros en Cuba. Pedro II, Emperador de Brasil.		

Isabel II, La de los tristes destinos

Madrid, 10 de octubre de 1830. París, 9 de abril de 1904. Tercera hija de Fernando VII y de su cuarta esposa Mª Cristina de Borbón.

Como ya se ha dicho, al morir su padre tenía tres años momento en que le sucedió en la Corona. Tuvo dos regentes, su madre Mª Cristina de Borbón (1833-1840) y el general Espartero (1841-1843).

El 8 de noviembre de 1843 las Cortes le reconocieron como mayor de edad y la Reina juró la Constitución.

Casó con su primo-hermano Francisco de Asís de Borbón, hijo de Francisco de Paula, que a su vez era hermano de Fernando VII. Este matrimonio tuvo diez hijos:

Fernando (11-VII-1850) murió al nacer; Isabel Francisca (20-XII-1851) casó con Cayetano de Borbón-Dos Sicilias y se la conoció como la Chata; Cristina (5-I-1854) murió al nacer; Francisco de Asís Leopoldo (21-VI-56) nació muerto; Alfonso (28-XI-1857) que sería Alfonso XII, Rey de España; Concepción (26-XII-1859) murió a los dos años; Pilar (4-VI-1861) murió a los 18 años; Paz (23-VI-1862) casó con Luis Fernando de Baviera; Eulalia (12-II-1864) casó con Antonio de Orleans; y Francisco de Asís (24-I-1866), que murió al mes de nacer.

El reinado de Isabel II fue convulso y puede dividirse en cuatro períodos.
— "Década Moderada" (1843-1853). General Narváez.
— "Bienio Progresista" (1854-1856). General Espartero
— "Gobiernos Moderados" (1856-1863). Generales O'Donell y Narváez.
— Período de revueltas y sublevaciones (1864-1868)

Sufrió durante su reinado la segunda Guerra Carlista (1846-1848) y la Guerra al Sultanato de Marruecos (1859-1861).

En 1868, el 30 de septiembre, como consecuencia de la sublevación de los generales Topete, Prim y Serrano, abandona el Reino de España sin abdicar, lo cual hace en favor de su hijo Alfonso (XII) en París, el 25 de junio de 1870.

Durante prácticamente toda la "Década Moderada", el general Narváez fue el dueño del poder, en una situación muy movida, con cambios de Gobierno tan rápidos que algunos duraron sólo horas. En no pocas ocasiones se ha hablado de la "dictadura Narváez".

Hechos más importantes de su reinado

— 1845 - Entre otras se producen las siguientes reformas: a) Plan de Estudios; b) Reforma de las Contribuciones, por Alejandro Mon; c) Nueva Constitución, menos democrática que la de 1837, que consagra la unión Iglesia-Estado.
— 1846 - Segunda Guerra Carlista, que finalizaría el año 1848.
— 1851 - Concordato con la Santa Sede, propiciado por Juan Bravo Murillo, de tendencia fuertemente conservadora, que cayó en diciembre de 1852, por su excesiva posición reaccionaria.
— 1854 - Vuelve Espartero del exilio, el día 28 de julio, para hacerse cargo del Gobierno ante la agitación general, alimentada entre otros, por O'Donnell y Serrano. Se redacta la Constitución de 1855, parecida a la de 1837, que no llegó a proclamarse.

Espartero pacta con O'Donnell y le da una cartera, manteniéndose el

equilibrio entre progresistas, con Espartero y la Unión Liberal de O'Donnell. Sería el Bienio Progresista.
— 1856 - Los Gobiernos moderados que durarían siete años, los inaugura Narváez que coloca al reaccionario Cándido Nocedal, para anular toda la obra de O'Donnell, incluido el proyecto de Constitución de 1855.
— 1859 - Se declaró la Guerra al Sultanato de Marruecos, por una ofensa al escudo del Reino de España.
Destacó por su valor el General Prim. Merece destacarse la Victoria de Wad-Ras. Se firmó la Paz de Tetuán, el 26 de abril de 1860.
— 1862 - Junto con Francia e Inglaterra, se intervino en Mexico, firmando la Paz el general Prim.
— 1868 - La Revolución de septiembre de 1868, conocida como "La Gloriosa", se inició el día 18 en que el almirante Topete se subleva en Cádiz, en unión del general Prim, a los que se unió Serrano, desterrado en Las Canarias. El manifiesto de la sublevación se titulaba "España con honra".
Serrano tomó Andalucía y Prim se dirigió a la costa mediterránea. Serrano entraría en Madrid como triunfador.
El 30 de septiembre la Reina partía para Francia, sin el menor apoyo popular pero sin abdicar en su hijo Alfonso.

Sucesión al trono

Tras la abdicación de Isabel II el 25 de junio de 1870 en París, le sucedería su hijo Alfonso XII el 14 de enero de 1875, no sin antes ser proclamado Rey de España Amadeo I de Saboya, cuyo reinado duró dos años, y después de proclamarse la I República que duró otros dos años.

En definitiva, se siguió el orden sucesorio de la dinastía, con un inter-regno de cuatro años.

Personajes de la época

Salustiano Olózaga. Oyón (Logroño) 1805 - París, 1877. De tendencia progresista, sufrió exilio durante la época absolutista de Fernando VII. Fue adversario político de Espartero durante la Regencia de Mª Cristina, en la que llegó a ser Jefe del Gobierno.

Participó en la Revolución de 1868. Tutor de Isabel (II) y uno de sus primeros Jefes de Gobierno, pronto derrotado por los moderados que iniciaron la "Década Moderada". Se les imputa haber introducido a la Reina-niña en los placeres carnales.

Ramón María Narváez. Loja (Granada) 1800 - Madrid, 1868. Participó en la Guerra de la Independencia y en la primera Guerra Carlista.

De tendencia moderada, fue adversario de Espartero, al que consiguió derrocar. Dirigió toda la época denominada "Década Moderada", aunque no estuviera al frente del Gobierno en todas las ocasiones, y en el septenio de "Gobiernos Moderados".

Envuelto en el concepto moderado practicó una política dictatorial y en ocasiones reaccionaria, sobre todo en la época en que integró en el Gobierno a Cándido Nocedal. Fue distinguido con el título de Duque de Valencia.

Juan Bravo Murillo. Frenegal de la Sierra (Badajoz) 1803 - Madrid, 1873. Tendencia conservadora, casi absolutista. Trató de modificar la obra de Narváez cuando le sustituyó en 1851. Suscribió el Concordato con la Santa Sede (1851) y favoreció la devolución de privilegios al clero.

Cayó al tratar de modificar la Constitución, en sentido conservador, por oposición de progresistas y moderados (1852).

Joaquín Baldomero Fernández Espartero. (En el apartado dedicado a su regencia se describen sus datos biográficos.)

En su exilio fue llamado por Isabel II para sustituir a Luis Sartorius, Conde de San Luis, que había fracasado por la imagen de inmoralidad y favoritismo que se había ganado.

Como ya está dicho, Espartero trató de mantener el pacto con O'Donnell, por lo que le incluyó en el Gobierno, manteniéndose un cierto equilibrio entre progresistas, de Espartero, y moderados de O'Donnell.

El equilibrio se mantuvo durante el llamado "Bienio Progresista" (1854-1856), en el que se redactó una Constitución, la de 1855, de características similares a la 1837, que no llegó a promulgarse. Narváez acabaría con este "Bienio Progresista".

Leopoldo O'Donnell. Santa Cruz de Tenerife, 1809 - Biarritz (Francia) 1867.

Militar que participó en diversas sublevaciones: en 1842 con el general Espartero que fracasó, en 1843 en la que se vio obligado el Regente a abandonar el poder y en 1854 contra Sartorius.

Fue Ministro de Espartero durante el reinado de Isabel II, en el "Bienio Progresista", al frente de su Partido la Unión Liberal, llegando a desbancar a Espartero y ocupando la Jefatura del Gobierno.

Volvió a encabezar el Gobierno en el período moderado (1858-1863) y en el periodo conflictivo de las sublevaciones (1856-1866). Protagonizó la decisión de declarar la Guerra al Sultanato de Marruecos.

ISABEL II

	LA CORONA Y POLÍTICA INTERIOR		POLÍTICA EXTERIOR
1843	Mayoría de edad de Isabel II. Jurada Reina el 10 de noviembre. Gobierno de Transición (S. Olozaga). "Década Moderada" (43-54) - 17 Gobiernos. Narvaez	1843	1ª Cooperativa de Consumo Inglesa.
1844	Creación de la Guardia Civil. Muere José I, Bonaparte.	1844	Total control inglés sobre La India. Primera Asociación Obrera en Alemania.
1845	Carlos (VI), Rey carlista. Nueva Constitución de 1845. Reforma de Hacienda (A. Mon).	1845	Guerra México - U.S.A. J. Knox Polk, Presidente U.S.A.
1846	Matrimonio de Isabel II con Francisco de Asís de Borbón. 2ª Guerra Carlista.	1847	Se establecen las 10 h de trabajo para mujeres y jóvenes, en Inglaterra.
1848	Nace Carlos (VII) futuro Rey carlista. Dictadura legal de Narváez Fin 2ª Guerra Carlista.	1848	II República francesa. Fundación del Estado negro de Liberia. Pío IX huye de Roma a Gaeta. John Taylor, Presidente U.S.A. Movimiento Revolucionario en Centro Europa. Luis Napoleón, Presidente República Francesa.
1851	Gobierno Bravo Murillo.	1849	Francia, ocupa Roma. Zachary Taylor, Presidente U.S.A.
1854	Levantamiento O´Donnell (Vicálvaro), en julio. Llamado "La Vicalvarada". "Bienio Progresista" (vuelve Espartero). Las Cortes ratifican la Monarquía.	1850	El Papa, vuelve a Roma. Fillmore, Presidente U.S.A.
1855	Muere Carlos (V), Rey carlista. Desamortización de Pascual Madoz. Huelga general en Barcelona.	1851	Concordato Santa Sede - España.
1856	Gobiernos Moderados - 13. Narvaez.	1852	Luis Napoleón, Poder absoluto de carácter monárquico. Napoleón III, Emperador.

ISABEL II

	LA CORONA Y POLÍTICA INTERIOR		POLÍTICA EXTERIOR
1857	Nace Alfonso (XII), 28 noviembre. Restablecimiento Constitución del 45.	1853	Franklin Pierce, Presidente U.S.A.
1859	Gob. progresista-conservador (30-6-59/2-3-63).	1854	Guerra de Crimea.
1860	España tiene 15.658.000 habitantes.	1855	Alejandro II, Zar de Rusia.
1861	Muere Carlos (VI), Rey carlista. Intentonas Republicanas (Sixto Cámara). Fin Guerra Marruecos.	1856	Restablecimiento del Concordato Santa Sede - España. Declaración Dº. Marítimo de París. Abolición del Corso.
1864	Gobierno de Narváez.	1857	James Buchanan, Presidente U.S.A.
1865	Noche de San Daniel (revuelta estudiantil). Cae Narváez. Vuelve O´Donnell. Diversas sublevaciones.	1859	Austria cede Parma al Piamonte. Revoluciones, Parma, Toscana, Modena. Guerra con Marruecos.
1866	Cae O´Donnell. Vuelve Narváez. Pacto de Ostende, progresistas y demócratas.	1860	Unificación italiana. Lincoln, Presidente U.S.A. Fin de la Guerra con Marruecos.
1868	Muerte de Narváez. Revolución Septiembre (Topete, Prim, Serrano). Isabel II, parte para Francia. Expulsión jesuitas. Peseta, unidad monetaria de España.	1861	Guerra Secesión americana. Víctor Manuel, Rey de Italia. Guillermo I, Rey de Prusia.
		1862	Bismarck, Primer ministro de Prusia.
		1865	Capitulación de los Sudistas, Lincoln es asesinado. Andrew Johnston, Presidente U.S.A.
		1867	U.S.A. compra Alaska, a Rusia.

	AMÉRICA		SOCIEDAD
1844	España reconoce la independencia de Chile.	1844	Publicación de "El Criterio" (Balmes). Morse inventa el Telégrafo. Cartas de Química (Liebis). Nace el tenor Savarre (+ 1890).
1847	España reconoce la independencia de Bolivia.	1845	El Conde Montecristo (A. Dumas).
1854	Telégrafo en Cuba.	1846	Pío IX, Papa (1878).
1856	Apertura del Banco Español en La Habana.	1847	Organización Institutos 2ª Enseñanza. La Miseria de la Filosofía (Proudhon). Fundación Academia Ciencias Naturales.

ISABEL II

	AMÈRICA		SOCIEDAD
1858	Independencia de Jamaica.	1848	Manifiesto Comunista. La Comedia Humana (Balzac). Línea Ferrea Barcelona-Mataró. Ley de Sociedades por Acciones.
1861	España recupera Santo Domingo.	1849	Nuevo Código Penal.
1863	Creación del Ministerio de Ultramar. "Guerra del Pacífico". ESPAÑA contra Perú, Chile, Ecuador y Bolivia. (Batallas de Abtao y Callao).	1850	Fin obras Congreso Diputados y Teatro Real.
1864	Imperio mexicano (Maximiliano de Austria). Rigoletto (Verdi). Línea Férrea Madrid-Aranjuez.	1851	Nace Isaac Peral (+ 1895).
1865	Abandono de Santo Domingo. Independencia República Dominicana. Ley de Abolición de la Esclavitud en Cuba.	1852	Nace Antonio Gaudí (+1926). La Dama de las Camelias (A. Dumas). Nace Santiago Ramón y Cajal (+ 1934). La Cabaña del Tío Tom (Beecher Stowe).
1867	Fusilamiento de Maximiliano de México. México, República (Juárez).	1854	Introducción del Krausismo (Sanz del Río). Dogma de la Inmaculada.
1868	Empieza la primera Guerra de Independencia de Cuba. Abolición esclavitud.	1856	Nace Marcelino Menéndez Pelayo (+ 1912). Krupp inventa el cañón de acero. La Pequeña Dorrit (C. Dickens), Creación del Banco de ESPAÑA.
		1857	Ley Instrucción Pública (Claudio Moyano). Madame Bovary (Flaubert). Nace Darío Regoyos (+ 1913).
		1858	Primer pozo de petróleo.
		1859	Origen de las Especies (C. Darwin). Descubrimiento primer pozo petróleo (U.S.A.)
		1860	Nace Isaac Albéniz (+ 1909). Invención del Motor de Explosión.
		1861	Nace Santiago Rusiñol (+ 1931). Colección de Cuentos (Andersen).
		1862	Nace Mariano Benlliure (+ 1947). Exposición Universal de Londres.
		1863	Nace Joaquín Sorolla (+ 1923). Vida de Jesús

ISABEL II

AMÉRICA		SOCIEDAD
	1863	(Renan). Rosales pinta "El Testamento de Isabel "La Católica". Invención de la rotativa. Abolición esclavitud en U.S.A.
	1864	Nace Miguel de Unamuno (+ 1936). Syllabus Errorum (Quanta cura).
	1865	La Guerra y la Paz (Tolstoi).
	1866	Nace Ramón Mª del Valle Inclán (+ 1936). Nace Jacinto Benavente (+ 1954). Sinfonía de Cristo (Listz).
	1867	Nace Enrique Granados (+ 1917). "El Capital" (1er tomo) (C. Marx). Requiem Alemán (Brahms)
	1868	Sociedades Anónimas sometidas al Código de Comercio.

Regencia del general Serrano

Francisco Serrano Domínguez, conde de San Antonio y Duque de la Torre (San Fernando, 1810 - Madrid, 1855). Ascendió a general en la primera Guerra Carlista. Fue capitán general de Cuba. Líder del Partido Unión Liberal.

Junto con Prim y Topete dirigió la Revolución de 1868 que destronó a Isabel II, pese a que al inicio de su reinado había sido devoto de la Reina, con la que tuvo íntima relación que sería desbaratada por Narváez.

Fue Regente desde el 18 de junio de 1869 al 2 de enero de 1871 y, a la llegada de Amadeo I de Saboya, Jefe de su Gobierno (1871-1872).

Durante la I República se exilió en Francia. Tras el Golpe de Estado del general Pavia (1874) regresó siendo designado Presidente hasta el ascenso al trono de Alfonso XII (1785), momento en que concluyó su carrera política y militar.

Hechos más destacados de la Regencia

— El 3 de noviembre 1868 entra Serrano en Madrid en olor de multitud, sólo superada por la entrada el día 9 del General Prim. Se forma un Gobierno de la Unión Liberal, progresista. Implantan el sufragio universal, la libertad

de culto, de información, de enseñanza, de reunión y de asociación. Se convocan elecciones, que gana el Gobierno.
— Se aprobó la Constitución de 1869, de carácter progresista y monárquica el día 6 de junio.
— El 18 de junio de 1869, tras aprobarse el proyecto de Ley, Serrano jura la Constitución, como Regente y Prim se encargó de formar gobierno.
— Se inician las gestiones para designar al ocupante del trono, en cumplimiento de la Constitución Monárquica.

Aparecen los siguientes candidatos:

— Duque de Montpensier, casado con Infanta Luisa Fernanda, hermana de Isabel II y, por tanto, hija de Fernando VII. A este candidato le apoya Serrano al que se oponía Napoleón III.
— Alfonso XII hijo de Isabel II, era rechazado por los progresistas en plena racha antiborbónica.
— Leopoldo de Hohenzollern, al que se oponía Napoleón III y le apoyaba Bismarck.
— Amadeo de Saboya, apoyado por Prim , era el segundo hijo del Rey de Italia, Victor Manuel I.

La elección de las Cortes, celebrada el 18 noviembre 1870, dieron la victoria a Amadeo de Saboya con 191 votos, frente a Montpensier con 27 votos y 63 votos para la República.
— El 27 de diciembre de 1870, tres días antes de que llegara Amadeo a su nuevo Reino de España, Prim, su valedor, fue víctima de un atentando, muriendo el día 30, cuando Amadeo llegaba a Cartagena.

Personajes de la época

Juan Prim y Prat. Reus, 1814 - Madrid, 1870. Participó en la primera Guerra Carlista, en la Guerra al Sultanato de Marruecos y en la intervención de Mexico, donde firmó la paz. Participó en el levantamiento general de 1843, que acabó con la Regencia de Espartero. Junto con el almirante Topete, inició la sublevación de 1868 en Cádiz. Fue Jefe del Gobierno en la Regencia de Serrano y valedor del candidato Amadeo de Saboya a la Corona de España, aunque no llegó a ver su reinado.

Líder del Partido Progresista, fue el alma de la revolución de 1868 hasta su muerte, en atentado, el 30 de diciembre de 1870. Fue distinguido con el Marquesado y el Condado de Reus.

Puede calificársele como monárquico no dinástico, antirrepublicano, liberal y progresista y uno de los políticos de mayor solvencia del s. XIX y un militar valeroso e intrépido.

Amadeo de Saboya

Duque de Aosta. Turín, 30 de mayo de 1845 - Turín, 18 de enero de 1890. Hijo segundo del Rey de Italia Victor Manuel II y de Mª Adelaida de Austria.

Fue elegido por las Cortes el 18 de noviembre de 1870 y entró en Madrid el 2 de enero de 1871 jurando la Constitución, tras la renuncia a la Regencia del general Serrano, al que encargó formar Gobierno.

Contrajo matrimonio en 1867 con Mª Victoria del Pozzo de la Cisterna, de la nobleza italiana, de la que tuvo tres hijos: Manuel Filiberto Víctor (13-I-1869); Víctor Manuel (24-XI-1870) y Luis Amadeo José (29-II-873).

Contrajo segundas nupcias en 1888 con su sobrina Leticia Bonaparte, teniendo otro hijo llamado Humberto.

Abdicó de la Corona de España el 11 de febrero de 1873, tras firmar, contra su voluntad, el Decreto de Disolución del Arma de Artilleria, por acuerdo de las Cortes. Sufrió durante su reinado la tercera Guerra Carlista. El pueblo siempre le consideró un intruso.

Hechos más destacados del reinado

— Movimientos republicanos.
— Guerra de Cuba, iniciada en 1869.
— Tercera Guerra Carlista (1872-1876).
— "Cuestión de los Artilleros", que solicitaban el retiro del general Hidalgo, considerado culpable de la muerte de unos oficiales en 1866, al reprimir la sublevación de los Sargentos de San Gil, encabezados por el entonces capitán Hidalgo. Las Cortes votaron a favor de un Decreto de Disolución del Arma de Artillería, que el Rey sancionó contra su voluntad.
— El citado Decreto y la imposibilidad de formar gobiernos estables, decidieron a Amadeo I por la abdicación.
— Tras su abdicación se proclamó la I República.

Personajes de la época

Francisco Serrano, Duque de La Torre. (Ya reseñado en el apartado de su

Regencia). Presidió el primer Gobierno de Amadeo I y posteriormente otro efímero, que suscribió el Convenio Amorebieta con el ejército carlista (mayo, 72).

Práxedes Mateo de Sagasta. Torrecilla en Cameros (Logroño) 1825 - Madrid, 1903. Ingeniero de Caminos. Líder del Partido Progresista y luego del Partido Radical. Se exilió tras el fracaso de la sublevación de los Sargentos de San Gil (1866).

Ministro en diversos gobiernos de Amadeo I y Jefe de Gobierno de 1871.

Durante la Restauración de Alfonso XII, dirigiría el Partido Liberal, que alternaría en el Gobierno con el Partido Conservador de Cánovas del Castillo.

Manuel Ruiz Zorrilla. Burgo de Osma, 1833 - Burgos, 1895. Fue Presidente de las Cortes que eligieron a Amadeo de Saboya como Rey y presidió la Comisión que fue a recogerle a Florencia.

Había participado en la sublevación de los Sargentos de San Gil, como partidario de Prim que era.

Participó en diversos movimientos revolucionarios. Fue Ministro en la Regencia de Serrano.

Jefe del Partido Progresista y del Gobierno con Amadeo I. Luchó por la abolición de la esclavitud en las colonias y fue el impulsor de la disolución del arma de Artillería.

Acompañó al exilio a Amadeo de Saboya, tras la proclamación de la República. Durante el reinado de Alfonso XII promovió diversas sublevaciones republicanas y fundó el Partido Republicano Progresista y la Asociación Republicana Militar.

Fue el hombre de la izquierda radical de su tiempo. Volvió a España enfermo y retirado de la política. Sus memorias se titulan "Cartas de conspiradores" publicadas en 1929.

I República

Se proclamó la I República Española el 11 de febrero de 1873, el mismo día en que resignó la corona Amadeo I.

Cronología

Año 1873
11 febrero - Las Cortes eligen presidente a Estanislao Figueras.

12 febrero - Los Ayuntamientos monárquicos son sustituidos por Juntas Revolucionarias.

24 febrero - Cae el Gobierno Figueras.

1 junio - Primera Sesión de las Cortes Republicanas, con mayoría republicano-federal.

11 junio - Se proclama la República Federal. Francisco Pi Y Margall, Presidente.

7 julio - Huelga y acantonamiento obrero en Alcoy.

12 julio - Rebelión cantonal en Andalucía y Levante, formándose el Gobierno Cantonal de Cartagena.

18 julio - Cae Pi Y Margall que es sustituido por Nicolás Salmerón.

Julio - El general Pavia empieza a controlar Andalucía.

Agosto - El general Martínez Campos controla Valencia y Murcia.

7 septiembre - Renuncia de Salmerón a la Presidencia, asciende Emilio Castelar.

Año 1874

3 enero - El general Pavia da un golpe de estado entrando en las Cortes y disolviéndolas, lo que supuso el fin de la I República.

El general Serrano asumió todos los poderes, ratifica la disolución de las Cortes y constituye un Gobierno Provisional. Serrano nombra Jefe del Gobierno al general Zabala, con lo que él queda prácticamente como Jefe del Estado.

Aunque, en teoría, permanece la República, es una época de dictadura de Serrano hasta que, el 29 de diciembre, el General Martínez Campos proclama, en Sagunto, como Rey de España a Alfonso XII, hijo de Isabel II.

Personajes de la época

Estanislao Figueras Moragas. (Barcelona, 13-12-1816 - Madrid, 11-11-1882).

Fue mentor de la República desde mediados de siglo y sería su primer Presidente. Se le achacó su abandono precipitado del cargo, por falta de valor.

Se inició en la política de la mano del Partido Progresista, para pasar al campo demócrata. Sufrió cárcel y destierro por sus virulentos ataques al Gobierno Moderado de Narváez. Fundó el periódico republicano La Igualdad.

Consiguió que la Diputación de Barcelona diera marcha atrás en la proclamación del Estado Catalán.

Dimitió, a los 4 meses de su designación, como Presidente de la República, por su incapacidad para controlar el movimiento cantonalista, el 10 de junio de 1873.

Francisco Pi Margall (Barcelona, 1824 - Madrid, 1901).

Teórico del federalismo y del socialismo, al que se le ha reconocido siempre tanto la paternidad del federalismo como su altura moral.

Fue elegido Presidente el 11 de junio de 1873 y dimitió un mes después, por la presión del movimiento cantonalista y la insurrección carlista.

Nicolás Salmerón y Alonso. (Alhama la Seca (Almería) 1838 - Pau (Francia) 1908).

Fue presidente del 19 de julio de 1873 al 7 de septiembre del mismo año, en que dimitió por negarse a firmar dos sentencias de muerte tras la represión del cantonalismo.

Estudió Filosofía y Letras y Derecho, destacando en el campo krausista.

Emilio Castelar y Ripoll (Cádiz 1832 - S. Pedro del Pinar (Murcia) 1899).

Periodista, republicano moderado y destacado orador, fueron relevantes sus discursos sobre la libertad de cultos.

Participó en la sublevación de los Sargentos de 1866, por la que fue condenado a muerte. Resignó el poder a Serrano, tras el golpe de estado de Pavia.

Aceptó la restauración de la dinastía Borbón, con Alfonso XII, destacando su defensa del sufragio universal.

REGENCIA SERRANO, AMADEO I Y I REPÚBLICA

	LA CORONA Y POLÍTICA INTERIOR		POLÍTICA EXTERIOR
1868	Isabel II abandona España, sin abdicar. Triunfa la Revolución de septiembre encabezada por Topete, Prim y Serrano. Batalla de Alcolea, victoria sublevados. Gobierno Provisional del General Serrano. Juan (III) Rey carlista, abdica en su hijo Carlos (VII)	1868	Reformas políticas en Francia. Libertad prensa y reunión. Sistema Parlamentario.
1869	Constitución Liberal, Progresista y Monarquía. Regencia Serrano, Gobierno Prim.	1869	Gral. Grant, Presidente U.S.A.
1870	Isabel II abdica en su hijo Alfonso (XII), el 25 de junio. Las Cortes designan Rey a Amadeo Saboya, el 18 nov. Nace Jaime (III) futuro Rey carlista. Atentado a Prim muere el 30 de diciembre.	1870	Guerra Franco-Prusiana. Caída del Imperio de Napoleón III.

REGENCIA SERRANO, AMADEO I Y I REPÚBLICA

	LA CORONA Y POLÍTICA INTERIOR		POLÍTICA EXTERIOR
1871	El General Prim, asesinado. Amadeo I, Rey de España, llega a España el 2 de enero. Gobierno del General Serrano.	1871	Paz de Versalles entre Francia y Alemania. Francia cede Alsacia y Lorena. Ley italiana de Garantías para el Papa. Roma, capital de Italia. III República Francesa. Thiers, Presidente de la República. Creación del Imperio alemán, que no incluye Austria. Emperador Alemán, Guillermo I.
1872	3ª Guerra Carlista.	1873	Mac Mahon, Presidente francés.
1873	Amadeo I, abdica el 11 febrero. Disolución arma de Artillería. Proclamación I República. Estanislao Figueras-Presidente:11 febrero-10junio. Francisco Pi y Margall: 11 junio-18 julio. Nicolás Salmerón: 19 julio-7 septiembre. Emilio Castelar; 8-9-73 - 2-1-74. Sublevación Cantonal de Cartagena.		
1874	General Pavía, disuelve las Cortes. República Teórica-Dictadura Serrano. Concluye sublevación Cartagena. General Martínez Campos proclama el 29 diciembre Rey de España a Alfonso XII.		

	AMÉRICA		SOCIEDAD
1868	1ª Guerra de Independencia de Cuba. Levantamientos en Puerto Rico.	1868	Leyes Municipal y Provincial. Ley de Bases de la Minería. Inicio del librecambismo.
1873	Abolición esclavitud en Puerto Rico.	1869	Nace Ramón Menéndez Pidal (+ 1968). Concilio Vaticano I. Ley de Bancos.
1874	Línea regular marítima, entre España y Filipinas.	1870	Nace Ignacio Zuloaga (+ 1945). Muere Gustavo Adolfo Becquer. Apertura del Registro Civil. Leyes de Orden Público y de Elecciones. Nuevo Código Penal. Ley del poder Judicial.

REGENCIA SERRANO, AMADEO I Y I REPÚBLICA

AMÉRICA			SOCIEDAD
		1871	Greamme inventa la Dinamo eléctrica. Establecimiento del Sistema Métrico Decimal. Estreno de la Ópera Marina (Arrieta). Les Rougon-Macquart (E. Zola). Descendencia del hombre (C. Darwin).
		1872	Nace Pío Baroja (+ 1956). Tartarín de Tarascón (A. Daudet). El año terrible (Víctor Hugo). El nacimiento de la tragedia (Nietzsche).
		1873	Primera Serie de "Episodios Nacionales" (Pérez Galdós). La vuelta al mundo en ochenta días (Julio Verne).
		1874	Inicio del movimiento impresionista. "Pepita Jimenez", de Juan Varela. Nace José Martínez Ruiz - Azorín - (+ 1967). Banco de España, monopolio de la moneda.

Cuestión sucesoria. Guerras carlistas

Antecedentes

Aunque el problema se plantea con la sucesión de Fernando VII, es necesario hacer referencia a unos antecedentes legales e históricos importantes:

— La Ley segunda del Título V, de la segunda de las Siete Partidas, promulgada por Alfonso X el Sabio el 28 de agosto de 1265, permitía la sucesión al trono de las mujeres, en congruencia con la tradición hispánica.
— Felipe V que había renunciado expresamente, en el Tratado de Utrecht, al trono de Francia dictó un Auto, el 10 de mayo de 1713, excluyendo a las mujeres de la sucesión a la Corona de España, para evitar la vuelta de los Austria, por vía de la descendencia de la Infanta María, casada con Fernando III, hija de Felipe III, Emperador de Alemania.
No debe olvidarse que la dinastía Borbón aplicaba en su país de origen,

el Reino de Francia, el criterio sálico estricto por el que las mujeres no podían reinar, no existiendo, por el contrario, impedimento, para los varones, de contraer matrimonios desiguales o morganáticos.

— Carlos III promulgó la "Pragmática de 13 de Marzo de 1.776", que Carlos IV reprodujo, el 15 de julio de 1805, en la Ley 9ª, Título 2º, Libro 10º de la "Novísima Recopilación", no derogada hasta nuestra reciente Constitución de 1978, con excepción de los períodos republicanos que derogaban el propio sistema monárquico, por la que se excluía del orden sucesorio a quien contrajera, incluso con autorización del Rey, matrimonio desigual o morganático.

— Carlos IV, en las Cortes de septiembre de 1789, abolió este Auto de Felipe V que establecía la Ley Sálica pero no dictó la "Pragmática Sanción" que pusiera en vigor el acuerdo de las Cortes.

De modo que mientras en el Reino de Francia la dinastía Borbón mantuvo los seculares principios de la "sucesión agnada estricta", que impedía reinar a las mujeres, y de la permisibilidad de los matrimonios "desiguales", en el Reino de España, los Borbón establecían la Ley Sálica, ajena a la tradición hispánica, y el impedimento del "matrimonio morganático", ajeno a la tradición borbónica.

Es de resaltar que el Infante Carlos Mª Isidro, hermano de Fernando VII, había nacido el año anterior a la abolición de la Ley Sálica por las Cortes, con lo que en su momento, al fallecer Fernando VII, consideró que tenía derechos adquiridos pues nació antes del cambio de régimen sucesorio, con independencia de que tal cambio de régimen sucesorio no se hubiera completado con la sanción Real o "Pragmática sanción".

Es obligado recordar que estamos tratando de la aplicación de una norma sucesoria en una Monarquía absolutista, no en una Monarquía parlamentaria.

— Fernando VII, el 20 de marzo de 1830, promulga la "Pragmática Sanción" y, por tanto, pone en vigor el Acuerdo de Las Cortes de 1789, por el que se derogaba el Auto de Felipe V imponiendo la Ley Sálica. A partir de ese momento, las mujeres quedaba incluida en el orden sucesorio.

La actitud dubitativa y de permanente debilidad de Fernando VII hizo que, a instancia del ministro Calomarde, derogase el 18 de septiembre de 1832 la "Pragmática Sanción" que él mismo había publicado año y medio antes.

Con la resuelta intervención de la hermana de la Reina, la infanta Luisa Carlota, tres días después, el 22 de septiembre de 1832, se restablece definitivamente la Pragmática Sanción.

Al morir Fernando VII ya había sido reconocida por las Cortes, en junio de 1833, su hija Isabel (II), como Princesa de Asturias, en aplicación de la referida "Pragmática Sanción" de abolición de la Ley Sálica.

Carlos Mª Isidro, hermano del Rey y sucesor en el caso de que estuviera vigente la Ley Sálica, se niega a reconocer como Princesa de Asturias a la Infanta Isabel (II) de 2 años y medio de edad.

Al morir Fernando VII, el 29 septiembre 1833, se abriría un pleito dinástico que originó tres guerras civiles y que se prolongó hasta bien entrado el siglo XX, quedando zanjado en la Constitución de 1978, por la que el pueblo español ratificó como "forma política del Estado español la Monarquía parlamentaria", según proclama el artículo 1.3 de la Constitución española de 1978, personificada en "Don Juan Carlos I de Borbón legítimo heredero de la dinastía histórica", en palabras del artículo 57.1 de la misma Constitución.

La voluntad soberana del pueblo español, reflejada en la Constitución, invalida radicalmente cualquier otra pretensión dinástica, por otra parte ya inexistente, precisamente porque, ahora, nos encontramos ante una Monarquía Parlamentaria, en la que la soberanía reside en el pueblo.

A la referida expresión de la voluntad popular, zanjando el pleito dinástico, pueden hacerse, entre otras, estas dos consideraciones:

— La ratificación de Juan Carlos I se produjo en un referendum que no planteaba la posibilidad Monarquía-República ni las distintas posibilidades dinásticas, sino que, de hecho, fue una ratificación de la elección que, sin legitimidad alguna, realizó el general Franco.

— 2ª.- Ante una situación de discrepancia dinástica, y aceptada la forma monárquica, es perfectamente posible la elección dinástica mediante una fórmula paccionada con la intervención de los representantes de la voluntad popular.

Nuestra historia nos presenta dos ejemplos: a) el "Compromiso de Caspe" en que fue designado Fernando de Antequera como Rey de Aragón, por comisionados de las Cortes de Aragón, Valencia y Cataluña; b) el Acuerdo de Cortes de 18 de Noviembre de 1.870 en que fue elegido Amadeo I de Saboya como Rey de España.

Las guerras carlistas

Ya está dicho que la causa de estas guerras civiles se encuentra formalmente en un pleito sucesorio, aunque la realidad es mucho más profunda. Los partidarios del hermano del Rey muerto, Carlos Mª Isidro, conocidos inicialmente como "apostólicos" y posteriormente como "tradicionalistas", mantienen una concepción absolutista y teocrática del poder Real, frente a las concepciones revolucionarias, liberales, procedentes de Europa.

Pronto el movimiento carlista enraizó en el pueblo, sobre todo en las zonas rurales, y asumió como propia la defensa de los fueros, por lo que se concentró su fuerza allí donde las leyes tradicionales habían tenido más arraigo, como es el caso del País Vasco y de Cataluña.

Primera Guerra Carlista (4-10-1833 a 31-8-1839)

Se llamó también la "Guerra de los Siete Años".

El 3 de octubre de 1833, se levanta Manuel González, administrador de Correos en Talavera de la Reina, al que le sigue la insurrección en el País Vasco, Navarra, Aragón, Cataluña y Castilla la Nueva.

El Pretendiente carlista, Carlos V para sus partidarios, asumió la responsabilidad de la guerra y se incorporó desde Portugal y, porteriormente, desde Inglaterra.

El general carlista más destacado fué Tomás de Zumalacárregui, destacando también Cabrera, Maroto, Tristany, etc.

Esta primera Guerra Carlista fue de extraordinaria crueldad por ambos bandos.

Los carlistas dominaron toda la región vasconavarra, destacando como hecho militar importante, el primer Sitio de Bilbao donde moriría Zumalacárregui, El ejército carlista no lograría entrar en Bilbao.

Los generales del Ejército isabelino, en realidad Ejercito "cristino" pues eran tiempos de la Regencia de Mª Cristina, más destacados fueron, Diego de León, Oraá, Pardiñas y, naturalmente, Espartero.

La guerra en el Levante la dirigió el general carlista Cabrera, a cuya madre fusilaron, lo que originó un incremento en la crueldad de la contienda.

El éxito militar más destacado de Espartero sería la victoria de Luchana, el 24 de diciembre de 1836.

En agosto de 1837, los carlistas llegaron a las puertas de Madrid.

El general Rafael Maroto se hace cargo del ejército carlista en el año 1838, a pesar de que Carlos (V) dudara de él por su amistad con el general Espartero. Las intrigas hicieron mella en el bando carlista y Espartero entró en Durango, el 22 de agosto de 1839.

Acabó la primera Guerra Carlista con el "Abrazo de Vergara" el 3 de agosto de 1839, entre Maroto y Espartero. Carlos (V) con su familia cruza la frontera con Francia el 14 de septiembre de 1839. El general Cabrera continúa la guerra hasta que el 4 de julio de 1840, atraviesa la frontera.

Segunda Guerra Carlista (10-10-1846 a 23-4 1849)

Carlos (V) abdicó el 18 de mayo de 1845 a favor de su hijo Carlos Luis de Borbón y Braganza, Conse de Montemolín, denominado Carlos VI por sus partidarios carlistas.

Se intentó casar a Carlos (VI) con Isabel II, para liquidar el pleito dinástico y en ese sentido maniobraron españoles como Jaime Balmes, Aparisdi y Guijarro, el emperador de Austria y el propio Papa.

No fue posible el acuerdo, porque si Carlos (VI) aceptaba ser consorte, sus partidarios le hubieran rechazado, al aceptar de hecho el ideario liberal.

La segunda Guerra Carlista, también llamada Guerra de los Martiners, por la incorporación de jóvenes que se negaban a ser quintados, fue una guerra de guerrillas, en la que lucharon junto a los carlistas, los republicanos y los progresistas.

El general carlista más destacado fue Cabrera, desarrollándose los episodios bélicos fundamentalmente en Cataluña. Otros generales destacados del bando carlista son: Alzaa, Masgoret, Zabala, Ripalda y Zubiri.

Entre los generales del ejército regular destacan: Breton, Pavia, de la Concha y Fernández de Cordoba.

El pretendiente carlista, Carlos VI, no pudo entrar en España para ponerse al frente de su Ejército.

La guerra concluyó el 23 de abril de 1849, al atravesar el general Cabrera, concido como el León del Maestrazgo, la frontera francesa. El 8 de junio de 1849 se decreta una amplia amnistía.

Tercera Guerra Carlista (21-4-1872 a 28-2-1876).

El pretendiente carlista era ahora, Carlos Mª Dolores, Carlos VII para los carlistas, hijo de Juan (III) que a su vez era hermano de Carlos (VI). Carlos (VI) había muerto en 1861, sucediéndole su hermano Juan (III) que renunció a sus derechos el 3 de octubre de 1868, en favor de su hijo Carlos (VII).

Carlos (VII) inicia esta tercera guerra, con un tropiezo en Oroquieta, donde es derrotado por el general Morientes y tiene que huir a Francia el 5 de mayo de 1872.

La guerra continuó y el general Serrano trata de llegar a un acuerdo, con el "Tratado de Amorebieta", el 24 de mayo de 1872, lo que le supuso un gran coste político, que le retiraría provisionalmente de la política.

Esta guerra se desarrolla en las postrimerías del reinado de Amadeo I de Saboya, a lo largo de la I República y la concluiría Alfonso XII, prácticamente al año de llegar al trono.

El carlismo tenía políticos y literatos cosa que no había tenido en un principio, pero no tendría los generales de la talla de Cabrera o Zumalacarregui. Destacaron como generales carlistas, Elio, Ollo, Rada y Dorregaray.

Carlos (VII) estableció su Corte en Estella (Navarra) y creó una pequeña burocracia eficaz, además de fundar la Universidad de Oñate (Guipuzcoa) y el Colegio de jesuitas de Orduña (Vizcaya). Creó la Academia de Artillería y de Ingenieros, e incluso acuñó moneda.

Como hechos militares destacaremos el nuevo "sitio de Bilbao", las batallas de Montejurra, Estella, Puente la Reina, Lacar, Olot, el sitio de Urgel, Valmaseda, etc. Hubo un momento en que Carlos (VII) disponía de un gran ejército y dominaba un amplio territorio. Había jurado los fueros de Vizcaya y de Guipúzcoa.

La guerra concluyó el 28 de febrero de 1876, en que Carlos VII atravesaba la frontera francesa y Alfonso XII dictaba el "Manifiesto de Somorrostro" el 13 de marzo de 1876, dirigiendo a las tropas alfonsinas, entrando en Madrid, en olor de multitud, como Rey pacificador, el 20 de marzo.

Desarrollo posterior de la rama carlista

Carlos VII muere el 18 de julio de 1909, en Varesse (Italia) sucediéndole su hijo Jaime (III).

Jaime (III) redobla su actividad política, funda el requeté, milicia carlista, separa del Partido a los integristas encabezados por Vazquez de Mella y lanza un manifiesto contra la Dictadura de Primo de Rivera.

Alfonso XIII se entrevista con Jaime (III) en París, después de haber abandonado España. Parece que hubo posibilidad de acuerdo dinástico, pero Jaime (III) muerte el 3 de octubre de 1931, sin descendencia.

Se proclama Rey de los carlistas a Alfonso Carlos, tío de Jaime (III) y hermano de Carlos (VII), que tenía 82 años y que también carecía de descendencia. Alfonso Carlos (I), establece la Regencia el día 23 de enero de 1936, en favor de su sobrino Javier de Borbón-Parma y Braganza, que fue quien adhirió el Requeté al alzamiento militar el 14 de julio de 1936.

Javier de Borbón-Parma nació el 25 de mayo de 1889, fue hijo de Roberto de Borbón-Parma, Duque de Parma, descendiente directo de Felipe de Parma, hijo de Felipe V.

Durante la II Guerra Mundial, participó en la Resistencia francesa. El 26 de junio de 1950 juró, simbólicamente, los fueros vascos, en Guernica. El 30 de mayo de 1952, en Barcelona, es proclamado Rey carlista, con el nombre de Javier (I), quien funda su derecho en que al agotarse la rama carlista directa, había que volver al tronco de Felipe V.

La otra alternativa carlista a Javier, era el archiduque Carlos Pio, Carlos (VIII), nieto de Carlos (VII), pero por línea femenina. Era hijo de Blanca, hija de Carlos (VII), y de Leopoldo, hijo del Emperador Leopoldo II. Este pretendiente tuvo poca recepción por parte del carlismo y a su muerte le sucedió en la pretensión su hermano Francisco Jose. Ambos hermanos contrajeron matrimonios morganáticos.

El 8 de abril de 1975, Javier (I) abdicó en su hijo Carlos Hugo de Borbón-Parma y Borbón Busset nacido el 8 de abril de 1930.

Durante la dictadura de Franco, Carlos Hugo estuvo políticamente activo, llevando el carlismo al campo progresista y a las teorías izquierdas de la "autogestión", pero se apartó de toda actividad política, al constitucionalizarse la Monarquía de Juan Carlos I.

Como ya se ha dicho, este pleito dinástico iniciado en 1833, quedó liquidado el 29 de diciembre de 1978, cuando entra en vigor la Constitución española y el pueblo tiene por *"legítimo heredero de la dinastía histórica"* a don Juan Carlos de Borbón.

Por agotar el argumento, señalamos la fórmula de conciliación dinástica, que trató de aplicarse, al quedar agotada la rama carlista directa en 1936, con la muerte de Alfonso Carlos (I).

Esta fórmula se basaba en que al agotarse la línea de Carlos Mª Isidro, Carlos V para los carlistas, había que acudir a su siguiente hermano varón Francisco de Paula, cuyo hijo Francisco de Asís casó con Isabel II y, por tanto, era padre de Alfonso XII, en quien se unían las ramas procedentes tanto de la aplicación de la Ley Sálica, como de la aplicación de la "Pragmática Sanción" que la abolió.

Los carlistas rechazaron esta fórmula por cuatro razones:

— Francisco de Paula y su hijo Francisco de Asís, habían sido beligerantes contra el Rey legítimo, el carlista, por lo que quedaban invalidados para transmitir derechos.
— El carlismo no es sólo una razón dinástica, sino una razón política e ideológica, por lo que quien lo abandere, debe asumir los principios de la "tradición", de aquí que tampoco se hubiera aceptado un eventual acuerdo entre Alfonso XIII y Jaime (III).
Con estas dos primeras razones se negaba a la rama "alfonsina" la "legitimidad de ejercicio" para asumir el trono de España.

— Existía una fuerte creencia de que Francisco de Paula no era hijo de Carlos IV, sino de la Reina Mª Luisa y Godoy. De hecho, como está dicho, se le llamaba "el Infante del abominable parecido", siendo excluido del orden sucesorio por las Cortes de Cádiz, cuestión ya tratada que pudiera tener otra explicación, según Juan Balanso.
— Asimismo se tenía la razonable presunción de que Francisco de Asís, casado con Isabel II, no era el padre de Alfonso XII.
Con estas otras dos razones, negaban los carlistas la "legitimidad de origen" de la rama "alfonsina".

Alfonso XII el Pacificador

Madrid, 28 de noviembre de 1857. Madrid, 25 de noviembre de 1885. Sexto hijo de Isabel II y Francisco de Asís de Borbón.

Accedió al trono de España el 14 de enero de 1875, tras su proclamación en Sagunto por el general Martínez Campos, el 29 de diciembre de 1874.

Hubo de transcurrir un año, desde la caída de la República a la proclamación de Alfonso XII, lo que pone de manifiesto la dificultad de la restauración, por el antiborbónismo de los progresistas.

Casó el Rey, en primeras nupcias, con Mª Mercedes de Borbón, el 23 de enero de 1878, prima hermana suya, al ser hija del Duque de Montpensier y de la Infanta Luisa Fernanda, hermana de su madre Isabel II, de la que no tuvo descendencia, muriendo a los seis meses de la boda.

En segundas nupcias casó con Mª Cristina de Habsburgo-Lorena, Archiduquesa de Austria, de la que tuvo tres hijos: Mª Mercedes (11-IX-1880), sería Princesa de Asturias por dos causas, la primera hasta que nació su hermano Alfonso (XIII) y, la segunda, hasta que éste tuvo descendencia, casó con Carlos de Borbón-Dos Sicilias; Mª Teresa (12-IX-1882), casó con Fernando de Baviera; y Alfonso (17-V-1886), hijo póstumo, proclamado Rey en el momento de su nacimiento con el nombre de Alfonso XIII.

Alfonso XII tuvo varias amantes, de una de ellas, Elena Sanz, con la que tuvo dos hijos, Fernando y Alfonso.

Hechos más destacados del reinado

Su corto reinado de 11 años (14-1-1875 al 25-11-1885), tiene los siguientes hitos:

— Conclusión de la tercera Guerra Carlista, tras la liberación de Bilbao el 1 de febrero de 1876, la conquista de Estella, el 19 de febrero de 1876 y la presencia de Alfonso XII en Tolosa el 21 del mismo mes. El Rey entra como triunfador en Madrid el 20 de marzo de 1876.
— Promulgación de la Constitución Liberal de 1876.
— La pacificación temporal de la guerra de Cuba, mediante el Convenio de Zanjón, suscrito por Martínez Campos, el 12 de febrero de 1878.

Personajes de la época

Arsenio Martínez Campos. Segovia, 1831 - Zaráuz, 1900.

Participó en las Campañas de Marruecos y Mexico y sería el pacificador de Cuba, con el Convenio de Zanjón. Luchó en las Guerras Carlistas.

El 29 de diciembre de 1874, proclamó en Sagunto a Alfonso XII, Rey de España. En 1879 fue Jefe del Gobierno, sustituyendo a Cánovas. Era de tendencia liberal-dinástica. Llegaría a Capitán General de Cataluña y a Presidente del Senado.

Medió entre Cánovas y Sagasta para que realizaran el "Pacto de El Pardo", en vísperas a la muerte de Alfonso XII, para tranquilizar el período de Regencia.

Mateo Práxedes Sagasta. (Ya referenciado en el apartado de Amadeo I de Saboya.

Antonio Cánovas del Castillo. Málaga, 1828 - Santa Águeda (Guipúzcoa) 1897.

Hombre culto. Historiador. Convenció a Isabel II para que en 1870 abdicara en su hijo Alfonso XII y redactó la Constitución de 1876.

Antes había sido partidario de O'Donnell, participando en la "Vicalvarada" y redactando el "Manifiesto del Manzanares". Tendencia conservadora moderada.

Alternó el poder con el liberal Sagasta, durante el reinado de Alfonso XII y la regencia de Mª Cristina.

Fue asesinado en el Balneario de Santa Águeda (Guipúzcoa).

Sucesión al trono

Al morir Alfonso XII, la Reina Mª Cristina estaba encinta de Alfonso XIII, que nació Rey, el 17 de mayo de 1886.

La Reina Mª Cristina se ocupó de la regencia de Alfonso XIII, hasta que el 17 de mayo de 1902, a los 16 años, se produjo su mayoría de edad.

ALFONSO XII

	LA CORONA Y POLÍTICA INTERIOR		POLÍTICA EXTERIOR
1875	Alfonso XII, Rey de España, llega el 14 de enero. Gobierno Cánovas del Castillo. Período de la Restauración. Régimen Parlamentario, Sistema Caciquil.	1877	Reina Victoria, Emperatiz de La India. Guerra Ruso-Turca. Hayes, Presidente U.S.A.
1876	Fin 3ª Guerra Carlista. Constitución de la Restauración. Ley de Reclutamiento y Fiscalidad para el País Vasco.	1878	Paz de San Stephano, entre Rusia y Turquía. Muere Víctor Manuel I, R. Italia.
1878	Matrimonio (1º) de Alfonso XII con Mª Mercedes de Orleans. Muere en el mismo año. Muere la Regente Mª Cristina, el 22 de agosto. Sublevación del comandante Vilariño.	1879	Alianza Alemania-Austria. Jules Grevy, Presidente francés.
1879	2º matrimonio de Alfonso XII con Mª Cristina Habsburgo-Lorena el 29 de noviembre. Gobierno del general Martinez Campos. Muere el general Espartero.	1880	Francia anexiona Tahití. Conferencia de Madrid, sobre Marruecos.
1880	Nace la Infanta Mª Mercedes, Princesa Asturias. Creación del P.S.O.E. Gobierno Cánovas del Castillo.	1881	Francia ocupa Túnez. Alejandro III, Zar de Rusia. James A. Garfield, Presidente U.S.A.

ALFONSO XII

	LA CORONA Y POLÍTICA INTERIOR		POLÍTICA EXTERIOR
		1881	Chester A. Arthur, Presidente U.S.A.
1881	Gobierno Sagasta.	1882	Triple Alianza (Alemania, Italia, Austria). Tratado de La Haya. Tres Millas Marinas.
1882	Auge movimiento catalanista. Asamblea republicana en Biarritz.	1884	Alemania anexiona el Sudoeste de África. Conferencia de Berlín sobre el Congo. Protectorado español en la costa occidental.
1883	Brotes anarquistas en Andalucía. Intentonas republicanas (Badajoz, Sto. Domingo Calzada, Seo de Urgel).	1885	Conflicto entre España y Alemania, sobre las Islas Carolinas. Grover Cleveland, Presidente U.S.A.
1884	Gobierno Cánovas del Castillo.		
1885	Muere Alfonso XII, el 25 noviembre. Regencia de Mª Cristina. Muere el general Serrano. Pacto de El Pardo, entre Sagasta y Cánovas del "Turno Pacífico" para facilitar la Regencia. Gobierno Sagasta.		

	AMÉRICA		SOCIEDAD
1878	Paz de Jolo en Filipinas. Paz de Zanjón, fin temporal de la Guerra con Cuba (Gral. Martínez Campos).		1875 Nace Antonio Machado (+ 1939). Inauguración Teatro de la Comedia "Carmen" (Bizet).
1881	Comienza construcción Canal de Panamá.	1876	Institución Libre de Enseñanza. Nace Pau Casals (+ 1973). Estreno de La Atlántida (Verdaguer). Graham Bell inventa el teléfono. Exposición Universal Filadelfia. Nace Manuel Falla (+ 1946). Nuevas Leyes Municipal y Electoral. Ley del Ejército.
		1877	Ana Karenina (Tolstoi). 1ª y 2ª Sinfonía de Brahms.
		1878	León XIII, Papa (+ 1903).

ALFONSO XII

AMÉRICA			SOCIEDAD
		1879	Nace Julio Romero de Torres (+ 1930).
		1880	Edison inventa la lámpara eléctrica. Centrales Telefónicas, Madrid y Barcelona. Los hermanos Karamazov (Dostoyeswki).
		1881	Nace Pablo Picasso (+ 1973). Nace Ramón Pérez Ayala (+ 1962). Nace Juan Ramón Jiménez (+ 1958). El crimen de Silvestre Bonnard (Anatole France). Ley de Asociaciones.
		1882	Nace Daniel Vázquez Díaz (+ 1969). Descubrimiento del bacilo de Koch. Inicio Sagrada Familia (Gaudí). Nueva Ley de Enjuiciamiento Criminal.
		1883	Creación Comisión de Reformas Sociales.
		1884	Publicación de La Regenta (Leopoldo Alas). Legalización Sindicatos en Francia. Sociedad Fabiana (Inglaterra).
		1885	Nace José Ortega y Gasset (+ 1955). Benz inventa el automóvil. Pasteur descubre su vacuna. Luchadores enamorados (Cezanne). Nuevo Código de Comercio.

Regencia de María Cristina

Mª Cristina Habsburgo-Lorena. Nació en Gross-Seelowitz el 21 de julio de 1858 - Madrid 6 de febrero de 1929. Hija del Archiduque Carlos Fernando de Austria y de Isabel de Austria-Este-Modena.

Segunda esposa de Alfonso XII, con la que contrajo matrimonio el 29 de noviembre de 1879 y de la que tuvo tres hijos: Mª Mercedes, Mª Teresa y Alfonso XIII, como ya se mencionó en el apartado de Alfonso XII.

Ocupó la Regencia de la Corona durante la minoría de edad de Alfonso XIII, es decir, desde la muerte de Alfonso XII el 25 de noviembre de 1885 a la mayoría de edad de Alfonso XIII, el 17 de mayo de 1902.

La Regencia se inició con el "Pacto de El Pardo", por el que Sagasta y Cánovas del Castillo se comprometieron a facilitar las cosas, manteniendo un turno de alternancia. Este Pacto, no se suscribió formalmente y se hizo efectivo a instancias del general Martínez Campos.

Hechos más destacados de la Regencia

Durante esta Regencia, aunque no se reprodujo la sublevación carlista, permaneció latente el pleito dinástico y se agudizaron las tensiones regionalistas, en el País Vasco y en Cataluña. Se produjeron insurrecciones militares, que fueron sofocadas. En Barcelona, próxima ya la mayoría de Alfonso XIII, hubo de declararse el estado de guerra, por el Gobierno Azcárraga.

La Regente fue respetuosa con las normas constitucionales y respetuosa con el funcionamiento del Pacto de El Pardo.

El año 1898 fue trascendental en la vida de las Colonias, en 1895, el 24 de febrero, se reproduce la Guerra de Cuba en busca de su independencia, con la ayuda de los Estados Unidos, cuyo Gobierno pretendía hacerse con sus riquezas.

El general Martínez Campos, que había firmado la Paz de Zanjón, no podía convencer ni derrotar a los independentistas cubanos liderados por José Martí, Antonio Maceo y Máximo Gómez, por lo que cedió el mando al general Marín. Después sería nombrado Gobernador de la Isla, don Valeriano Weyler.

Sagasta trató de controlar los acontecimientos con una amplia autonomía para Cuba, en 1897, pero el curso de los acontecimientos era imparable. El cónsul americano Mr. Lee, pidió a su gobierno apoyo naval en previsión de desórdenes, al entender que la autonomía había fracasado, y llegó el crucero Maine. El 15 de febrero de 1898 se produjo una explosión en el barco americano, que se imputó a los españoles, por lo que EEUU declaró la guerra a España, el 18 de abril de 1898.

España mandó la flota a Cuba, al mando del almirante Cervera, contra el criterio militar. Santiago de Cuba capituló el 15 de julio de 1898, y Puerto Rico fue sometido, abandonándolo el 18 de octubre del mismo año.

Por otra parte, en Filipinas se sublevaban los independentistas el 21 de agosto de 1896, por lo que el Gobierno mandó primero al general Polavieja y luego a Primo de Rivera, tío del que encabezaría la dictadura que llevó su nombre.

El insurgente Emilio Aguinaldo fue comprado por 1.700.000 pesos y retiró su liderazgo en diciembre de 1897, pero no fue suficiente la maniobra y Aguinaldo declararía la República de Filipinas, tras la declaración de guerra de los EE.UU. a España, con el apoyo norteamericano, cuya armada ocupó Manila, que capituló el 12 de agosto de 1898.

El 12 de agosto de 1898, se firmó el Protocolo en París de cesión de Cuba, Puerto Rico y Filipinas, esta última por veinte millones de dólares, a los EE.UU.

y el 5 de septiembre del mismo año, las Cortes ratificaron la renuncia de la soberanía de estos territorios, en cumplimiento del Protocolo de París.

El final del "Imperio colonial español" abrió una agria polémica en la opinión pública. El año 1898 fue el año del desánimo nacional, del que saldría la Generación literaria del 98, marcada por este sentimiento de frustración.

Los dos personajes claves de este período de la restauración fueron Mateo Práxedes de Sagasta y Antonio Cánovas del Castillo, ya reseñados en el apartado de Alfonso XII.

REGENCIA MARÍA CRISTINA

	LA CORONA Y POLÍTICA INTERIOR		POLÍTICA EXTERIOR
1886	Período de Regencia de la Reina Mª Cristina (26-XII-85 a 17-V-90). Nace Alfonso XII el 17 de mayo. Gobierno Sagasta. Sublevación Cartagena. Sublevación del gral. Villacampa. Cuartel de San Gil.	1886	Destierro de los Orleans y Bonaparte. Inglatera anexiona África Occidental. Tratado comercial entre España e Inglaterra.
1888	Creación U.G.T Castelar compatibiliza libertades y Monarquía Gobierno Sagasta.	1887	Conferencia de Londres sobre Imperio Británico. Creación de Rodesia. Sadi Carnot, Presidente Francés. Tratado de colaboración entre España e Italia.
1889	Creación Fomento del Trabajo Nacional. Sublevación de Bois Martorell.	1888	Federico II, Emperador Alemania. Guillermo II, Emperador Alemania. Aproximación de España a la Triple Alianza (Alemania, Italia, Austria).
1890	Primera Fiesta del Trabajo - 1 mayo. Muere Amadeo I de Saboya. Ley del Sufragio Universal. Gobierno Cánovas del Castillo.	1889	Canal de Suez, internacional y neutral. Abisinia integrada en Italia. Benjamín Harrison, Presidente U.S.A.
1892	Gobierno Sagasta. Insurrección de Jerez.	1890	Gran confrontación europea entre la Triple Alianza y la Triple Entente (Francia, Rusia, Gran Bretaña). Cese de Bismarck. Luxemburgo independiente de Países Bajos.
1895	Creación del P.N.V. Gobierno Cánovas del Castillo	1891	Renovación de la Triple Alianza.
1897	Asesinado de Cánovas del Castillo. Gobierno Azcárraga-Sagasta. Lliga de Catalunya.	1893	Guerra de África. Cleveland, Presidente U.S.A.

REGENCIA MARÍA CRISTINA

	LA CORONA Y POLÍTICA INTERIOR		POLÍTICA EXTERIOR
1899	Gobierno Silvela.	1894	Guerra de Marruecos. Nicolás II, Zar de Rusia. Jean Casimir Perier, Presidente Francia.
1900	Gobierno Azcárraga. Declaración Estado de Guerra en Barcelona. Situación de huelgas y revueltas. Creación de Ministerio de Instrucción Pública.	1895	Faure, Presidente francés.
1901	Gobierno Sagasta. Creación Liga Regionalista.	1897	MacKinley, Presidcente U.S.A. Acuerdo italo-austriaco sobre Albania. Paz Greco-Turca. Mackinley, Presidente U.S.A.
1902	Mayoría de edad de Alfonso XIII, el 17 de mayo. Gobierno Sagasta. Problema Registro Órdenes Religiosas.	1898	Muere Bismarck. Guillermina, Reina de Holanda.
		1889	Loubert, Presidente francés.
		1900	Víctor Manuel III, R. Italia.
		1901	Muere la Reina Victoria de Inglatera. Teodoro Roosvelt, Presidente U.S.A. Eduardo VII, Rey Inglaterra.
		1902	Tratado con Francia sobre Marruecos. Renovación Triple Alianza.

	AMÉRICA		SOCIEDAD
1886	Abolición esclavitud en Cuba.	1866	Publicación "Los Pazos de Ulloa" (Pardo Bazán). Cuarta Sinfonía de Brahms.
1888	Abolición esclavitud en Brasil.	1887	Nace Juan Gris (+ 1927). Hertz descubre las Hondas Hertzianas. "Fortunata y Jacinta", de Benito Pérez Galdos. Nueva Ley de Asociaciones.
1889	Pedro II Emperador de Brasil, depuesto.	1888	Nace Gregorio Marañón (+1960). Expo Univeral Barcelona. Leyes: Jurado, Jurisdicción Conte-Adva y Código Civil.
1895	2ª Guerra con Cuba.	1889	Torre Eiffel.Ensayos fabianos (Bernard Shaw). Nueva Ley Electoral.

LA DINASTÍA BORBÓN

REGENCIA MARÍA CRISTINA

	AMÉRICA		SOCIEDAD
1896	Insurrección en Filipinas. General Weyler, Capitán General de Cuba. Intervención de EE.UU. En Cuba.	1890	El retrato de Dorian Gray (Oscar Wilde). Muerte y Transfiguración (Strauss). Muere Van Gogh.
1897	Decreto de Autonomía para Cuba y Puerto Rico General Fernando Primo de Rivera, pacifica.	1891	Encíclica Rerum Novarum. Nace Moreno Torroba y Pedro Salinas (+ 1951) Concluyen obras Biblioteca Nacional. Primera Sinfonía (Mahler). Muere Tschaikowski. Inicio del proteccionismo.
1898	Voladura del Maine. Guerra con EE.UU. Anexión de Cuba a EE.UU. Tratado de Paz de París, se pierde Cuba, Puerto Rico y Filipinas.	1893	Nace Jorge Guillén. Salomé (Oscar Wilde). Exposición Universal de Chicago.
1899	Tratado hispano-alemán de cesión de las Islas Palaos, Carolinas y Marianas.	1895	Roentgen descubre el Rayo X. Aparición del cinematógrafo. Quo Vadis? (Sinkiewiez). Muere Isaac peral.
1900	Acuerdo hispano-americano de cesión de Islas olvidada en la Paz de París. Fin de la época colonial española.	1896	Nace Juan de la Cierva (+ 1937). Descubrimiento de la Radioactividad. Boeheme (Puccini).
		1897	El Jardín de Epicuro (Anatole France). Muere Brahms.
		1898	Generación Literaria del 98. Nacen José Mª Pemán y Xabier Zubiri. El pequeño señor Friedemann (Tomas Mann). Publicación de "La Barraca" (Blasco Ibáñez).
		1899	Nace Federico García Lorca (+ 1936). Sorolla pinta "Playa de Valencia". Marconi descubre la radio.
		1900	Muere Nietzsche. Exposición Universal de París (14-IV).
		1901	Nace Pablo Sorozal. Época azul de Picasso. Aparecen los Premios Nobel.
		1902	Nace Joaquín Rodrigo y Rafael Alberti. Muere Emilio Zola.

EL CONVULSO SIGLO XX

El s. XX, recientemente superado, puede calificarse, sin riesgo de exageración, de convulso. Efectivamente, durante su transcurso el mundo sufrió dos guerras mundiales, de penosas consecuencias, además de una llamada "guerra fría" entre los bloques capitalista y comunista, en que nuestro mundo estuvo, y sigue estando, dividido.

Además de los dos trágicos conflictos bélicos referidos, el s. XX vio cómo se extendían dos concepciones ideológicas en manifiesta contradicción con la naturaleza del ser humano, por fundarse en la negación de su libertad: el comunismo y el nacional-socialismo. Si el nacional-socialismo y su versión templada, el fascismo, se superó tras la II Guerra Mundial, con la excepción del singular régimen del general Franco, el comunismo, nacido en la Revolución Bolchevique de 1917 y fundado en la ideología marxista, hizo crisis con la caída de la U.R.S.S. y del denominado "telón de acero", que sometía a todos los países de la órbita soviética. No obstante, todavía hoy, más de mil millones de ciudadanos siguen sometidos al comunismo en China, Corea del norte, Vietnam, Cuba, etc., lo que recuerda que esta lacra no ha desaparecido.

El final de la I Guerra Mundial supuso el final del Imperio Austro-Húngaro. Efectivamente, el 13 de noviembre de 1918 el Emperador Carlos I, aunque sin abdicar, abandona para siempre el Imperio. Con el Tratado de Versalles, el 28 de junio de 1919, Europa sufre la primera transformación de su mapa político en el s. XX.

La II Guerra Mundial concluye tras la rendición del III Reich el 8 de mayo de 1945 y del Imperio de Japón el 14 de agosto del mismo año, éste como consecuencia del ataque nuclear a Hiroshima y Nagasaki. En las Conferencias de Yalta, el 4 de febrero, y de Postdam, el 28 de julio, ambas de 1945, los aliados se repartieron Europa, produciéndose la segunda modificación sustancial de su mapa político, sometiendo y dividiendo a Alemania.

Se abre, establecida la política de bloques, la denominada "guerra fría" que duraría hasta la descomposición del bloque soviético, como consecuencia tanto del fracaso del sistema comunista, basado en el falso cientificismo del marxismo, como de la carrera armamentística y espacial a la que los EEUU le sometió. El 9 de noviembre de 1989 caería el "Muro de Berlín" y el 3 de octubre de 1999 se reunificaría Alemania.

En los primeros años sesenta, al amparo de la Resolución 1514 aprobada en la XV Asamblea General de la ONU, de 14 de diciembre 1960, se inicia el proceso de descolonización de África, en el que se reconocía el derecho de autodeterminación de los pueblos colonizados, apareciendo estados independientes que pretendían articular pueblos primitivo, lo que originó situaciones esperpénticas de tiranía y corrupción que impidieron la estabilidad política y su desarrollo. Hoy continúan la situación de miseria, mientras que el sida y la hambruna diezman sus poblaciones.

Iberoamérica, subcontinente de gran riqueza, que vivió todo el s. XX en la plena independencia de sus países, no superó la inestabilidad política de sus múltiples y sucesivas dictaduras, de derechas y de izquierdas, caracterizadas por la corrupción, que ha constituido la barrera que le aleja del desarrollo económico y del racional aprovechamiento de sus enormes potencialidades.

Es patente que el siglo XX fue un siglo de contrastes, pues frente a las miserias descritas, Europa y Norte América, han alcanzado cotas de desarrollo científico, tecnológico y económico que colocan a sus poblaciones, con excepciones, en niveles muy estimables de bienestar.

No puede dejarse de señalar la situación de conflicto en que vive el mundo árabe, controlado por dictaduras medievales y sometido a las tensiones propias del fundamentalismo islámico que le impide salir de su atraso social y económico, pese a sus evidentes potencialidades.

Por lo que a España se refiere, el s. XX supuso el tránsito del subdesarrollo y el descontento social a niveles razonables de bienestar y a una muy estimable igualdad de oportunidades entre la mayoría de los españoles, gracias a la permeabilidad de sus clases sociales.

Efectivamente, el s. XX se inicia en España con conflictos sociales, congruentes con la situación de penuria en que vivía su población, pese al alivio económico de la neutralidad en la I Guerra Mundial. Los conflictos africanos de los años veinte y la quiebra constitucional que constituyó la dictadura de Primo de Rivera reflejan el escenario de nuestro país, lo que desembocará en la caída de la Monarquía, con la proclamación de la II República, y en la Guerra Civil.

Tras el conflicto se establece una dictadura de casi cuarenta años, en la que se forjó una amplia clase media que constituiría el caldo de cultivo en el que fue posible el proceso de "Transición a la democracia", abierto con la restauración de la Monarquía, que permite la estabilidad política y económica en el marco seguro de la Unión Europea.

Alfonso XIII

Madrid, 17 de mayo de 1886. Roma, 28 de febrero de 1941. Hijo póstumo de Alfonso XII y Mª Cristina Habsburgo-Lorena.

Nació Rey y juró la Constitución al llegar a la mayoría de edad, el 17 de mayo de 1902. Su reinado se prolongó hasta el 14 de abril de 1931, en que se proclamó la República y abandonó España.

Casó, en únicas nupcias, con Victoria Eugenia de Battenberg, el 31 de mayo de 1906, de la que tuvo los siguientes hijos: Alfonso (10-VI-907) que renunció a sus derechos en 1933 y contrajo matrimonios morganáticos, tras haber sido Príncipe de Asturias. Murió sin descendencia; Jaime (23-VI-1908), sordomudo desde niño, también renunció a sus derechos en 1933 y contrajo matrimonios morganáticos; Beatriz (22-VI-1909) casada con Alessandro de Torlonia; Mª Cristina (12-XII-1911) casada con Enrico Marone; Juan (20-VI-1913), casado con María de Borbón-Dos Sicilias, padre de Juan Carlos I; y Gonzalo (24-X-1914) muerto sin descendencia en 1934.

Entre las Infantas Beatriz y Mª Cristina nació muerto un Infante, en 1910.

Hechos más destacados de su reinado

El reinado de Alfonso XIII, puede dividirse en tres períodos:

— 1902 - 1923: Monarquía Constitucional
— 1923 - 1930: Dictadura de Primo de Rivera
— 1930 - 1931: Monarquía Constitucional, teórica

En el período Constitucional (1902-1923) se sucede la alternancia entre liberales y conservadores, que estarían escindidos en dos facciones cada uno. Por los conservadores destacan Antonio Maura y Eduardo Dato; por los Liberales, Moret, Canalejas y el Conde de Romanones.

Los políticos Canalejas y Dato serían asesinados durante el ejercicio del poder.

En este período merece destacarse el Convenio con Francia, sobre Marruecos, la Conferencia de Algeciras sobre igual asunto, la Guerra de Marruecos, el Convenio con Francia, sobre el protectorado de Marruecos, la Primera Guerra Mundial y la Revolución Bolchevique.

El período de la dictadura del general Primo de Rivera, se inicia el 12 de septiembre de 1923, en que este general da el golpe de estado, cuando era Capitán General de Cataluña y Jefe del Gobierno García Prieto.

Fue apoyado por los generales Sanjurjo (Zaragoza) y Muñoz Cobos (Madrid).

El Rey acepta el evento y se constituye un Directorio Militar Provisional y luego el Gobierno de Primo de Rivera, que disuelve los ayuntamientos y las Cortes por lo que, de hecho, queda abolida la Constitución de 1876.

El general Primo de Rivera, constituye su propio partido, la Unión Patriótica y transforma el Directorio Militar en Civil, el año 1925. Durante este período se resuelve el problema de Marruecos, en permanente guerra.

Tras una importante actividad huelguista, algunos conatos republicanos y el problema artillero que acaba con la disolución del Arma, Primo de Rivera se ve obligado a resignar el poder, el 28 de enero de 1930, partiendo para París, donde murió al poco tiempo.

El tercer período de este reinado puede denominarse de teórica Monarquía Constitucional, pues si bien es cierto que el primer Jefe de Gobierno tras la Dictadura, el general Berenguer, jura la Constitución de 1876, su gobierno sería denominado irónicamente como la "Dictablanda".

La Monarquía, tras el desprestigio de la aceptación de la dictadura, está herida de muerte y así lo presagió Ortega y Gasset.

Se suscribió el Pacto de San Sebastián, entre los sectores republicanos.

Al general Berenguer, le sustituye en la Jefatura del Gobierno, el capitán general de la Armada, Aznar.

Se celebran elecciones municipales, el día 12 de abril de 1931, y aunque en las grandes ciudades gana la coalición republicano-socialista, en el conjunto de España ganan las fuerzas monárquicas: 22.150 concejales, frente a 5.775.

La euforia republicana se desborda, se declara la República en Eibar y la República Catalana en Barcelona el día 13 de abril, y el día 14 en Madrid. El fervor republicano es absoluto.

Miguel Maura, hijo de Antonio Maura, tomó posesión del Ministerio de la Gobernación en nombre del Gobierno Provisional de la República y exige al Rey, que abandone el España. Alfonso XIII sale hacia Cartagena, embarca en el crucero de la Armada "Príncipe Alfonso" y arriba en Marsella, dejando a su familia en Palacio, que salen para Francia, por tren, al día siguiente.

El Rey publica un manifiesto por el que comunica su marcha para evitar derramamiento de sangre, suspendiendo el ejercicio del poder Real y no renunciando a sus derechos históricos.

Sucesión al trono

Al abandonar España, el hijo mayor del Rey, Alfonso, era Príncipe de Asturias, quien renunciaría a sus derechos, el 11 de junio de 1933 para contraer matrimonio morganático.

El 21 de junio de 1933 renunciaría el segundo hijo, Jaime, por su incapacidad física, era sordomudo, y casaría, morganáticamente, con Manuela Dampierre y, tras su divorcio, con Carlota Tiedemann.

De su primer matrimonio, el Infante Jaime, tendría dos hijos Alfonso, que casaría con la nieta del general Franco, y Gonzalo, ambos ya muertos, dejando el primero un descendiente, Luis Alfonso de Borbón y Martínez Bordiu, quien se postula como Jefe de la, actualmente, rama principal de Borbón y, por tanto, titular de los derechos al trono de Francia, sin renuncia a los derechos que pudieran corresponderle al trono de España, partiendo de los históricos criterios sucesorios de los Borbón franceses, basados en la sucesión agnada y la irrelevancia de los "matrimonios desiguales o morganáticos".

Las dos hijas siguientes, Beatriz y Mª Cristina, contrajeron matrimonios morganáticos. El hijo pequeño, Gonzalo, moriría, sin descendencia, en 1938 a causa de la hemofilia.

El rey Alfonso XIII declaró titular de los derechos sucesorios a su quinto hijo el infante Juan en quien abdicó el 15 de enero de 1941, que casó con María de Borbón-Dos Sicilias, hija de Carlos de Borbón-Dos Sicilias, jefe de la rama Borbón-Dos Sicilias, y de Luisa de Orleans, nieta de la infanta Luisa Fernanda, hermana de Isabel II, y del Duque de Montpensier.

Llegaría al trono Juan Carlos I, hijo del infante Juan, quien siendo hijo de Rey y padre de Rey no lo fue.

Personajes de la época

Antonio Maura Montaner. Palma de Mallorca 1853-Torrelodones (Madrid) 1925.

Fue diputado del Partido Liberal de Sagasta y ministro en sus gobiernos. Pasó al Partido Conservador en 1902, llegando por primera vez a la Jefatura del Gobierno, el 5 de diciembre de 1904. Al dividirse el Partido Conservador entre "mauristas" e "idóneos", partidarios de Eduardo Dato, asumió el liderazgo de su grupo.

Llegó a ser destacado orador parlamentario y director de la Real Academia de la Lengua. Negoció con Francia y con Inglaterra el Tratado para la estabilización del Mediterráneo y el Atlántico.

Reprimió con exceso a los protagonistas de la "Semana Trágica de Barcelona", lo que le costó la dimisión (octubre, 1909).

Se retiró de la política, con la llegada del general Primo de Rivera al poder. Su hijo Miguel Maura, fue líder del Partido Republicano Conservador.

Eduardo Dato Iradier. La Coruña, 1856 - Madrid, 1921.

Miembro del Partido Conservador, hasta que se escindió del grupo de Maura.

Fue Diputado, Alcalde de Madrid, Presidente del Congreso y Jefe del Gobierno en tres ocasiones, la primera de ellas el 23 de octubre de 1913. Decidió la neutralidad de España en la I Guerra Mundial.

Durante su segundo Gobierno tuvo graves problemas en Cataluña, que reprimió con gran dureza. Fue el creador del Instituto Nacional de Previsión. Aprobó el Decreto de la Mancomunidad, que satisfizo las aspiraciones catalanas.

Fue asesinado en la Puerta de Alcalá el 8 de marzo de 1921, cuando viajaba en el coche oficial.

José Canalejas y Méndez. El Ferrol, 1854 - Madrid, 1912.

Miembro del Partido Liberal y líder de la tendencia demócrata y anticlerical. Patrocinó el Acuerdo con Francia sobre el Protectorado de Marruecos. Llegó a la Jefatura del Gobierno el 11 de noviembre de 1910 y fue asesinado el 12 de noviembre de 1912 en la Puerta del Sol, por el anarquista Manuel Pardiñas.

No fue un extremista, mantuvo el orden con firmeza y favoreció una legislación avanzada, para enfrentarse a los problemas sociales. Fue un gran político y su muerte impidió que desarrollara su obra.

Conde de Romanones. Álvaro de Figueroa y Torres. Madrid, 1863 - Madrid, 1950.

Perteneció al Partido Liberal. Fue un político comprometido con la Monarquía. Su distrito electoral fue Guadalajara, donde tenía propiedades y ejercía el caciquismo propio de la época. Fue Ministro y Jefe del Gobierno en tres ocasiones, la primera el 15 de noviembre de 1912, sustituyendo al asesinado Canalejas.

Acompañó a la Familia Real en el momento del exilio y se retiró de la política.

General Primo de Rivera. Miguel Primo de Rivera y Orbaneja. Jerez de la Frontera, 1870 - París, 1930.

Marqués de Estella, por sucesión de su tío el capitán general Fernando Primo de Rivera Sobremonte, Capitán General de Filipinas y que conquistó Estella, en la tercera Guerra Carlista.

En la Guerra de Marruecos Miguel Primo de Rivera consiguió la Laureada de San Fernando, máxima condecoración militar española.

Dio el golpe de estado el 13 de septiembre de 1923, con el beneplácito del Rey y el agrado de las clases conservadoras y burguesas, ante la pésima situación social del país, cuando era Capitán General de Barcelona y después de haber sido cesado en la Capitanía General de Madrid.

Convirtió el Directorio Militar en Civil, apoyándose en un partido por él creado, la Unión Patriótica con el que trató de sostenerse, hasta que el 28 de enero de 1930, resignó el poder.

Su hijo José Antonio Primo de Rivera Sáenz de Heredia, trató de defender su memoria en las Cortes de la República y fundó Falange Española.

ALFONSO XIII (PERÍODO CONSTITUCIONAL 1902-1909)

	LA CORONA Y POLÍTICA INTERIOR		
1902	Mayoría de edad de Alfonso XIII, el 17 de mayo. Gobierno Sagasta. 19-III Gobierno Sagasta. 6-XII.	1906	Matrimonio de Alfonso XIII con Victoria Eugenia de Battemberg, el 25 de mayo. Ley de Jurisdicciones (Tribunales Militares). Gobierno López Domínguez (6 junio). Gobierno Moret (30 noviembre). Gobierno Puente Vega de Armito (3-XII).
1903	Gobiernos de Villaverde 19-VI y Maura 5-XII Movimientos huelgistas.	1907	Nace el Príncipe Alfonso (Renuncia 1931). Gobierno Maura (25-I). Ley sobre emigración.
1904	Muere en París Isabel II, el 9 de marzo. Gobierno Gral. Azcárraga (16 diciembre).	1908	Creación Partido Radical.
1905	Gobierno Villaverde (25 enero). Revueltas en Barcelona. Gobierno Montero Ríos (23 julio). Gobierno Moret (diciembre). Muere Silvela	1909	Muere Carlos (VII), Rey carlista. Semana Trágica de Barcelona. (31-VII) Gobierno Moret (25 octubre). Fin Guerra del Rif (28-XI).

ALFONSO XIII (PERÍODO CONSTITUCIONAL 1910-1929)

	LA CORONA Y POLÍTICA INTERIOR		
1910	Creación C.N.T. Ley del Candado (contra Órdenes Religiosas). Ley de Reclutamiento (Servicio Obligatorio). Gobierno Canalejas (11-XI).	1920	Gobierno Dato (5 mayo). Creación del P.C.E.
1911	Gobierno Canalejas. (2-I). Huelga de C.N.T.	1921	Asesinato de Dato (8 marzo). Gobierno Allendesalazar (julio). Gobierno Maura (12 agosto). "Desastre de Annual".
1912	Asesinato de Canalejas (12 noviembre). Gobierno Romanones (15 noviembre).	1922	Parlamento: Responsabilidades sobre Marruecos. Gobierno Sánchez Guerra (8-III) Continúa la violencia en Barcelona
1913	Nace el Infante Juan (Padre Juan Carlos I). División Partido Conservador (Maura-Dato). División Partido Liberal (Romanones-G. Prieto) Servicio Militar Obligatorio. Gobierno Dato (23 octubre).	1923	Gobierno García Prieto. Golpe militar gral. Primo de Rivera Directorio Provisional (13 septiembre). El Rey acepta el Directorio. Gobierno Primo de Rivera (19-IX). Disolución de Ayuntamientos y de las Cortes. Concluye la Monarquía Constitucional. Abolición de hecho de la Constitución 76.
1914	Neutralidad española (I Gran Guerra).	1924	Estatuto Municipal. Creación de la Unión Patriótica. Unamuno se exilia en París.
1915	Gobierno Romanones (9 diciembre).	1925	Directorio Civil Primo de Rivera (3-XII). Desembarco de Alhucemas (30-IX).
1917	Gobierno Garcia Prieto (19 abril). Gobierno Dato (11 junio). Manifiesto Militar (Juntas de Defensa). Asamblea Parlamentarios Barcelona. Huelga general revolucionaria.	1926	Creación Alianza Republicana. "Sanjuanada" militar antidictatorial (24-VI). Problema de los Artilleros. Plebiscito de apoyo al Directorio.
1918	Gobierno Maura (22 marzo). Gobierno Nacional. Gobierno García Prieto (9 noviembre). Gobierno Romanones (3 diciembre).	1927	Asamblea Nacional (sucedáneo de las Cortes).
1919	Gobierno Maura. Gobierno Sánchez Toca (15 julio).	1928	Desórdenes en la Universidad Central.

ALFONSO XIII (PERÍODO CONSTITUCIONAL 1930-1931)

	LA CORONA Y POLÍTICA INTERIOR		
1929	Muere la Reina-madre, Mª Cristina, el (6-II). Frustrado levantamiento republicano. Disolución Arma de Artillería.		
1930	Dimisión Primo de Rivera (28 enero). Gobierno Berenguer (28 enero). Jura Constitucional 76 (Dictablanda). Teórica vuelta a la Monarquía Constitucional. Se prevé restablecimiento de los Ayuntamientos. Alborotos estudiantiles. Pacto de San Sebastián (agosto). "Delenda est Monarchia" (Ortega, 15 noviembre). Sublevaciones Militares - 12 diciembre. - Jaca: Ttes. Hernández y Galán. - Cuatrovientos: R. Franco y Queipo Llano.	1931	Muere Jaime (III), Rey Carlista "Al servicio de la República", Manifiesto de Ortega, Marañón y Pz. Ayala. Dimisión Berenguer (14 febrero). Gobierno Aznar (18 febrero). Elecciones Municipales (12 abril). 22.150 Concejales Monárquicos. 5.775 Concejales Republicanos. El Rey, sin renuncia de sus derechos, abandona España (14 abril). Proclamación II República (14 abril). Ley de Defensa de la República (20 octubre). Constitución Republicana.

ALFONSO XIII (PERÍODO CONSTITUCIONAL 1902-1923) (1)

	POLÍTICA EXTERIOR		SOCIEDAD
1903	Tratado U.S.A. Panamá sobre Canal.	1903	Instituto de Reformas Sociales. Ley Descanso Dominical Nace Alejandro Casona (+ 1965). Los Curie, Nobel de Física. Pío X, Papa (1914).
1904	Tratado de la Entente Anglo-francés sobre África (8-IV).	1904	Madame Buterfly (Puccini). Nace Salvador Dalí. José Echegaray, Premio Nobel.
1906	Conferencia Algeciras sobre Marruecos. Armand Fallieres, Presidente Francia.	1905	Nace Severo Ochoa. Vida de D. Quijote y Sancho (Unamuno). Teoría de la Relatividad (Einstein). Los Arlequines (Picasso).
1907	Acuerdo Status Quo Francia, Inglaterra y España sobre Mediterráneo y Atlántico.	1906	Ramón y Cajal, Premio Nobel Muere José María Pereda.
1908	Leopoldo II transfiere el Congo a la Nación. Revolución de los jóvenes turcos. Asesinato del Rey Carlos de Portugal.	1907	Inicio del Cubismo (Picasso). Ley de Emigración.
1909	Desastre de Marruecos, derrotas de Sidi-Musa y El Barranco de El Lobo. Tratado Germano-Francés sobre Marruecos. William H. Taft, Presidente U.S.A.	1908	Nace Pedro Laín Entralgo. Primer viaje del Zeppelin. Aparece el Ford T, primer coche.

ALFONSO XIII (PERÍODO CONSTITUCIONAL 1902-1923) (1)

	POLÍTICA EXTERIOR		SOCIEDAD
1910	Jorge V, Rey de Inglaterra.	1909	Leyes de Huelga y de Enseñanza Obligatoria. Mueren Ruperto Chapi e Isaac Albeniz.
1911	Guerra Italia-Turquía.	1910	Nace Migue Hernández (+ 1942).Censo español: 20 millones de habitantes.
1912	Reanudación Guerra de Marruecos. Disolución Triple Alianza. Convenio con Francia sobre Protectorado Marruecos.	1911	Marie Curie, Nobel de Química. El Poeta (Picasso).
1913	Poincare, Presidente francés. Wilson, Presidente U.S.A. Independencia de Albania.	1912	Naufragio del Titanic 15-IV. ServicioMilitar Obligatorio. La tienda azul (Picasso). Muere Marcelino Menendez Pelayo
1914	I Guerra Mundial (3 agosto). Asesinato del heredero en Sarajevo. Inglaterra, Francia, Rusia, Alemania y Austria.	1913	Publicación "Del sentimiento trágico de la vida" (Unamuno). La muerte en Venecia (Tomas Mann).
1916	Fallece el Emperador Francisco José.	1914	Benedicto XV, Papa (+ 1922). Nace Julián Marías. Apertura del Canal de Panamá. Oficina Ayuda a Prisioneros y Heridos en el Palacio Real.
1917	Revolución Bolchevique (25-X). U.S.A. declara la Guerra a Alemania.	1915	Estreno de *El amor brujo*, Falla.
1918	Armisticio Compiegne - Fin I Gran Guerra. Renuncia de Carlos R. Austria y Hungría.	1916	Nacen Camilo José Cela y Antonio Buero Vallejo. La Metamorfosis (Kafka).
1919	Paz de Versalles - Fin I Guerra Mundial (28-VI). Fin Imperio Alemán - República Weimar. Presidente R. Weimar, F. Ebert.	1917	Publicación "Platero y yo" (J.R. Jiménez). Introducción al Psicoanálisis (Freud).
1920	En Guerra de Marruecos. Creación Sociedad de Naciones. Desastre de Annual (22 julio). Alexandre Millerand, Presidente Francia.	1918	Inauguración Metro de Madrid. La decadencia de Occidente (Spengler). Fundación del "Instituto Escuela".
1921	Harding, Presidente U.S.A. Paz de Riga, Rusia-Polonia.	1919	Consagración de España al Sagrado Corazón. Huelga general de Barcelona. Jornada de 8 horas laborables.
1922	Marcha sobre Roma de Mussolini. 1ª Sesión Tribunal de La Haya.	1921	Muere el tenor Caruso (2 agosto).
1923	Fundación de la U.R.S.S. Coolidge, Presidente U.S.A. Hitler proclama Gobierno Nacional en Munich.	1922	Pío X, Papa (+ 1939). Einstein, Nobel de Física. Jacinto Benavente, Premio Nobel.
		1923	Nace Antonio Tapies. Ortega funda "Revista de Occidente".

ALFONSO XIII (PERÍODO 1924-1931) (2)

	POLÍTICA EXTERIOR		SOCIEDAD
1924	Muere Lenin (21 enero). Victoria electoral fascista en Italia. Gaston Doumergue, Presidente Francia.	1924	Nace Eduardo Chillida. Manifiesto surrealista. El Psicoanálisis de Freud. Fundación Cía. Telefónica Nacional de España.
1925	Acuerdo con Francia sobre Guerra de Marruecos. Desembarco de Alhucemas. Tratado seguridad ruso-turco. Mariscal Hindenvburg, Presidente R. Weimar.	1925	Hitler publica Mein Kamp (18 julio). Estreno de "La Quimera de Oro" Chaplin. Muere Pablo Iglesias (9 diciembre). Muere Antonio Maura.
1926	Huelga general en Inglaterra. Tratado comercial Germano-Español.	1926	Vuelo Plus Ultra a Buenos Aires. Muere Antonio Gaudí.
1927	Conferencia con Francia sobre Estatuto de Tánger. Fin Guerra de Marruecos.	1927	R. Decreto Patronato Ciudad Universitaria. Inicios de la Generación del 27. Fundación de CAMPSA y de IBERIA.
1928	Salazar accede al poder en Portugal. Primer Plan Quinquenal de la U.R.S.S. Hoover, Presidente U.S.A.	1928	Publicación "El Romancero Gitano" (García Lorca). R..D. Estatuto Univesitario (Univ.de Deusto y El Escorial). Voto femenino en el Reino Unido.
1929	Depresión económica en U.S.A. Crack de la Bolsa N.Y. Herbert C. Hoover, Presidente U.S.A. Pactos de Letrán, entre Pío XII y Mussolini. Destierro de Trotski. Concordato Italia-Santa Sede. Fundación Ciudad del Vaticano. Victorial electoral fascista en Italia. Crisis en la Bolsa de New York.	1929	"La rebelión de las masas" (Ortega). Fleming descubre la Penicilina. Exposiciones Internacionales de Sevilla (9 mayo) y Barcelona (19 mayo).
1930	Independencia de Irak. Campaña de desobediencia, Gandhi. Conferencia Imperial Británica.	1930	El hombre deshabitado (Alberti). Concierto para la mano izquierda (Ravel). Segundo manifiesto del surrealismo (Breton). Muere Julio Romero de Torres.
1931	Acuerdo Imperio Británico - Gandhi. Conflicto Papado-Fascistas. Paul Douner, Presidente Francia.	1931	Encíclica Quadragésimo Anno. Quema de conventos.

II República y Guerra Civil

La caída de la Monarquía se produce más por la incapacidad de la clase política monárquica, y por el desprestigio de Alfonso XIII, que renunció a la defensa de la Constitución, al entregar el poder al general Primo de Rivera, que por la capacidad política del republicanismo y la voluntad antimonárquica del pueblo.

Es necesario reiterar que las elecciones municipales de 1931, detonante de la caída del Rey, dieron unos resultados claramente monárquicos: 22.150 concejales monárquicos, frente a 5.775 republicanos, aunque, en efecto, las victorias republicanas se concentraban en las grandes urbes, cuya población tiene una mayor conciencia política y una muy superior capacidad de reacción frente al poder constituido.

Los seis años largos de historia de la II República, reflejan la tragedia de un país asolado por la ruina económica y el radicalismo político.

El hambre, en convivencia con el fanatismo, sólo podía producir desorden, y más hambre.

No puede decirse, con rigor jurídico ni político, que el período republicano fuera el primer "período democrático" en la historia de España, aunque se cumpliera el rito electoral. Hoy está comúnmente asumido que el Estado democrático se asienta en el Estado de derecho y se caracteriza tanto por el sistema de elección, para la atribución del poder, como por el sistema de control de quienes ejercen el poder por representación. Nada, salvo el rito electoral con escasas garantías, se dio en la II República española.

Ni la izquierda moderada, socialistas y republicanos, ni la derecha, CEDA y nacionalistas, fueron capaces de liderar el proceso político, que pronto les superaría, llevando el enfrentamiento político y social a la calle.

El golpe de estado de los militares, que al fracasar se convirtió en Guerra Civil, era un hecho esperado por todos, aunque Azaña, Presidente de la República, y Casares Quiroga, Jefe de Gobierno, no supieron intuirlo en los mismos días en que se estaba produciendo ("*Si Franco se levanta, yo me acuesto*").

El resultado de la Guerra Civil, es decir, la derrota del poder legalmente constituido, tiene sus causas, además de en la ayuda alemana e italiana, en momentos cruciales, y más sólida que la ayuda de la URSS al bando republicano, en las dos siguientes:

— La organización y disciplina del Ejército del general Franco, al que se habían incorporado la mayoría de los militares profesionales y que supo

crear una oficialidad joven, entregada, preparada y fuertemente concienciada: los Alféreces Provisionales.
— La beligerancia de la Iglesia en favor del bando del general Franco, lo que condicionaba a un sector muy importante de la población. No puede olvidarse que en aquellos años, la Iglesia era el único poder aglutinante, de una sociedad desvertebrada.

La naturaleza de "Cruzada", es decir, de "Guerra de Religión", que la Iglesia otorgó a la Guerra Civil, constituyó un elemento psicológico de trascendental eficacia, frente al maremagnum del bando republicano, cada vez más controlado por el Partido Comunista y sin un trabazón ideológico que uniera a todos los grupos, pues es necesario recordar que el "ideal democrático", ni era bandera entonces del P.C.E., ni realmente la democracia había sido practicada seriamente en la historia de España, como para constituir un ideal del combatiente.

Pasados más de sesenta años, desde la conclusión de la Guerra Civil puede aventurarse un juicio ético sobre la misma y sus consecuencias, que desde nuestra perspectiva es el que sigue:

La situación de hecho era ésta: desorden social, absoluta inseguridad jurídica, o de cualquier otra naturaleza incluso la personal, y falta de las más elementales libertades, no siendo menor la libertad de profesar libremente la propia religión, panorama derivado de la absoluta superación del Gobierno legítimo por la acción de los agentes revolucionarios, radicalmente antidemocráticos, lo que colocaba a una importante parte de la ciudadanía en manifiesta indefensión y en gravísimo riesgo personal.

La descrita es una situación impensable hoy en la España del s. XXI, pero que se produjo hace casi setenta años, porque la realidad social y económica de nuestro país impidió que se articulara un régimen democrático, fundado en la libertad y el derecho.

Fue hito revolucionario básico, y origen mediato de la Guerra Civil, como reconoce en sus memorias Indalecio Prieto y admite la generalidad de la historiografía especializada, la Revolución de Asturias de 1934, consecuencia de la falta de aceptación de la victoria electoral del centro-derecha, representado por Lerroux.

Hoy, desde el punto de vista historiográfico, no cabe duda que el fracaso de la II República se debe imputar a su incapacidad de establecer el Estado de derecho y la democracia plena y, consecuentemente, por no garantizar los derechos fundamentales de los ciudadanos, afirmación que, en absoluto, supone demérito para el régimen republicano sino reflejo del atraso social y cultural en que estaban sumidos los españoles de la época.

Consecuencias de la Guerra Civil

Producida la insurrección, y como quiera que fracasa el golpe de estado, se inicia una Guerra Civil, sangrienta y brutal que se ideologiza, desde la perspectiva religiosa, como se ha dicho, y, también, desde la perspectiva política, asumiendo, el bando franquista, las tendencias fascistas imperantes en la época y, el bando republicano, las tendencias marxistas.

Concluida la Guerra Civil los insurrectos hubieran podido justificar su acción en el derecho de legítima defensa si no fuera porque no devolvieron a la sociedad española el poder accidentalmente retenido sino que constituyeron un régimen fundado en la legitimidad de la victoria militar y en la amalgama ideológica del "nacionalcatolicismo" y las formulaciones fascistas.

Los insurrectos victoriosos no devolvieron el poder a la sociedad, tras una transición que pudiera muy bien haber sido tutelada, como fue el caso del Plan Marshall, por las potencias occidentales, tras la conclusión de la Segunda Guerra Mundial o iniciada ya la llamada "guerra fría".

La insurrección se perpetuó, se legitimó en la victoria militar, se persiguió al vencido y al no devolverse el poder a la sociedad se ejerció éste ilegítimamente, para implantar las doctrinas del "nacionalcatolisimo" y de un fascismo "sui géneris" que, lo veremos en las páginas sucesivas, fue variando en sus características.

Los insurrectos no usaron la victoria para evitar la agresión injusta, ratio iuris de la legítima defensa, sino que la usaron para imponer sus opciones ideológicas a toda la población, tanto a la vencida militarmente como a la que cooperó de buena fe en la victoria y, desde luego, a la población que nació después.

Dos lecciones pueden sacarse de aquella realidad que ahora recordamos:

— La democracia no pudo llegar a establecerse en España, tras la caída de la Monarquía, en 1931, por razones muy diversas todas ellas vinculadas a nuestro atraso social, económico y cultural.
Este atraso secular se funda, muy posiblemente, en que habíamos perdido el tren de la historia moderna al no incorporar a nuestro pensamiento y a nuestra realidad vital las consecuencias de la Revolución francesa, acaecida en el último cuarto del s. XVIII y a la que la clase dirigente española dio la espalda.

— Cuando no se implanta la democracia, que es una exigencia mínima de civilización y que sólo puede basarse en el imperio del derecho, surge la barbarie y, por tanto, el atropello de las personas, el atraso y aislamiento de la comunidad.

REPÚBLICA - GUERRA CIVIL

	PERÍODO REPUBLICANO		PERÍODO DE GUERRA CIVIL
1931	Proclamación II República. Presidente y Jefe Gobierno. Niceto Alcalá Zamora 14-IV - 14-X. Presidente y Jefe Gobierno. Manuel Azaña Díaz 10-X 11-XII. Presidente República. Niceto Alcalá Zamora: 11-XII-31; 7-IV-36. Constitución de 1931 (9-XII). Gobierno Azaña 16-XII-31 - 12-IX-33. Fransesc Maciá proclama el Estado Catalán.	1936	Muere Alfonso Carlos (I). Rey de los carlistas. Javier Borbón-Parma, Regente carlista. Asesinato de Calvo-Sotelo. Orden levantamiento del Requeté (14 julio). Franco se traslada a África (18 julio). Quipo de Llano se levanta en Sevilla (18 julio). Levantamiento Cádiz, Córdoba, Zaragoza y Valladolid. Levantamiento en Pamplona (19 julio). Franco se traslada a Sevilla (7 agosto). Hitler y Mussolini inician ayuda a Franco. Ocupación de San Sebastián (13 septiembre). Liberación de El Alcázar (27 septiembre). Franco Jefe del Estado, 1-X, en el bando nacional. Creación Junta Técnica del Estado (Gobierno). Penetración militar hasta la Ciudad Universitaria).
1932	"Sanjurjada", fallida Estatuto de Autonomía Catalán.	1937	Decreto unificación de Falange y carlismo. Bombardeo de Guernica (abril). Toma de Bilbao (19 junio). Toma de Brunete (24 julio). Toma de Santander (agosto). Toma de Asturias (septiembre). Batalla de Teruel (diciembre).
1933	Gobierno Lerroux 12-IX-33 - 8-X-33. Gobierno Mtz. Barrios 8-X-33 - 16-XII-33. Desórdenes de Casas Viejas. Fundación de la CEDA.	1938	Primer Gobierno de Franco (30 enero). Toma de Teruel (22 febrero). Nace Don Juan Carlos (I) en Roma, el 5 de enero. Hundimiento del Baleares. Batalla de El Ebro (julio). Muere Alfonso, Príncipe Asturias hasta renuncia 1931.
1934	Gobierno Lerroux 16-XII-33 - 28-IV-34. Gobierno Samper 28-IV-34 - 4-X-34. Revolución de Asturias 5-X. Fusión Falange Española y las JONS. Lluis Companys. Republica Catalana. Calvo Sotelo. Bloque Nacional.	1939	Toma de Barcelona (27 enero). Ley de Responsabilidades Políticas (febrero). Conversaciones para la rendición (febrero-marzo). Último parte de Guerra (1 abril).

REPÚBLICA - GUERRA CIVIL

	PERÍODO REPUBLICANO	PERÍODO DE GUERRA CIVIL
1935	Gobierno Lerroux 4-X-34 - 25-IX-35. Gobierno Chapaprieta 25-IX-35 - 14-XII-35.	
1936	Gobierno Portela 14-XII-35 - 14-XII-35. Gobierno Azaña 19-II-36 - 7-IV-36. Frente Popular. Presidente República. Mtz. Barrio (Provisional) 7-IV-36 - 10-V-36. Gobierno Azaña 7-IV-36 - 13-V-36. Presidente República. Manuel Azaña Díaz 10-V-36 - 27-II-39. Gobierno Casares 13-V-36 - 19-VII-36. Gobierno Mtz. Barrio 19-VII-36 - 20-VII-36. Gobierno Giral 20-VII-36 - 5-IX-36.	
1937	Gobierno Largo Caballero 5-IX-36 - 18-V-37.	
1938	Gobierno Negrín 18-V-37 - 5-IV-38.	

	POLÍTICA EXTERIOR		SOCIEDAD
1931	Crisis económica en Occidente. Guerra Civil en China.	1931	Publicación de "España" (S. Madariaga). Huelga de telefónica. Conflictos sociales.
1932	Albert Lebrun, Presidente Francia. Oliveira Salazar, Jefe Gobierno Portugal. Conferencia Mundial de Desarme. Roosevelt Presidente U.S.A. 2º Plan Quinquenal Ruso.	1932	Le noeud de vispères (F. Mauriac). Disolución Compañía de Jesús. Ley de Divorcio.
1933	Hitler, llega al poder en Alemania.	1933	Fallece Francesc Macia, le sucede Companys. "Bodas de Sangre" (F. García Lorca).
1934	Leopoldo II, Rey de Bélgica. Acuerdo Alemania-Polonia.	1934	Fallecen Madame Curie y Santiago Ramón y Cajal. "La sirena varada", A. Casona "Defensa de la Hispanidad",R. Maeztu.
1935	Congreso de la Internacional Comunista en Moscú. Táctica del Frente Popular. Movimiento Statanquista en Rusia. Leyes Racistas de Nuremberg. Invasión italiana de Abisinia.	1935	"Llanto por Ignacio Sánchez Mejía" (G. Lorca). "Yerma" (G. Lorca). Ley de Reforma Agraria.

REPÚBLICA - GUERRA CIVIL

	POLÍTICA EXTERIOR		SOCIEDAD
1936	Eduardo VIII, Rey de Inglaterra abdica del trono (10-XII).Victoria electoral nazi. Blum, Gobierno Frent Popular en Francia. Fundación República Popular China. Hitler ocupa la zona del Rhin. Comité No-Intervención de Londres. Creación del Eje Roma-Berlín. Jorge VI, Rey de Inglaterra. Pío XI, apoya a Franco.	1936	"Juan de Mairena",A. Machado. "Tiempos Modernos",Ch. Chaplin. "Sonetos Amorosos" (José G. Nieto. Ramón Sender, Premio Nacional Literatura. Fusilamiento de García Lorca (17 agosto). Muere Valle Inclán (5-I). Muere García Lorca (19-VIII) Muere Miguel de Unamuno (31-XII). Desórdenes. Asesinatos del Tte. Castillo y de Calvo Sotelo.
1937	Pío XI publica la Encíclica "En mi angustiosa inquietud", rompiendo con los nazis. Alemania e Italia, salen Comisión No Intervención. Guerra Japón-China, toma de Pekín.	1937	Encíclica Divini Redentoris. Mueren los Generales Mola 3-VI y Sanjurjo 20-VII. Santiago Patrón de España. Supresión Conciertos Económicos Vizcaya, Guipúzcoa (23 junio). Carta Colectiva de Obispos, en favor de Franco. Guernica (Picasso). Reconocimiento de Franco por la Santa Sede.
1938	Alemania invade Austria (Marzo). Alemania se anexiona Los Sudetes y rompe Checoslovaquia (30-X). Tratado no agresión anglo-alemán. Acuerdo no agresión franco-alemán. 3er Plan Quinquenal ruso.	1938	Derogación matrimonio civil (marzo). Supresión Estatuto de Cataluña (5 abril). Restablecimiento Compañía de Jesús (mayo). La voz humana (J. Cocteau). Restablecimiento Tribunal Supremo. Calígula (A. Camus). José Antonio, declarado Héroe Nacional.
1939	Francia e Inglaterra reconocen a Franco. Italia invade Albania. Firma Tratado No Agresión URSS-Alemania. Alemania invade Polonia. Italia invade Albania. Inicio de la II Guerra Mundial (3 septiembre).	1939	Estreno de "Lo que el Viento se llevó". Pío XII, Papa (+ 1958). Muere Antonio Machado (22 febrero). Fabricación del nylon (Dupont). Madre Coraje (Bertolt Brecht). Epoca del racionamiento.

Régimen del general Franco

Tras la victoria militar del general Franco, éste se apresta a la creación del "Nuevo Estado", con lo que abandona cualquier tentación de aplicar estrictamente la teórica de la legítima defensa, que hubiera justificado, para muchos, la insurrección.

Aunque el régimen de Franco se caracterizó, en sus 36 años y medio de vigencia, tras la Guerra Civil, por la ausencia de libertades y la carencia de estructura democrática, lo cierto es que tuvo una serie de etapas de distinta valoración política.

Período 1939-1943. Posguerra

Características: represión post-bélica; identificación con el eje Berlín-Roma; Predominio nacional-sindicalista.

Personajes: Ramón Serrano Súñer, Esteban Bilbao, José Larraz y Pedro Gamero del Castillo.

Período 1943-1947. "Aislamiento"

Características: distanciamiento del eje; aislamiento internacional; presiones para una restauración monárquica; consolidación administrativa del Régimen.

Hubiera sido el momento, concluida la Segunda Guerra Mundial, para iniciar el tránsito a la normalidad democrática o, mejor dicho, para el estreno de un régimen democrático.

Personajes: José Luis Arrese, José Antonio Girón de Velasco y Luis Carrero Blanco.

Período 1947-1953. "Desideologización"

Características: forma monárquica del Estado; ligero aperturismo internacional (FAO, UNESCO, OMS); incorporación de embajadores de las potencias occidentales; rearme legislativo. El "franquismo", sustituye al "falangismo".

Personajes: José Antonio Girón de Velasco, Luis Carrero Blanco, Blas Pérez González y Raimundo Fernández Cuesta.

Período 1953-1959. "Apertura internacional".

Características: tratados Santa Sede y USA; planes de industrialización y vivienda; incorporación a la ONU; aparece oposición intra-régimen, con líderes como Ridruejo y Ruíz Giménez aliados del propio régimen; Plan de Estabilización; desórdenes universitarios.

El Movimiento Nacional, complicada coartada ideológica del Régimen, se constituye en su referente político y único instrumento de acción política, que se quedó en un cascarón burocrático sin contendido ideológico.

El régimen del general Franco fue capaz de salir del aislamiento internacional gracias a los efectos de la guerra fría, que obligó a los países occidentales a reconocerle y apoyarle, abierta la hostilidad política con la URSS.

Personajes: Luis Carrero Blanco, José Antonio Girón de Velasco, Agustín Muñoz Grandes, Gabriel Arias-Salgado, Camilo Alonso Vega, Alberto Ullastres y Alberto Martín Artajo.

Período 1960-1970. "Desarrollismo"

Características: gran influencia de los tecnócratas; gobierno de tecnócratas próximos al Opus Dei coincidiendo con la entrada, en el mismo Gobierno, de Manuel Fraga Iribarne; signos de aperturismo (Ley de Prensa, Ley de Libertad Religiosa, desaparece el S.E.U. por la presión estudiantil); Ley Orgánica del Estado, con la que se pretende aparentar un remedo de Constitución; desórdenes estudiantiles y laborales.

Solución sucesoria. Juan Carlos de Borbón es designado, el 23 de julio de 1969, sucesor del general Franco, a título de Rey. Esta operación sucesoria fue impulsada por el almirante Luis Carrero Blanco y por Laureano López Rodó, a espaldas del padre del Príncipe, el Infante Juan de Borbón, heredero de Alfonso XIII.

Durante el período de desarrollo económico del Régimen (1960 a 1970) se consolidaría en España una gran clase media, con reducción ostensible del proletariado, que sería clave para la pacífica transición a la democracia, siendo elemento básico el turismo que pasa a ser la primera industria nacional.

Es igualmente reseñable, como concausa del periodo de desarrollo español, la emigración de casi un millón de españoles a Europa, si bien de manera ordenada y convenida con los países receptores.

Personajes: Luis Carrero Blanco, Laureano López Rodó, Manuel Fraga Iribarne, José Solís Ruíz y Pedro Nieto Altúnez.

Período 1970-1975. "Decaimiento"

Características: debilitamiento del Régimen que no controla el proceso de apertura de la Sociedad; ruptura de la alianza política con la Iglesia; la Iglesia adquiere un señalado protagonismo, en determinadas reivindicaciones sociales y políticas, junto con los sindicatos, aún ilegales, y el movimiento estudiantil; asesinato de Carrero Blanco; intentos aperturistas insuficientes, de la mano del Presidente de Gobierno Carlos Arias Navarro; Juicio 1001 contra líderes sindicales; consejo de guerra de Burgos contra etarras; muerte de Franco.

El divorcio entre el Régimen del general Franco y la sociedad española, en los años 1970 a 1975, hacía previsible que, tras su muerte, la estructura del Régimen no se sostendría, porque la voluntad democrática del pueblo era cada vez más amplia y profunda.

REGIMEN DEL GENERAL FRANCO

	POLÍTICA NACIONAL		POLÍTICA EXTERIOR
1939	2º Gobierno de Franco. Franco se traslada a El Pardo. Publicación de *Camino* (Escrivá). Creación C.S.I.C., participa el Opus Dei.	1940	Invasión Nazi de Bélgica y Holanda. Alemania entra en París (Gob. Petain). Italia invade Grecia.
1940	Ley de Unidad Sindical. Ley de represión Masonería y Comunismo. Estreno *El Concierto de Aranjuez*. Entrevista Franco-Hitler. "Poeta en Nueva York" - García Lorca. Fusilamientos. Companys, Zugazagoitia, etc.	1941	Alemania invade Los Balcanes y la URSS. Ataque japonés a Pearl Harbour (7-XII). U.S.A. entra en la II Guerra Mundial (8-XII).
1941	Alfonso XIII abdica en Juan de Borbón. Alfonso XIII muere en Roma el 28 de febrero. Entrevista Franco-Mussolini. Entrevista Franco-Petain. 3er Gobierno de Franco. Creación de la División Azul. Frente de Rusia. Decreto de no beligerancia en la II G.M.	1942	Laval Jefe Gobierno francés. Sebastopol en poder nazi. Los nazis llegan al Volga. Liquidación masiva de judíos en Varsovia.
1942	Ley de Creación de Cortes. 4º Gobierno de Franco. Creación Bloque Ibérico (España-Portugal). "Familia Pascual Duarte" (C. J. Cela). Muere Miguel Hernández.	1943	Capitulación alemana en Stalingrado (2 febrero). Armisticio en Italia (3 septiembre).

REGIMEN DEL GENERAL FRANCO

	POLÍTICA NACIONAL		POLÍTICA EXTERIOR
1943	5º Gobierno de Franco. España vuelve a la neutralidad.	1944	Desembarco Aliado en Normandía (6 junio). Liberación de París (25 agosto). Tito conquista Belgrado (octubre). Liberación de Bruselas (3 septiembre). Liberación de Grecia (noviembre).
1944	6º Gobierno de Franco. Seguro de Enfermedad. Ley de Contrato de Trabajo. Nuevo Código Penal. Aparición del Maquis (octubre). *Hijos de la Ira* (D. Alonso). *Sombras del Paraíso* (Aleixandre).	1945	Conferencia de Yalta (4 febrero). Truman, Presidente U.S.A. Suicidio de Hitler (30 abril). Capitulación de Alemania (8 mayo). Fundación ONU (26 junio). Bomba atómica Hiroshima (6 agosto). Bomba atómica Nagasaki (9 agosto). Fin II Guerra Mundial (14 agosto). Conferencia de Postdam (22 agosto). Inicio Juicio Nuremberg (20 noviembre).
1945	Fuero de los Españoles. 7º Gobierno de Franco. Manifiesto de Juan de Borbón. Manifiesto carlista anti-fascista. Carmen Laforet - Premio Nadal.		
1946	Creación de la H.O.A.C. Obrerismo católico. Muere Manuel de Falla.	1946	Proclamación República Italiana. IV República francesa. Creación UNESCO. ONU recomienda retirada embajadores de España. 4º Plan Quinquenal ruso.
1947	Ley de Sucesión a la Jefatura del Estado (6 julio). Huelga general en Vizcaya.	1947	Plan Marshall y reconstrucción de Europa. Checoslovaquia y Rumanía, comunistas. Vicent Auriol, Presidente de Francia.
1948	Reapertura frontera con Francia. Creación Estado de Israel (14 mayo). Picasso pinta *Paloma de la Paz*.	1948	Asesinato de Gandhi. Conferencia de Londres sobre Alemania. Ruptura URSS - Aliados. Proclamación Estado de Israel.
1949	*Historia de una escalera* (B. Vallejo). Muere Joaquín de Turina.	1949	Creación OTAN. Creación Consejo de Europa. Creación R.F.A. y R.D.A. Creación COMECON.
1950	España entra en la FAO, se revoca la condena de la ONU. Javier Borbón-Parma jura los "Fueros Vascos" en Guernica. Muere Castelao.	1950	Levantamiento veto ONU a España. Caza de Brujas de McCarthy. Comienza Guerra de Corea (8-VI). Creación C. Europa Carbón y Acero. Dogma Asunción (Pío XII).

REGIMEN DEL GENERAL FRANCO

	POLÍTICA NACIONAL		POLÍTICA EXTERIOR
1951	8º Gobierno de Franco. Llegan Embajadores de U.S.A. y Francia. España entra en la O.M.S.	1951	Comunidad Europea del Carbón y Acero. Balduino, Rey de Bélgica. 5º Plan Quinquenal Ruso.
1952	Libertad precios productos alimenticios.	1952	Eisenhower Presidente U.S.A. Isabel II, Reina Inglaterra.
1953	España ingresa en la UNESCO.	1953	Muere Stalin (5 marzo) le sucede Malenkov y Kruschev. Fin de la Guerra de Corea. Concordato España - Santa Sede. Acuerdo Militar U.S.A. - España. Coty, Presidente francés.
1954	Estreno *La Muralla* (Joaquín Calvo Sotelo). MUERE Jacinto Benavente Muere Eugenio D'Ors.	1954	Fin ocupación R.F.A. - Adenauer Canciller. R.F.A. ingresa en la OTAN. Creación Unión Europea Occidental. El Estudio de la Historia (Toynbee).
1955	España observador en la ONU. Muere Ortega y Gassett (18 octubre). Juan Carlos (I) jura Bandera. Muere Concha Espina.	1955	Eden sustituye a Churchill. España ingresa en la ONU. Pacto de Varsovia. Independencia de Marruecos.
1956	Desordenes estudiantiles. España ingresa en la O.T.I. Muere Alfonso, hermano de Juan Carlos (I). J.R. Jiménes, Premio Nobel. Muere Pio Baroja. 9º Gobierno de Franco.	1956	Sublevación de Hungría. 6º Plan Quinquenal Ruso.
1957	10º Gobierno de Franco. Guerra de Ifni. Ley de Régimen Jurídico de la Administración del Estado.	1957	Tratado de Roma (C.E.E.). I Suptnik. Mac Millan, Premier Gran Bretaña.
1958	Ley Principios Fundamentales Movimiento. Muere Juan Ramón Jiménez. España ingresa en el OECE, en el F.M.I. y en el BIRF.	1958	De Gaulle, Presidente de Francia. V República Francesa. Juan XXIII, Papa (+ 1963). Dr. Zhivago - Pasternak - Premio Nobel.
1959	"Un soñador para un pueblo" (B. Vallejo). Creación E.T.A. Inauguración Valle los Caídos (1-IV). Plan de Estabilización. Severo Ochoa, Premio Nobel. Eisenhower visita España. Bahamontes gana el Tour.	1959	Fidel Castro entra en La Habana.
1960	Muere Gregorio Marañón.	1960	Nace la OPEP (10 septiembre). Kennedy, Presidente U.S.A.
1962	Comisaría Plan de Desarrollo. Creación CC.OO. Estado Excepción: Asturias, Vizcaya, Guipúzcoa. Matrimonio de Juan Carlos (I) con Dª Sofía. 11º Gobierno de Franco. "Contubernio de Munich". *El Concierto de San Ovidio* (B. Vallejo)	1961	Muro de Berlín (agosto). Mater et Magistra (Juan XXIII). Ruptura U.S.A. - Cuba. Cuba, República Socialista.

REGIMEN DEL GENERAL FRANCO

	POLÍTICA NACIONAL		POLÍTICA EXTERIOR
		1962	Concilio Vaticano II. Bloqueo U.S.A. a Cuba (octubre).
1963	Aparece *Cuadernos para el Diálogo*. Renovación Acuerdo España-U.S.A. Ingreso en el GATT. Ejecución de Julián Grimau (20 abril). I Plan de Desarrollo. Muere Ramón Gómez de la Serna. Nueva etapa *Revista Occidente*. Tribunal de Orden Público.	1963	Asesinato de Kennedy (22 noviembre). Fundación OUA (25 mayo). Johnson, Presidente U.S.A. Gran Bretaña, ingresa en la CEE. Renovación acuerdos España-U.S.A. Pacem in Terris. Pablo VI, Papa (+ 1978).
1964	XXV Aniversario Fin Guerra Civil. Amnistía. Ley de Asociaciones.	1964	Destitución de Kruschev. Creación O.L.P. (2 junio). Accede al poder URSS, Breznev. Martin Luter King. Nobel de la Paz. J. Paul Sratre - Premio Nobel.
1965	Liquidación SEU. Altercados estudiantiles. 12º Gobierno de Franco. Muere Alejandro Casona.	1965	Inicio de la Guerra U.S.A. en Vietnam. Cierre Concilio Vaticano II. M. Solotov - Premio Nobel. Inicio Revolución Cultural China.
1966	Ley Orgánica del Estado (22-XI). Ley de Prensa (7 abril).	1967	Guerra de los Seis Días de Israel en el Sinaí (5 junio). Golpe de Estado de los Coroneles (Grecia) el 21 de abril.
1967	Leyes Fundamentales del Reino. 13º Gobierno Franco. Carrero Blanco Vice-presidente Muere Azorín. Ley de Libertad Religiosa.	1968	Mayo francés. Nixon, Presidente U.S.A. Independencia de Guinea. Asesinato Martin Luter King (4-VI). Asesinato de Robert Kennedy (6 junio). Humanae Vitae (Pablo VI).
1968	Nace Felipe de Borbón y Grecia. 14º Gobierno de Franco. Secuestro Periodico Madrid (31-5). Cierre Universidad de Madrid. Expulsión Carlos Hugo de Borbón-Parma.	1969	Primer paso del hombre por la Luna. Heinemann Presidente R.F.A., Brandt Canciller. Cesión de IFNI a Marruecos. Retirada del Gral. de Gaulle (28-IV). Pompidou Presidente de Francia (16-VI).
1969	II Plan de Desarrollo. Estado Excepción en toda España (24-I). Muere la Reina Victoria Eugenia (15-IV). Dámaso Alonso, Director Academia.	1970	Muere el Presidente egipcio Nasser (29-IX). Nuevo Presidente egipcio Anuar el Sadat. Salvador Allende, Presidente Chile (24-X).

REGIMEN DEL GENERAL FRANCO

	POLÍTICA NACIONAL		POLÍTICA EXTERIOR
1969	15 Gobierno de Franco. Juan Carlos (I), sucesor de Franco el 23 julio. Muere Ramón Menendez Pidal		
1970	Nixon visita España. Consejo de Guerra de Burgos a militantes de E.T.A. (3-XII).		
1971	Decreto por el que el Príncipe de España, sustituirá al Jefe del Estado. Elecciones Representación Familiar. Cierre Diario Madrid.	1971	China ingresa en la ONU. Neruda, Premio Nobel. Willy Brandt, Nobel de la Paz.
1972	III Plan de Desarrollo.	1972	Ataque terrorista contra Israel en los Juegos Olímpicos de Munich (27-IX).
1973	Gobierno Carrero Blanco (9-VI). *Oficio de Tinieblas 5* (C. J. Cela). Proceso 1001 dirigentes CC.OO. Asesinato Carrero Blanco (20-XII) Huelgas y disturbios.	1973	Muere Pablo Picasso (8 abril). Mueren Casals y Neruda. Golpe de estado en Chile (11 septiembre). Pinochet sustituye a Allende. OPEP duplica precios del petróleo. Inicio de la crisis económica (energética) (22-XII).
1974	Gobierno Arias Navarro. Política de apertura denominada. "El Espíritu del 12 de febrero". Juan Carlos (I) asume, por primera vez e interinamente, la Jefatura del Estado (19-VII a 1-IX).	1974	Revolución de los Claveles en Portugal (25 abril). Casa Willy Brandt en Alemania. Dimite Nixon por el escándalo Watergate. Gerald Ford, Presidente USA, Valery Giscard D´Estaing, Presidente de Francia. Scheel Presidente R.F.A., Schmidt Canciller.
1975	Juan Carlos (I) asume, por segunda vez, la Jefatura interina del Estado (28-X a 20-XI). Muere el General Franco, 20 nov. Juan Carlos I, Rey de España el 22 de noviembre. Gobierno Arias Navarro.		

III
Juan Carlos I
Rey de España

JUAN CARLOS I,
LEGÍTIMO HEREDERO DE LA DINASTIA HISTÓRICA

La proclamación constitucional del rey Juan Carlos, como legítimo heredero de la dinastía histórica.

Hijo de S. A. R. Juan de Borbón y Battemberg, y de S. A. R. María de Borbón-Dos Sicilias y Orleans, Juan Carlos de Borbón y Borbón nació en Roma, durante el exilio de sus padres, el 5 de Enero de 1938.

Contrajo matrimonio en 1962 en Atenas con la entonces Princesa doña Sofía de Grecia. Aunque la costumbre de la dinastía de la actual Reina es utilizar como apellido el nombre del Reino, señalamos sus apellidos, que descubren el origen de sus linajes. Estos son: Slesving-Holstein-Sonderburgo-Glucksburgo, Brunswich-Hannover.

Doña Sofía es hija de quienes fueron reyes de Grecia, Pablo y Federica. De su matrimonio con Don Juan Carlos de Borbón nacieron tres hijos: doña Elena (20-XII-1963), casada con don Jaime de Marichalar; doña Cristina (13-VI-1965), casada con don Iñaki de Urdangarín y don Felipe (30-I-1968), actual Príncipe de Asturias, comprometido con doña Letizia Ortiz Rocasolano (según Nota oficial de la Casa de S. M. El Rey divulgada el 1 de noviembre de 2003 y, posteriormente, comunicada la fecha del enlace matrimonial para el próximo e inminente 22 de mayo de 2004).

El 23 de julio de 1969, a propuesta del general Franco, las Cortes orgánicas le declararon sucesor, a título de Rey, del entonces Jefe del Estado, con el título de Príncipe de España, con lo que era patente que, al otorgársele título distinto al de Príncipe de Asturias, el general Franco pretendía instaurar una Monarquía fundada en la victoria militar de 1939 y en los Principios del Movimiento y no en los derechos dinásticos y hereditarios que ostentaba el propio don Juan Carlos de Borbón, como hijo de su padre, Juan de Borbón (para las monárquicos dinásticos, Juan III) y nieto de su abuelo, el Rey Alfonso XIII.

Durante la enfermedad del general Franco ocupó en dos ocasiones la Jefatura interina del Estado: del 19 de julio de 1974 al 2 de septiembre de 1974 y del 30 de octubre de 1975 a la muerte del general Franco, el 20 de noviembre de 1975.

Fue proclamado Rey de España el 22 de noviembre de 1975[1], siendo Presidente de las Cortes, todavía no democráticas, Alejandro Rodríguez de Valcárcel.

Tras la muerte del general Franco, el Rey patrocina el proceso de transición al estado de derecho y a la democracia apoyándose, tanto en el sector reformista del franquismo liderado por Fraga (AP) y en los grupos liberales y demócrata-cristianos de la oposición moderada al régimen en liquidación (que constituirían la Unión de Centro Democrático), como en la oposición, más firme y clásica del régimen franquista, constituida por comunistas, socialistas y nacionalistas vascos y catalanes.

En la Transición, período amplio y de cierta complejidad en el que se desarrolla tanto la estructura jurídico-política de un Estado democrático y social de derecho, como la propia de un Estado de las Autonomías, pueden identificarse tres grandes etapas, si bien la central merece subdividirse, a su vez, en tres fases distintas y sucesivas.

Esquemáticamente describimos las etapas y fases referidas:

Etapa post-franquista

— Noviembre, 1975-julio, 1976: Carlos Arias Navarro sigue como Presidente del Gobierno, al igual que Alejandro Rodríguez de Valcárcel como Presidente de las Cortes.

Etapa de la Transición

— *Fase Pre-constitucional.* Julio, 1976 - junio, 1977: Adolfo Suárez, Presidente del Gobierno. Torcuato Fernández–Miranda Presidente de las Cortes. Ley para la Reforma Política de 4 de enero de 1977, que había sido aprobada en Referéndum el 15 de diciembre de 1976.

---

[1] Vid. infra, en este mismo Capítulo *"Juan Carlos I Rey de todos los españoles. 1. Monarquía y Democracia"*.

— *Fase Constituyente*. Junio, 1977 - diciembre, 1978. Adolfo Suárez Presidente del Gobierno. Primeras elecciones democráticas (15 de junio de 1977) y Cortes Constituyentes presididas por Antonio Hernández Gil. Elaboración de la Constitución de 1978 y promulgación y publicación de la misma en diciembre de 1978.
— *Fase Constitucional*. Enero, 1979 - octubre, 1982. Adolfo Suárez y Leopoldo Calvo-Sotelo, presidentes sucesivos del Gobierno como líderes ambos de la UCD. Período abrupto y momentáneamente interrumpido por el intento de golpe de Estado del 23 de febrero de 1981.

Etapa de Consolidación de la Democracia

Octubre 1982-marzo 2004. Se produce ordenadamente la alternancia democrática en el Gobierno: Felipe González y José Mª Aznar, sucesivos presidentes del Gobierno.

Como vemos, en el período post-franquista sigue presidiendo el Gobierno (desde la muerte de Carrero Blanco en diciembre de 1973) Carlos Arias Navarro, que en absoluto plantea el tránsito a la democracia ni impulsa ningún cambio sustancial en el sistema.

En julio de 1976, el Rey encarga la formación de Gobierno a Adolfo Suárez, quien junto con Torcuato Fernández-Miranda, diseñan el proceso de transición a la democracia que, previa legalización de todos los partidos incluido el P.C.E. (el 9 de abril de 1977), concluye con la convocatoria de las primeras elecciones democráticas, el 15 de junio de 1977, y con la victoria de la Unión de Centro Democrático (UCD), partido liderado por Suárez, en el que se agrupan las tendencias de oposición moderada al régimen de Franco y algunos sectores del mismo conversos a la democracia. A la derecha de UCD se situa AP bajo el liderazgo de Manuel Fraga Iribarne con su "política de los pequeños pasos" para llevar a cabo las reformas imprescindibles e inaplazables. A la izquierda del partido vencedor de las primeras elecciones democráticas (UCD), destaca la pujanza del PSOE, con su lider-revelación Felipe González y, más a la izquierda, en su posición histórica y natural, el PCE de Santiago Carrillo, personaje decisivo, junto con Suarez, en la transición política española.

Las Cortes que surgen de estas elecciones, presididas por Antonio Hernández Gil, tuvieron carácter constituyente y se disolvieron con la promulgación y publicación de la vigente Constitución española.

La Constitución fue aprobada en sesiones plenarias del Congreso de los Diputados (presidente, Fernando Álvarez de Miranda) y del Senado (presidente,

Antonio Fontán) celebradas el 31 de octubre de 1978. Fue ratificada por el pueblo español en Referéndum el 6 de diciembre del mismo año y, en fin, fue sancionada por S. M. el Rey Juan Carlos I, ante las Cortes Generales, en sesión solemne celebrada el 27 de diciembre del propio año 1978.

Tras la promulgación de la Constitución, se convocaron de nuevo elecciones generales y, por primera vez, las municipales en marzo y abril de 1979 respectivamente y se abrió el "proceso autonómico" que tuvo dos fases: el "pre-autonómico" y el de "transferencias autonómicas", que culminan el "Estado de las Autonomías" previsto en la Constitución, concretamente en el Título VIII de la misma ("De la Organización Territorial del Estado").

En octubre de 1982, el día 28, el Partido Socialista, PSOE, obtiene una clamorosa victoria electoral que abre el período de normalidad constitucional al iniciarse así la alternancia en el Gobierno y una mayor apertura al exterior, con la adhesión al "Tratado de Roma" (CEE) y la ratificación del ingreso en la OTAN.

El 3 de marzo de 1996, concluye un periodo gubernamental de trece años de socialismo y llega al poder, con escaso margen, el Partido Popular, que ratifica su victoria, con mayoría absoluta, el 12 de marzo del año 2000, con lo que la normalidad, en la alternancia democrática, se consolida plenamente.

El Partido Popular consigue que España se incorpore, tras cumplir todas las exigencias de convergencia, al grupo de estados de la Unión Europea (UE) que inician el proceso de unidad monetaria en torno al "euro", abriéndose un período de prosperidad económica muy relevante, en un contexto internacional ciertamente favorable, en el que el P.I.B. por habitante se coloca en el 92'4% de la media de la Unión Europea de los 15 países miembros.

En las recientísimas elecciones generales celebradas el pasado 14 de marzo de 2004, se produce de nuevo la alternancia política, pasando a ser Presidente del Gobierno José Luis Rodriguez Zapatero, el cándidato del PSOE.

Avanzada esta visión panorámica y sucinta de los hitos históricos más relevantes que hemos apuntado en el escueto esquema anterior y que recogemos con detalle en los cuadros sinópticos que constituyen nuevo apartado de este Capítulo[2], es llegado el momento de situarnos en el periodo constituyente para destacar la inclusión en el art. 57.1 de la C.E. de una importante precisión y calificación relativa al Rey Juan Carlos I, de especial relevancia y significación y que constituye el título de este apartado.

---

[2] Vid. infra, apartado de este Capítulo "Acontecimientos más relevantes durante el Reinado de Juan Carlos I".

Nos referimos al inciso *"legítimo heredero de la dinastía histórica"* que tuvo cabida en el trámite parlamentario, concretamente en la comisión del Senado, durante la fase de redacción de nuestra Carta Magna.

El autor de la propuesta de que se introdujera dicha frase referida al Monarca ya entonces reinante, fue el Senador Joaquín Satrústegui, enmienda que fue mayoritariamente aceptada por la Comisión, quedando incorporada en el texto definitivo de nuestra Carta Magna y, con ello, incluida la proclamación constitucional de Juan Carlos I de Borbón como *"legítimo heredero de la dinastía histórica"*.

El señor Satrústegui justificó su propuesta formulada como enmienda al texto recibido del Congreso (que nada precisaba respecto del particular), en la necesidad *"de que la Constitución refleje lo que es de gran importancia en cualquier Monarquía: el hecho de que el Rey reinante ostente la Jefatura de la dinastía histórica. Juan Carlos I la ostenta desde que su padre, Don Juan de Borbón, que la había recibido del suyo, Alfonso XIII, renunció patrióticamente a ella el 14 de Mayo de 1977 cuando, conforme a lo que él siempre quiso, el pueblo español iba a hacerse cargo de su propio destino mediante unas elecciones libres, después de una amnistía general"*.

La importante significación de esta declaración constitucional promovida por iniciativa de quien era un prestigioso político liberal y reconocido monárquico muy vinculado a don Juan de Borbón, de cuyo Consejo privado formó parte durante muchos años[3], presenta una doble vertiente:

— De una parte, tal precisión o puntualización es una decidida y concluyente reafirmación de la legitimidad dinástica del Rey Juan Carlos frente al pleito dinástico, ya analizado, que de esta forma ha quedado definitiva e irreversiblemente zanjado.
— Por otro lado, tal afirmación inequívoca del enlace de don Juan Carlos con la dinastía histórica supuso abortar cualquier especulación acerca del tema de restauración o instauración de la Monarquía en la persona de don Juan Carlos.

Los efectos de tal reconocimiento son claros: constitucionalmente se salta por encima del período anterior (etapa franquista) y se enlaza con la dinastía histórica

---

[3] Quien esto escribe, Ramón López Vilas, a la sazón Director General Jefe del Gabinete del Presidente de las Cortes Constituyentes, Antonio Hernández Gil, fue testigo muy directo de la inmensa alegría y satisfacción de Joaquín Satrústegui tras el éxito de su enmienda, muy bien acogida por la inmensa mayoría de los parlamentarios.
Sobre la figura de J. Satrústegui, vid. Lorenzo Contreras: *"J. Satrústegui. Perfil humano y político"*. Editorial Cambio 16. Madrid, 1977.

(Juan Carlos I, Juan de Borbón, Alfonso XIII...) resultando irrelevante y sin efecto alguno en el plano constitucional lo actuado por el general Franco, al intentar moldear una nueva Monarquía que pretendía "instaurar" fiel a los Principios informadores del Movimiento Nacional y a las llamadas Leyes Fundamentales del Régimen nacido tras la guerra fratricida y cruel de 1936.

Como el propio Satrústegui recordó en la presentación de su enmienda, poco antes de iniciarse el período constituyente, concretamente el 14 de mayo de 1977, don Juan de Borbón, padre del Rey, había cedido sus derechos dinásticos a su hijo Juan Carlos I, en acto formal y solemne celebrado en el Palacio de la Zarzuela, en presencia de la Familia Real.

Don Juan de Borbón consideró que había llegado el momento de entregarle a su hijo el Rey el legado histórico que él, a su vez, había heredado de su padre el rey Don Alfonso XIII, renunciando en dicho Acto a "*los derechos históricos de la Monarquía española, sus títulos, privilegios y la Jefatura de la Familia y Casa Real de España, que recibí de mi padre, el Rey Alfonso XIII*".

Don Juan de Borbón concluyó su discurso de Cesión de sus derechos dinásticos con palabras, siempre firmes y emocionadas, proclamando: "*En virtud de*

---

[4] Texto íntegro del Discurso de S. A. R. el Conde de Barcelona en el acto de cesión de sus derechos dinásticos a S. M. El Rey Don JUAN CARLOS I: "Mi padre, su Majestad el Rey Alfonso XIII, el 14 de abril de 1931, en su mensaje de despedida al pueblo español, suspendió deliberadamente el ejercicio del poder, manifestando de forma terminante que deseaba apartarse de cuanto fuese lanzar un compatriota contra otro en fratricida guerra, pero sin renunciar a ninguno de sus derechos, que no consideraba suyos sino, como dijo, un depósito acumulado por la Historia, de cuya custodia ha de pedirme rigurosa cuenta. Esta actitud de mi padre, que revela un amor acendrado a España, que todos le han reconocido, ha sido una constante de mi vida, pues desde joven me consagré a su servicio."

Por circunstancias especiales de todos conocidas recayó sobre mí este depósito sagrado, y el Rey Alfonso XIII, el 15 de enero de 1941, en su manifiesto de abdicación, decía: "Ofrezco a mi Patria la renuncia de mis derechos para que por ley histórica de sucesión a la Corona quede automáticamente designado, sin discusión posible en cuanto a la legitimidad, mi hijo el Príncipe Don Juan, que encarna en su persona la institución monárquica y que será el día de mañana, cuando España lo juzgue oportuno, el Rey de todos los españoles". En su testamento recomendó a su familia que reconociesen como Jefe de la Familia Real, como siempre le había correspondido al Rey en la Monarquía española.

Cuando llegó la hora de su muerte, con plena conciencia de sus actos, invocando el santo nombre de Dios, pidiendo perdón y perdonando a todos, me dijo, estando de rodillas junto a su lecho, el último mandato: Majestad, sobre todo, España.

El 28 de febrero de 1941 yo tenía 27 años. No se habían cumplido todavía dos desde la terminación de nuestra guerra civil y el mundo se sumergía en la mayor conflagración que ha conocido la historia. Allí, en Roma, asumí el legado histórico de la Monarquía española, que recibía de mi padre.

esta mi renuncia, sucede en la plenitud de los derechos dinásticos como Rey de España a mi padre el Rey Alfonso XIII, mi hijo y heredero el Rey Juan Carlos I". Y concluyó: "Majestad: por España, todo por España. ¡Viva el Rey![4]*".*

Tras las palabras de don Juan de Borbón, el Rey Juan Carlos I pronunció su discurso de aceptación en el que literalmente dijo:

"Señor:

El mandato de Su Majestad el Rey Alfonso XIII, "sobre todo, España", creo que ha sido cumplido.

El pueblo español, con su fina sensibilidad, ha percibido claramente los grandes sacrificios que hemos tenido que afrontar.

El amor inmenso a España, que caracterizaba fundamentalmente al Rey Alfonso XIII, me lo inculcó desde niño, y creo no sólo haberlo conservado, sino quizás aumentado en tantos años de esperanza ilusionada. El espíritu de servicio a nuestro pueblo, la custodia de los derechos de la dinastía, el amor a nuestra bandera, la unidad de la Patria, admitiendo su enriquecimiento con las peculiaridades regionales, han sido constantes que, grabadas en mi alma, me han acompañado siempre.
El respeto a la voluntad popular, la defensa de los derechos personales, la custodia de la tradición, el deseo del mayor bienestar posible promoviendo los avances sociales justos, han sido y serán preocupación constante de nuestra Familia, que nunca regateó esfuerzo y admitió todos los sacrificios, por duros que fuesen, si se trataba de servir a España. En suma, el Rey tiene que serlo para todos los españoles.
Fiel a estos principios, durante 36 años he venido sosteniendo invariablemente que la institución monárquica ha de adecuarse a las realidades sociales que los tiempos demandan, que el Rey tenía que ejercer un poder arbitral por encima de los partidos políticos y clases sociales sin distinciones, que la Monarquía tenía que ser un Estado de Derecho, en el que gobernantes y gobernados han de estar sometidos a las leyes dictadas por los organismos legislativos constituidos por una auténtica representación popular, que aun siendo la religión católica la profesada por la mayoría del pueblo español, había que respetar el ejercicio y la práctica de las otras religiones dentro de un régimen de libertad de cultos, como estableció el Concilio Vaticano II. Y, finalmente, que España, por su historia y por su presente, tiene derecho a participar destacadamente en el concierto de las naciones del mundo civilizado.
No siempre éste, mi pensamiento político, llegó exactamente a conocimiento de los españoles, a pesar de haber estado en todo momento presidido por el mejor deseo de servir a España. También sobre mi persona y sobre la Monarquía se vertieron toda clase de juicios adversos, pero hoy veo con satisfacción que el tiempo los está rectificando.
Por todo ello, instaurada y consolidada la Monarquía en la persona de mi hijo y heredero Don Juan Carlos, que en las primeras singladuras de su reinado ha encontrado la aquiescencia popular claramente manifestada y que en el orden internacional abre nuevos caminos para la Patria, creo llegado el momento de entregarle el legado histórico que heredé y, en consecuencia, ofrezco a mi Patria la renuncia de los derechos históricos de la Monarquía española, sus títulos, privilegios y la Jefatura de la Familia y Casa Real de España, que recibí de mi padre, el Rey Alfonso XIII, deseando conservar para mí, y usar como hasta ahora, el título de Conde de Barcelona.
En virtud de esta mi renuncia, sucede en la plenitud de los derechos dinásticos como Rey de España a mi padre el Rey Alfonso XIII, mi hijo y heredero el Rey Don Juan Carlos I.
Majestad: por España, todo por España. ¡Viva el Rey!"

Comprendo que fue dura la separación de un hijo, para que se educase en su patria, entre españoles, y se formase debidamente para servirla cuando fuese necesario. Considero que he asimilado por completo la gran lección que encierra esta decisión. La educación que he recibido y de la que me siento satisfechísimo me ha formado en el cumplimiento del deber, en el servicio al pueblo español, en la entrega absoluta a ese gran ideal que es nuestra patria, con su espléndido pasado, su presente apasionante y su futuro lleno de esperanzas.

Hoy, al ofrecer a España la renuncia a los derechos históricos que recibisteis del Rey Alfonso XIII, realizáis un gran acto de servicio. Como hijo, me emociona profundamente. Al aceptarla, agradezco vuestra abnegación y desinterés y siento la íntima satisfacción de pertenecer a nuestra dinastía. Y es mi deseo que sigáis usando, como habéis hecho durante tantos años, el título de Conde de Barcelona.

Acabáis de pronunciar importantes palabras. Las recibo, las oigo y las medito.

Quiero cumplir como Rey los compromisos de este momento histórico. Quiero escuchar y comprender lo que sea mejor para España. Respetaré la voluntad popular, defendiendo los valores tradicionales y pensando, sobre todo, que la libertad, la justicia y el orden deben inspirar mi reinado. De esta forma, la Monarquía será elemento decisivo para la estabilidad necesaria de la nación.

En estos momentos de indudable trascendencia para España y para nuestra familia, y al recibir de tus manos el legado histórico que me entregas, quiero rendirte el emocionado tributo de mi cariño filial, unido al respeto profundo que siempre te he profesado, al comprender desde niño que, sobre todo, tú no has tenido nunca otro ideal que la entrega absoluta al servicio del pueblo español."

Este acto, íntimo y solemne, enmarcado en el seno de la Familia Real, abría paso así a la conveniente y procedente proclamación constitucional del rey Juan Carlos I, como legítimo heredero de la dinastía histórica. Era el justo reconocimiento a la genealogía, engrandecida por el protagonismo decisivo de Juan Carlos en el proceso de transición a la democracia, aspiración siempre viva y reiterada por su padre, S.A.R. Don Juan de Borbón (Juan III) durante los largos años de su exilio.

Dinastías entroncadas con los Borbón. Conexiones españolas de los Orleans y de los Baviera.

Orleans

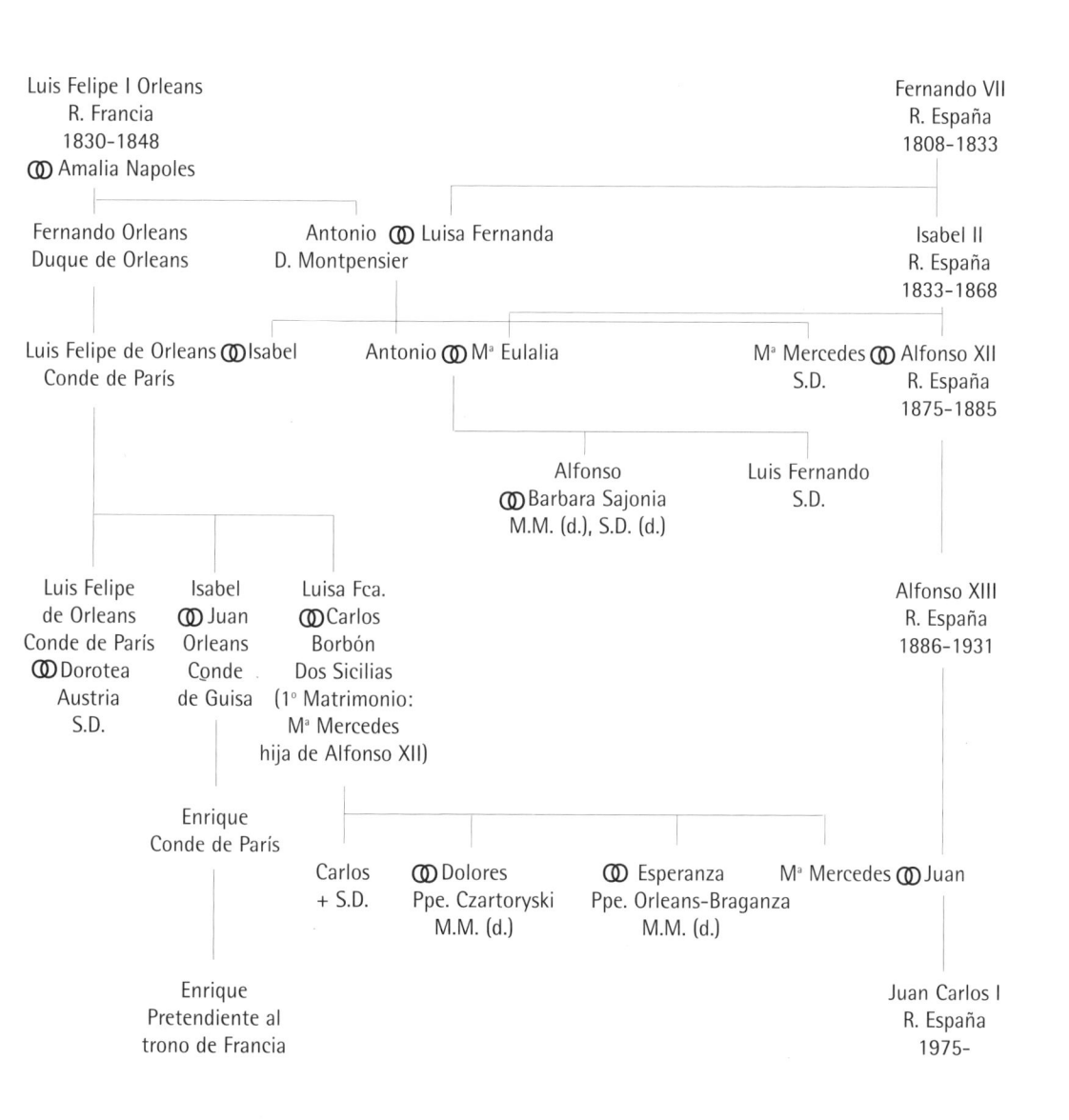

Luis Felipe I Orleans
R. Francia
1830-1848
⚭ Amalia Napoles

Fernando VII
R. España
1808-1833

Fernando Orleans
Duque de Orleans

Antonio ⚭ Luisa Fernanda
D. Montpensier

Isabel II
R. España
1833-1868

Luis Felipe de Orleans ⚭ Isabel
Conde de París

Antonio ⚭ Mª Eulalia

Mª Mercedes ⚭ Alfonso XII
S.D.   R. España
             1875-1885

Alfonso
⚭ Barbara Sajonia
M.M. (d.), S.D. (d.)

Luis Fernando
S.D.

Luis Felipe
de Orleans
Conde de París
⚭ Dorotea
Austria
S.D.

Isabel
⚭ Juan
Orleans
Conde
de Guisa

Luisa Fca.
⚭ Carlos
Borbón
Dos Sicilias
(1º Matrimonio:
Mª Mercedes
hija de Alfonso XII)

Alfonso XIII
R. España
1886-1931

Enrique
Conde de París

Carlos
+ S.D.

⚭ Dolores
Ppe. Czartoryski
M.M. (d.)

⚭ Esperanza
Ppe. Orleans-Braganza
M.M. (d.)

Mª Mercedes ⚭ Juan

Enrique
Pretendiente al
trono de Francia

Juan Carlos I
R. España
1975-

Dinastías entroncadas con los Borbón.
Conexiones españolas de los Orleans y de los Baviera.

Baviera

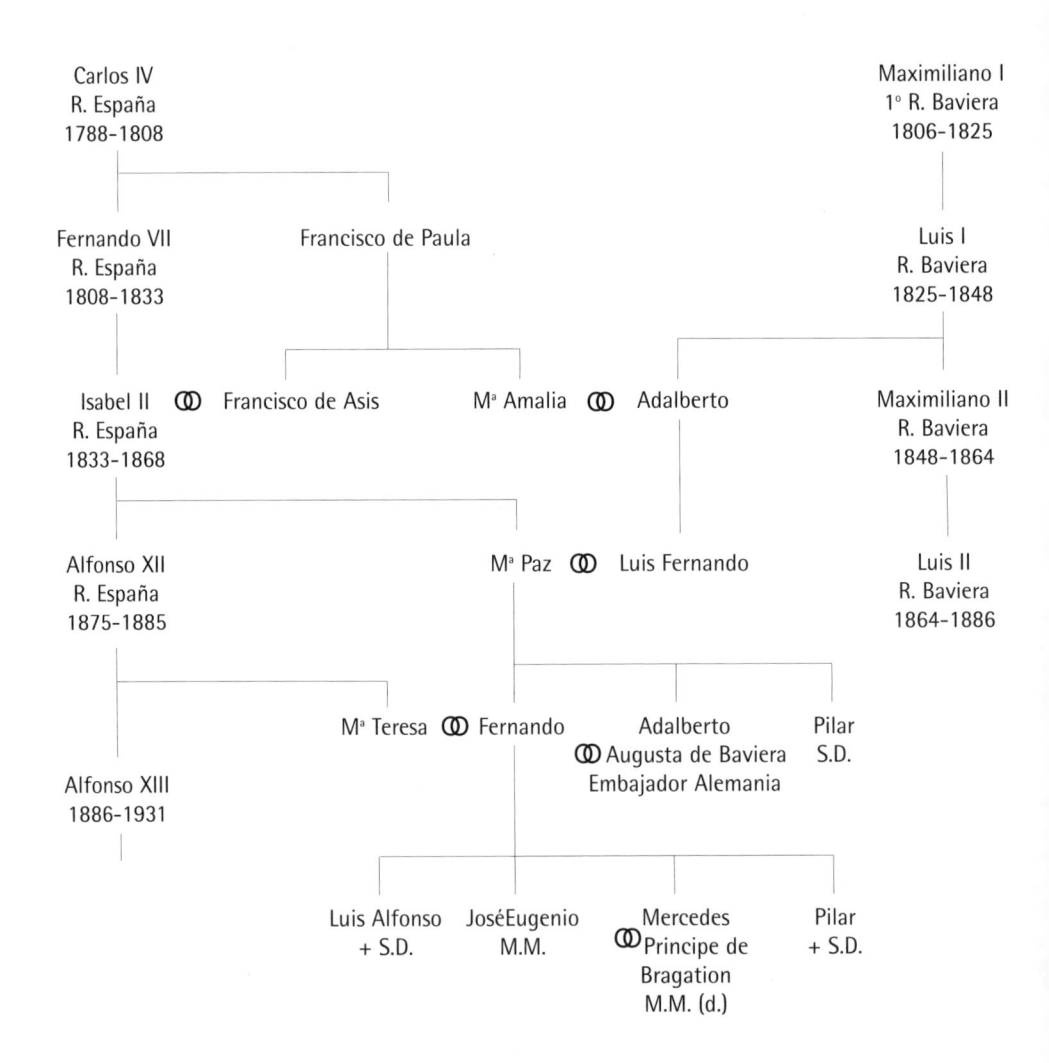

```
Carlos IV                                                          Maximiliano I
R. España                                                          1º R. Baviera
1788-1808                                                          1806-1825
    |                                                                   |
    ├──────────────────────────┐                                        |
Fernando VII            Francisco de Paula                         Luis I
R. España                                                          R. Baviera
1808-1833                                                          1825-1848
    |                          |                                        |
    |                  ┌───────┴────────┐                       ┌───────┴────────┐
Isabel II ⓜ Francisco de Asis    Mª Amalia ⓜ Adalberto      Maximiliano II
R. España                                                          R. Baviera
1833-1868                                                          1848-1864
    |                                                                   |
Alfonso XII              Mª Paz ⓜ Luis Fernando                   Luis II
R. España                                                          R. Baviera
1875-1885                                                          1864-1886
    |                          |
    |              ┌───────────┼──────────────────┬──────────┐
    |          Mª Teresa ⓜ Fernando         Adalberto       Pilar
    |                                    ⓜ Augusta de Baviera  S.D.
    |                                    Embajador Alemania
Alfonso XIII
1886-1931
    |
        ┌──────────┬─────────────┬──────────┐
    Luis Alfonso  JoséEugenio  Mercedes    Pilar
    + S.D.        M.M.        ⓜ Principe de  + S.D.
                               Bragation
                               M.M. (d.)
```

JUAN CARLOS I. REY DE TODOS LOS ESPAÑOLES

Monarquía y democracia

Desde el momento mismo de su proclamación como Rey de España, en acto solemne celebrado en sesión plenaria de las Cortes, todavía orgánicas y no democráticas, el 25 de noviembre de 1975, el Rey Juan Carlos ya dejó constancia de su deseo y propósito de ser el Rey de todos los españoles, convirtiéndose así en aquellos difíciles y primerísimos años de la transición política en la gran esperanza y el gran símbolo de la reconciliación y del entendimiento entre todos los españoles.

Hay párrafos del citado discurso inaugural de la Monarquía ya encarnada en la persona de Juan Carlos I que desvelan los propósitos del Monarca y que significaron, en esos iniciales y delicados momentos de su reinado, el anuncio de su decidido propósito de distanciamiento del Régimen anterior y de apertura de una nueva etapa en la historia de España, como Rey de todos los españoles, sin distinciones ni exclusiones ideológicas de ningún tipo.

En ese discurso pronunciado en un ambiente de máxima expectación, no exenta en muchos casos de desconfianzas y reservas patentes (escenificadas de modo ilustrativo por la uniformidad de la vestimenta oficial de la mayoría de los "Procuradores en Cortes"), el Rey Juan Carlos dijo:

"La Institución que personifico integra a todos los españoles y, hoy, en esta hora tan trascendental, os convoco porque a todos nos incumbe por igual el deber de servir a España. Que todos entiendan con generosidad y altura de miras que nuestro futuro se basará en un efectivo consenso de concordia nacional. El Rey es el primer español obligado a cumplir con su deber y con estos propósitos."

..."*Las naciones más grandes y prósperas, donde el orden, la libertad y la justicia han resplandecido mejor, son aquellas que más profundamente han sabido respetar su propia Historia*"...

"Un orden justo, igual para todos, permite reconocer dentro de la unidad del Reino y del Estado las peculiaridades regionales, como expresión de la diversidad de los pueblos que constituyen la sagrada realidad de España. El Rey quiere serlo de todos a un tiempo y de cada uno en su cultura, en su historia y en su tradición".

Era evidente que el marco legal e institucional en el que el Rey tenía que desenvolverse en esos años de la transición política (postfranquismo) implicaban serias dificultades[5] que, en buena parte, fueron corregidas con algunas reformas animadas e impulsadas siempre por la actitud del Rey en pro de la instauración en España de una convivencia política asentada en los principios de libertad y de igualdad y cuyo objetivo prioritario habría de ser la participación plena de los ciudadanos en el ejercicio del poder.

El Rey, símbolo de la unidad nacional, abrió e impulsó el proceso de la transición y el proceso constituyente mismo. Y desde la Monarquía constituyente personificada en la figura de Juan Carlos I, se alcanzó la Constitución del consenso, de la diversidad y de la tolerancia.

Manteniendo aparente y formalmente la tesis de la reforma política del Régimen anterior, es lo cierto que los responsables de la Transición caminaron en su labor legislativa desde la orilla que representaba esa apariencia formal[6], que

---

[5] Era la etapa claramente postfranquista en la que continuaban ocupando los puestos de máxima responsabilidad personalidades del Régimen anterior decididamente opuestos y contrarios a cualquier cambio sustancial en la política española. En este punto hay que hacer mención de la trascendencia del cese por el Rey de Arias Navarro como Presidente del Gobierno (1 de julio de 1976) y su sustitución por Adolfo Suárez (2 de julio. BOE 5 de Julio). Pero junto a ese acontecimiento decisivo para distanciarse del franquismo e iniciar la larga marcha hacia la democracia, no olvidemos, para entender las dificultades del Rey en aquellos días, cómo hechos consustanciales a la democracia determinaron, por ejemplo, las desabridas dimisiones del Vicepresidente del Gobierno para asuntos de la Defensa, el general F. de Santiago y Díaz de Mendivil, el 22 de Septiembre de 1976, al enterarse de que el Gobierno del que formaba parte preparaba la implantación de la libertad sindical y, en consecuencia, la legalización de las Centrales sindicales, hasta entonces ilegales; o la dimisión, muy sonada, del Ministro de Marina, el almirante Pita da Veiga, por la legalización del Partido Comunista, el 9 de abril de 1977. Decisiones audaces y valientes de Adolfo Suárez en aquel contexto político, pero indispensables en una democracia que, por definición, ha de asentarse en el pluralismo político y en la libertad sindical.

[6] Nos referimos a la Ley para la Reforma política de 4 de enero de 1977, que había sido aprobada en Referéndum celebrado el 15 de diciembre de 1976, y que fue el cauce o instrumento legal del que se partió y que permitió hablar de Reforma dentro de "la legalidad vigente". El artífice de esa Ley tan útil para el cambio deseado, en la forma convenida y conveniente, fue T. Fernández Miranda, Presidente de las Cortes en la etapa inmediatamente anterior al período "constituyente" en que fue sustituido por A. Hernández Gil. Este se sirvió de la propia Ley, como base y palanca de arranque para la puesta en marcha de las primeras Cortes democráticas, en julio de 1977, iniciándose así el período propiamente "constituyente".

permitía que no hubiera quiebra del principio de legalidad, hasta la orilla situada al otro lado del puente en la ribera antagónica de aquella, que implicaba inequívocamente, en cuanto al resultado o desenlace final, la ruptura con el sistema anterior del que se había partido, al haber optado la inmensa mayoría de las fuerzas políticas por la vía reformista como la adecuada y conveniente para el tránsito pacífico desde el franquismo a la democracia.

Frente al autoritarismo y la autarquía del régimen franquista, España se constituyó en un Estado social y democrático de derecho (art. 1.1 C.E.), en el que la soberanía nacional pasaba a residir en el pueblo español, del que emanan los poderes del Estado (art. 1.2 C.E.), siendo la Monarquía parlamentaria la forma política del nuevo Estado (art. 1.3 C.E.).

Como dijo muy acertadamente el que fue Presidente de las Cortes Constituyentes, Antonio Hernández Gil, en la *"Laudatio"* pronunciada el 20 de diciembre de 1984 en el acto de investidura del Rey Juan Carlos I como *"Doctor Honoris Causa de la Universidad Complutense y de todas las Universidades españolas"*: *"El Rey no dudó un momento sobre cual debía de ser su actitud ni en los días largos de la espera ni en los días apremiantes de las decisiones. La fusión en Él de su condición de Rey con una profunda convicción democrática ha producido a la vez un giro en el curso de la historia y un feliz desenlace no sólo para el último de los grandes problemas españoles, sino para todos aquellos problemas que se habían ido acumulando en España a raíz de la esperanzadora Constitución de 1812"*[7].

Creemos sinceramente que la mejor manera de acreditar ese papel absolutamente relevante y decisivo del Rey como motor del cambio —como tantas veces se ha dicho[8]— y como gran impulsor del establecimiento de la democracia en España (cuyo papel estelar corresponde por definición al pueblo, en el que reside la soberanía), puede ser el reproducir fielmente y en su integridad los dos discursos del Monarca, brevemente comentados, pronunciados en aquellos años decisivos del período constituyente, con ocasión de los dos actos más solemnes e importantes que enmarcaron precisamente esa etapa decisiva y absolutamente ejemplar[9] que sirvió para diseñar constitucionalmente la España democrática de nuestros días.

---

[7] Vid. A. Hernández Gil. Obras Completas, tomo 7 Discursos, pág. 654.
[8] Cambio político en el que, bajo el impulso arbitral y la función integradora de la Corona, jugaron un papel decisivo políticos como Suárez, Carrillo, González, Fraga… y juristas como Fernández Miranda, Hernández Gil y Landelino Lavilla, entre otros.
[9] Recordemos cómo la "Transición española" pasó a ser referencia mundial como ejemplo paradigmático de cambio pacífico desde el autoritarismo a la libertad, desde la dictadura a la democracia;

Nos referimos a los dos discursos pronunciados por el Rey el 22 de julio de 1977 y el 27 de diciembre de 1978 con motivo, respectivamente, de la apertura solemne de las primeras Cortes democráticas en su función constituyente y con ocasión de la Sanción Real de la Constitución, celebrados ambos actos, con la máxima solemnidad y expectación, en el Palacio de las Cortes Españolas, constituidas en sesión plenaria y conjunta de ambas Cámaras (Congreso de los Diputados y Senado).

A la vista de los textos de estos dos discursos del Rey Juan Carlos, que no dudamos en calificar de históricos, insistimos en la afirmación de que, desde los primeros momentos, complejos y delicados, de la Transición, el Rey estaba decidido a que la clase política tenía que enfrentar y encauzar los grandes problemas de la transición: la forma de Estado, el sistema de libertades, los principios de la convivencia social y económica y la estructura territorial del Estado.

Y todo ello desde la idea dominante de implantar una verdadera democracia en España de modo que la Restauración de la Monarquía que él encarnaba y representaba habría de ser una monarquía parlamentaria como forma política de un Estado asentado en los valores superiores que hoy proclama el art. 1 de nuestra Constitución: la libertad, la justicia, la igualdad y el pluralismo político.

Por tanto, y a nuestro juicio, el gran mérito del Rey Juan Carlos I fue entender que en su persona tenían que aunarse su condición objetiva de Rey, con un sentimiento y convicción profundamente democráticos, poniendo termino así a lo que tradicionalmente había sido una dualidad de Instituciones y principios secularmente enfrentados: Monarquía y Democracia. La unión o conexión del principio monárquico y del principio democrático, conciliados y aunados en la síntesis que representa la Monarquía parlamentaria del Rey Juan Carlos I, ha sido sin duda la fórmula decisiva para alcanzar la plenitud democrática que hoy disfrutamos todos los españoles.

---

y cómo en ambientes universitarios llegó a formar parte literalmente de programas docentes de las más prestigiosas Facultades de Ciencias Políticas de Europa como fueron los casos de las de París o Florencia.

Discurso pronunciado por S. M. el Rey en la apertura solemne de las Cortes Constituyentes.
22 de julio de 1977

"Señores Diputados, Señores Senadores:

Les saludo como representante del pueblo español, con la misma esperanza que ese pueblo tiene depositada en ustedes: la esperanza de que el voto que les ha otorgado sea el punto de partida para la consolidación de un sistema político libre y justo dentro del cual puedan vivir en paz todos los españoles.

Se abre hoy solemnemente la Primera Legislatura de las Cortes de la Monarquía. Al Presidir esta histórica sesión, veo cumplido un compromiso al que siempre me he sentido obligado como Rey: el establecimiento pacífico de la convivencia democrática sobre la base del respeto a la Ley, manifestación de la soberanía del pueblo.

Hace poco más de un año y medio, en mi primer mensaje como Rey de España, afirmé que asumí la Corona con pleno sentido de mi responsabilidad y consciente de la honrosa obligación que supone el cumplimiento de las Leyes y el respeto de la tradición.

Se iniciaba una nueva etapa en la Historia de España que había de basarse, ante todo, en una sincera voluntad de concordia nacional y que debía recoger las demandas de evolución que el desarrollo de la cultura, el cambio generacional y el crecimiento material de los tiempos actuales exigían de forma ineludible, como garantía del ejercicio de todas las libertades. Para conseguirlo, propuse como empresa comunitaria la participación de todos en nuestra vida política, pues creo firmemente que la grandeza y fortaleza de la Patria tiene que asentarse en la voluntad manifiesta de cuantos la integramos.

Señores diputados y senadores:

Su presencia en este salón de sesiones; la representación que cada uno ostenta; la realidad visible de que las nuevas Cortes recogen una pluralidad de ideologías, son la mejor muestra de que, por una parte, se ha traducido a la práctica aquella voluntad de concordia nacional y, por otra, que este solemne acto de hoy tiene una significación histórica muy concreta: el reconocimiento de la soberanía del pueblo español.

El camino recorrido hasta el día de hoy no ha sido ni fácil ni sencillo. Pero ha resultado posible por la sensata madurez del pueblo español, por sus deseos de armonía, por el realismo y la capacidad de evolución de los líderes que hoy están sentados en este Pleno y por la favorable actitud de los altos órganos del Estado para asumir las exigencias sociales.

La Corona, después de las últimas elecciones legislativas, se siente satisfecha al comprobar la forma en que se van logrando los fines que no hace mucho tiempo formuló.

Hemos conseguido que las Instituciones den cabida en su seno a todas aquellas opciones que cuentan con respaldo en la sociedad española.

No voy, por supuesto, a exaltar ahora el esfuerzo que nos permitió llegar a esta meta. Pero sí quiero decirles que entre todos hemos construido los cimientos de una estructura sólida para la convivencia en libertad, justicia y paz. Esos cimientos, constituyen nuestro punto de partida para construir la España a la que todos aspiramos.

Una España que queremos armónica en lo político, justa en lo social, dinámica en lo cultural y progresiva en todos los aspectos, basada en la concordia y con capacidad de protagonismo en el mundo. Hemos conseguido entre todos que haya un lugar para cada opción política en estas Cortes. Ahora queremos que lo haya asimismo para cada ciudadano en el mundo del trabajo, de la cultura, de la economía, de la información y de las demás esferas de nuestra sociedad.

Como Rey de España, al tener la soberanía popular su superior personificación en la Corona, quiero convocarles, a una colaboración plena y decidida para conseguir esos fines.

La democracia ha comenzado. Ello es innegable. Pero saben perfectamente que falta mucho por hacer, aunque se hayan conseguido en corto plazo metas que muchos se resistían a imaginar. Ahora hemos de tratar de consolidarla.

En estos momentos cruciales de nuestra Historia, hemos de procurar eliminar para siempre las causas históricas de nuestros enfrentamientos. Creo que poseemos las condiciones de altura de miras y de afán de trabajo en común para encararnos con un porvenir de paz y de progreso.

Lo que aún nos falta hemos de conseguirlo en la labor de cada hora, en la capacidad de diálogo, en la conservación de ese alto ejemplo de avenencia y espíritu abierto que se ha puesto de manifiesto desde el comienzo de los trabajos de estas Cámaras.

En ese esfuerzo estará siempre presente la Corona, que permanecerá en estrecho contacto con el pueblo y con los representantes legítimos del pluralismo de nuestra sociedad que han de realizar una tarea ardua, pero apasionante.

La Institución monárquica proclama el reconocimiento sincero de cuantos puntos de vista se simbolizan en estas Cortes. Las diferentes ideologías aquí presentes no son otra cosa que distintos modos de entender la paz, la justicia, la libertad y la realidad histórica de España. La diversidad que encarnan responde a un mismo ideal: el entendimiento y la comprensión de todos. Y está movida por un mismo estímulo: el amor a España.

Para la Corona y para los demás órganos del Estado, todas las aspiraciones son legítimas, y todas deben, en beneficio de la comunidad, limitarse recíprocamente. La tolerancia, que en nada contradice la fortaleza de las convicciones, es la única vía hacia el futuro de progreso y prosperidad que buscamos y merecemos.

Como Monarca constitucional que hablo en nombre de la Institución a que me debo, no me incumbe proponerles un programa de tareas concretas que únicamente a ustedes y al Gobierno corresponde decidir, ni ofrecer orientaciones para llevarlas a buen término, pues éste es cometido de los poderes políticos. Pero sí quiero señalar la función integradora de la Corona y su poder arbitral que cobran un especial relieve en sus relaciones con las Cortes. Los aspectos de esta relación habrá que desarrollarlos y concretarlos. Al Congreso y al Senado, que en esta jornada comienzan sus trabajos, les corresponde un doble papel: el de ser la primera concreción de la democracia y el de crear esa misma democracia como modo de convivencia y como sistema eficaz para una sociedad, libre y moderna, que permita la formulación de sus reivindicaciones, su transformación y el progreso de la justicia.

La responsabilidad de las Cortes está en recoger las aspiraciones de los españoles y canalizarlas adecuadamente. No podremos fracasar en esta tarea de crear y mantener la democracia, como han fracaso otros intentos históricos, pues sabremos interpretar adecuadamente lo que más convenga al servicio del pueblo español.

La Ley nos obliga a todos por igual. Pero lo decisivo es que nadie pueda sentirse marginado. El éxito del camino que empezamos dependerá en buena medida de que en la participación no hay exclusiones.

Con la presencia en estas Cortes de los partidos que a través del voto representan a los españoles, damos un paso importante en esa dirección y debemos disponernos con nobleza a confiar en quienes han sido elegidos para dar testimonio de sus ideas y de sus ilusiones.

Además de estos objetivos, el país tiene pendientes muchos problemas concretos sobre los que el pueblo español espera la acción directa de sus representantes. El primero es crear el marco legal adecuado para las nuevas relaciones sociales en el orden constitucional, el regional o en el de la comunicación humana.

La Corona desea —y cree interpretar las aspiraciones de las Cortes—, una Constitución que dé cabida a todas las peculiaridades de nuestro pueblo y que garantice sus derechos históricos y actuales.

Desea el reconocimiento de la diversa realidad de nuestras comunidades regionales y comparte en este sentido cuantas aspiraciones no debiliten, sino enriquezcan y hagan más robusta la unidad indiscutible de España.

La Corona desea un marco de justicia para las relaciones entre los hombres y un ejercicio de la Autoridad sin discriminaciones.

La Corona desea que se creen los instrumentos necesarios exigidos por la dignidad del hombre.

Y nada dignificará más a quienes estamos obligados a resolver en común nuestro destino, que la aceptación de las normas que estas Cámaras van a elaborar.

Estoy convencido de que en sus trabajos no olvidarán la necesidad de atender especialmente a los sectores menos favorecidos de nuestro pueblo.

Con todo, permítanme que les reitere el convencimiento de que solo una sociedad que atienda a los derechos de las personas para proporcionarles iguales oportunidades y que evite las desigualdades injustas, puede ser hoy una sociedad libre.

El progreso a que aspiramos quedaría en una ficción vana si no comportara la mejora real de las condiciones de todos los ciudadanos, y singularmente la de quienes se encuentran más lejos del nivel que en el aspecto humano exige la sociedad actual desde el punto de vista de la cultura, del trabajo, del hogar y del bienestar familiar.

Porque la expansión de la cultura y la mejora del orden social requieren un esfuerzo constante, dirigido a lograr una adecuada participación en aquellos bienes que, siendo fruto de la cooperación de todos, son igualmente indispensables para la general prosperidad.

España atraviesa un momento de dificultades económicas que obedecen, entre otras causas, a las repercusiones de la crisis internacional. Estas dificultades y las posibles soluciones no han de considerarse al margen de las exigencias sociales. Y si es cierto que las acciones directas no corresponden a estas Cortes en su totalidad, también lo es que ellas deben velar por la integración de los intereses de todos los sectores, por el reflejo de todas las aspiraciones y porque no existan desequilibrios perturbadores entre los ciudadanos ni en el reparto de las cargas que les pudieran corresponder.

También en este aspecto la Corona dedicará su máximo empeño a estimular los avances sociales, a moderar las lógicas tensiones de una sociedad en transformación y a conseguir el nivel de vida que nuestro pueblo reclama. La reforma que en este campo demanda nuestro tiempo, es el reto que asume la Monarquía de todos los españoles.

La Corona defiende y promueve la amistad y la colaboración con todas las naciones, sin distinción de regímenes políticos. Seguirá trabajando para conseguir la integridad de nuestro territorio. Y es consciente de que una sociedad como la española, con una juventud entusiasta y unos profesionales perfectamente preparados, con un potencial humano como pocas veces hemos poseído en nuestra Historia, va a permitirnos conquistar el lugar que nos corresponde en el concierto de las naciones.

La Corona espera que los intereses de España en el exterior se defiendan por encima de las opciones concretas de cada partido, porque sólo la unión de todas las fuerzas políticas y sociales nos permitirá realizar con éxito en la acción exterior las aspiraciones nacionales.

Señores Diputados y Senadores:

La consecución de todos estos fines depende de una manera directa del rigor y del entusiasmo que, sin duda, pondrán en el ejercicio de las funciones y los deberes que el pueblo español les ha encomendado, buscando una sociedad más igual, desprovista de privilegios, justa y en progreso constante.

España y el mundo miran hoy a estas Cortes. Estoy convencido, pues conozco la sinceridad de los ideales de sus miembros, que el sentimiento de esperanza con que nuestro pueblo confía en los resultados de las tareas, no se verá decepcionado. Sé perfectamente que estas Cortes van a dar ejemplo al país de austeridad, de entrega y de eficacia en su labor.

En esa ilusionante tarea no les faltará nunca el estímulo y el impulso de la Corona. Yo pido a Dios que me ayude siempre a cumplir con mi deber en el servicio de España.

Los valores y las virtudes que los españoles han puesto de manifiesto; la esforzada entrega de sus representantes al quehacer político; la labor de nuestras Instituciones; la lealtad y disciplina de nuestras Fuerzas Armadas y, en fin, el patriotismo de todos, nos permiten afrontar con entereza y optimismo los problemas del presente y confiar en un futuro de paz y libertad.

Con esos propósitos, con esa esperanza y con esa ilusión queda abierta la Legislatura. Se levanta la sesión."

Lo primero que hay que señalar al comentar el discurso del Rey en la apertura solemne de las Cortes constituyentes, el 22 de julio de 1977, es que el momento y el contexto en que aquel se produjo era políticamente crucial. El propio Rey calificó la ocasión como *"histórica sesión"*, al abrir con sus palabras la Primera legislatura de las Cortes de la Monarquía que el propio Rey encarnaba y representaba.

Tras referirse al voto democrático que había permitido *"la consolidación de un sistema político libre y justo dentro del cual puedan vivir en paz todos los españoles"*, Juan Carlos I manifestó su satisfacción al ver cumplido su compromiso como Rey al presenciar y constatar el establecimiento pacífico de la convivencia democrática sobre la base del respeto a la ley, entendida como manifestación de la soberanía del pueblo.

Para el Rey, sólo *"una sincera voluntad de concordia nacional"* recogería las demandas de evolución como garantía de todas las libertades. Y, reivindicando el protagonismo de la Corona, recordó que para alcanzar tal meta, había propuesto como empresa común, desde que asumió sus altas responsabilidades, la participación de todos en la vida política.

Dirigiéndose a diputados y senadores, Juan Carlos I, testimonió y subrayó la realidad evidente de que las nuevas Cortes recogían una pluralidad de ideologías. Admitió que el camino recorrido para ello no había sido ni fácil ni sencillo, pero posible gracias –dijo literalmente– a la *"sensata madurez del pueblo español"* y *"al realismo y la capacidad de evolución de los líderes"* allí sentados, sin olvidar la actitud propicia de *"los altos órganos del Estado para asumir las exigencias sociales"*.

De esta manera y como culminación de ese proceso, el Rey declaró solemnemente que la democracia había comenzado, sin perjuicio –dijo el propio Monarca– de que *"falta mucho por hacer"*, tras el logro a corto plazo de *"metas que muchos se resistían a imaginar"*.

El histórico discurso del Rey que brevemente comentamos fue, como vemos, un catálogo de solemnes compromisos y de nobles aspiraciones en el que se hizo patente la satisfacción del Monarca al comprobar la forma en que se iban logrando los fines que el propio Rey *"no hace mucho tiempo formuló"*.

Eliminación para siempre de las causas históricas de nuestros enfrentamientos, capacidad de diálogo, concepción de las diferentes ideologías *"como distintos modos de entender la paz, la justicia, la libertad y la realidad histórica de España"*, el reconocimiento de la legitimidad de todas las aspiraciones entendidas en beneficio de la comunidad y recíprocamente limitadas, *"la tolerancia como única vía hacia el futuro de progreso y prosperidad"*, son todas ellas ideas básicas proclamadas por nuestro Rey en el discurso con el que España iniciaba una nueva etapa de su reciente historia.

El Rey, como Monarca constitucional, naturalmente que no se consideró ni en el deber ni en el derecho de proponer programas de tareas concretas que incumben a los poderes políticos, pero sí destacó y subrayó el papel de la Corona y la función integradora y arbitral de la misma, así como el deseo expreso de *"una Constitución que dé cabida a todas las peculiaridades de nuestro pueblo y que garantice sus derechos históricos y actuales"*.

No faltó en este memorable discurso regio una mención a las preocupaciones sociales de la Corona, con un decidido propósito en favor de la implantación de la igualdad de oportunidades como presupuesto o fundamento de una sociedad libre. Para el Monarca, sin la mejora real de las condiciones de todos los ciudadanos, el progreso quedaría en *"una ficción vana"*. De ahí la absoluta necesidad de estimular los avances sociales que el propio Rey reclamó y configuró como *"reto que asume la Monarquía de todos los españoles"*.

Fue elocuente, sin duda, la exhortación del Rey a la coherencia de la política exterior y la defensa de sus intereses extrafronterizos por encima de las opciones concretas de cada partido.

El Monarca puso fin a sus brillantes palabras –esperadas con una inusitada expectación ciudadana que se vio plenamente colmada de satisfacción– con una referencia a la lealtad y disciplina de las Fuerzas Armadas y una invocación al patriotismo de todos.

Discurso pronunciado por S. M. el Rey en la sesión solemne de sanción de la Constitución. 27 de diciembre de 1978. Comentario

"Señoras y Señores Diputados, Señoras y Señores Senadores:

Como expresión de los momentos históricos que estamos viviendo, y cuando acabo de sancionar, como Rey de España, la Constitución aprobada por las Cortes y ratificada por el pueblo español, quiero que mis palabras, breves y sencillas, sean ante todo de agradecimiento hacia los miembros y grupos de estas Cámaras que han elaborado la norma fundamental por la que ha de regirse nuestra convivencia democrática.

Y para proyectar hacia el futuro este sentimiento de gratitud por la labor realizada, formulo mi más sincero deseo de que todas las fuerzas políticas vean cumplidas cuantas esperanzas han depositado en el texto constitucional, a la vez que confío en su buena voluntad para aceptar y ejercer la responsabilidad que en su aplicación les corresponde.

Mi saludo, también, al Gobierno de la Nación, a la Sala de Gobierno del Tribunal Supremo, a la Junta de Jefes de Estado Mayor, a las representaciones de los Altos Organismos e Instituciones del Estado, así como a las religiosas y del Cuerpo Diplomático que hoy se encuentran aquí.

En todos ellos quisiera significar el reconocimiento hacia las distintas Instituciones que, de una u otra forma, han contribuido a esta empresa colectiva que ahora culmina, y concretar el mensaje de paz y solidaridad de los españoles hacia las demás naciones de la Tierra.

Y gracias, por fin, al pueblo español, verdadero artífice de la realidad patria, representado por las distintas fuerzas parlamentarias, y que ha manifestado en el referéndum su voluntad de apoyo a una Constitución que a todos debe regirnos y todos debemos acatar.

Con ella se recoge la aspiración de la Corona, de que la voluntad de nuestro pueblo quedara rotundamente expresada. Y, en consecuencia, al ser una Constitución de todos y para todos, es también la Constitución del Rey de todos los españoles.

Si ya en el mismo instante de ser proclamado como Rey, señalé mi propósito de considerarme el primero de los españoles a la hora de lograr un futuro basado en una efectiva concordia nacional, hoy no puedo dejar de hacer patente mi satisfacción al comprobar cómo todos han sabido armonizar sus respectivos proyectos para que se hiciera posible el entendimiento básico entre los principales sectores políticos del país.

Pienso que este hecho constituye el mejor aval para que España inicie un nuevo período de grandeza.

Y, hoy, como Rey de España y símbolo de la unidad y permanencia del Estado, al sancionar la Constitución y mandar a todos que la cumplan, expreso ante el pueblo español, titular de la soberanía nacional, mi decidida voluntad de acatarla y servirla.

Importante es el paso que acabamos de dar en la evolución política que entre todos estamos llevando a cabo. Importante es la aprobación de una Ley básica como la que hoy he sancionado y que constituye el marco jurídico de nuestra vida en común; pero pensemos que la ruta que nos aguarda no será cómoda ni fácil, y que, al recoger el fruto de la etapa que se cierra, debemos abrigar también la ilusión de no desfallecer en nuestro empeño, el propósito de no ceder terreno al desánimo y la seguridad de mantener el pulso necesario para sortear escollos y dificultades.

Si hemos acertado en lo principal y lo decisivo, no debemos consentir que diferencias de matiz o inconvenientes momentáneos debiliten nuestra firme confianza en España y en la capacidad de los españoles para profundizar en los surcos de la libertad y recoger una abundante cosecha de justicia y de bienestar.

Porque si los españoles sin excepción sabemos sacrificar lo que sea preciso de nuestras opiniones para armonizarlas con las de los otros; si acertamos a combinar el ejercicio de nuestros derechos con los derechos que a los demás corresponde ejercer; si postergamos nuestros egoísmos y personalismos a la consecución del bien común, conseguiremos desterrar para siempre las divergencias irreconciliables, el rencor, el odio y la violencia, y lograremos una España unida en sus deseos de paz y de armonía.

De acuerdo con estos propósitos, la Monarquía, que como la Institución integradora, debe estar por encima de discrepancias circunstanciales y de accesorias diferencias, procurará en todo momento evitarlas o conjugarlas para extraer el principio común y supremo que a todos debe impulsarnos: lograr el bien de España.

Los pueblos de España tienen planteadas grandes demandas en el orden del reconocimiento de sus propias peculiaridades, del trabajo, de la vida familiar, de la cultura y la igualdad efectiva de las oportunidades en el ejercicio cotidiano de la libertad.

A todo ello hemos de consagrar nuestros esfuerzos en el tiempo que se avecina.

Íntimamente identificados con el pueblo, siempre cerca de él, en contacto directo con sus preocupaciones y urgencias, podremos garantizar para el futuro el orden social justo a que todos aspiramos.

Al reiterar a todos mi agradecimiento y mi satisfacción, quiero terminar expresando el orgullo que siento por estar al frente de los españoles en estos tiempos decisivos en que nuestras miradas deben dirigirse al porvenir con fe, con optimismo, con decisión y valentía, con la más ilusionada de las esperanzas.

El día de mi proclamación tuve ocasión de decir que "el Rey es el primer español obligado a cumplir con su deber".

Por eso repito ahora que todo mi tiempo y todas las acciones de mi voluntad estarán dirigidas a este honroso deber que es el servicio de mi Patria."

"*Una Constitución de todos y para todos*" fue el primer gran concepto e idea básica que el Rey formuló el 27 de diciembre de 1978 en el acto de Sanción Real de nuestra Carta Magna, que por deseo expreso de S. M. tuvo a bien realizar y escenificar, con la máxima solemnidad, en el marco incomparable del Palacio de las Cortes, en sesión plenaria y conjunta de ambas Cámaras.

La voluntad del pueblo español, según palabras de Juan Carlos I, quedaba rotundamente expresada. Y añadió: "*Como Rey de España y símbolo de la unidad y permanencia del Estado, al sancionar la Constitución y mandar a todos que la cumplan, expreso ante el pueblo español, titular de la soberanía nacional, mi decidida voluntad de acatarla y servirla*".

Era la rúbrica verbal e institucional del valor y trascendencia de la Constitución, cuya gestación parlamentaria, primero en Ponencia y después en Comisión y Pleno, hacía expresar al Rey su plena satisfacción "*al comprobar cómo todos han sabido armonizar sus respectivos proyectos para que se hiciera posible el entendimiento básico entre los principales sectores políticos del país*".

El concepto "*todos*" había sido reiterado en los primeros pasajes del discurso regio, en un anticipo de su general validez.

Con realismo previsor, Juan Carlos I anunciaba que "*la ruta que nos aguarda no será cómoda ni fácil*" y nos requirió a todos los españoles sobre la base del referéndum celebrado, a "*no desfallecer en nuestro empeño*", "*no ceder terreno al desánimo*" y "*mantener el pulso necesario para sortear escollos y dificultades*".

El Rey, con plena conciencia de las complejidades de la política española, subrayaba el acierto en lo principal y lo decisivo, cual era y había sido, hasta alcanzar el fruto del texto constitucional, no consentir "*que diferencias de matiz o inconvenientes momentáneos debiliten nuestra firme confianza en España y en la capacidad de los españoles para profundizar en los surcos de la libertad…*".

"*En los surcos de la libertad*". Bella metáfora para subrayar la necesidad de postergar toda suerte de egoísmos y empecinamientos partidistas, en aras de la consecución del bien común y así "*desterrar para siempre las divergencias irreconciliables, el rencor, el odio y la violencia*".

Al comentar este discurso Real, que permanece vivo en los anales de la Historia reciente de España, estas exhortaciones de nuestro Rey muestran la clarividencia y el acierto del análisis regio. Se trata de las claves del pilar que sostiene la misión de la Monarquía de todos los españoles, como la gran Institución integradora frente a discrepancias partidarias que puedan resultar lesivas y perjudiciales para el objetivo común y supremo: lograr el bien de España.

Atento al problema de lo que después se ha conocido conceptualmente como *"hechos diferenciales"*, una expresión sólo implícita en las palabras del Rey, el discurso que ahora recordamos abordó las *"grandes demandas"* que tienen planteadas los pueblos de España para *"el reconocimiento de sus propias peculiaridades"*.

Estar con el pueblo, *"siempre cerca de él"*, fue otra de las nociones políticas fundamentales transmitidas por Su Majestad, como imperativo para garantizar ante el futuro y en el futuro un *"orden social justo"*.

Un futuro que Juan Carlos I atisbaba y calificaba de *"tiempos decisivos"*, en los que a su regia persona correspondía, como sigue correspondiendo, *"el orgullo que siento por estar al frente de los españoles"*.

El Rey concluyó su brillante intervención proclamando y recordando lo que ya había manifestado el día de su proclamación como Rey: ser el primer español obligado a cumplir con su deber.

Hemos incluido íntegramente los discursos del Rey de Apertura solemne de las Cortes constituyentes (22 de julio de 1977) y de Sanción Real de la Constitución (27 de diciembre de 1978) porque entendemos que se trata de dos discursos, sin duda, históricos y cuyos textos y contenidos, en ambos casos, constituyen un ejemplo de visión democrática de la política desde las más altas instancias del Estado y de solemnes compromisos de la Corona, en pro de la configuración de una España nueva y distinta, asentada en el pluralismo político y en los valores de libertad, igualdad y justicia.

Si tuviéramos que resumir en un solo párrafo los grandes mensajes de uno y otro discurso, podríamos decir que:

En el primero, el Rey destacó, por encima de cualquier otra consideración, la idea de la superación de los viejos enfrentamientos entre los españoles, subrayando la necesidad de la reconciliación, la tolerancia y el diálogo, dando cabida a todas las peculiaridades e ideologías del pueblo español, que han de servir de base para alcanzar y consolidar la recién conquistada democracia, en la que el Rey debería de ser inexcusablemente el Rey de todos los españoles.

En el segundo discurso, tras agradecer y alabar el esfuerzo y la labor de los constituyentes y de los líderes de todos los grupos políticos, el Rey hizo suya la Constitución aprobada y respaldada por una amplia mayoría del pueblo español, poniéndola solemnemente como paradigma de Constitución *"de todos y para todos"*, fruto del diálogo y del consenso y decantación de las propias posiciones hasta llegar a una común aceptada por todos. El propio Rey proclamó, que en ese marco ejemplar, la Corona y el propio Rey dedicarían todo su tiempo y todos sus esfuerzos para alcanzar el objetivo común y supremo que a todos debe impulsarnos: el bien de España.

Y no queremos cerrar este Capítulo, consagrado a Juan Carlos I, Rey de todos los españoles, sin también hacer mención, aunque sea escueta y somera, a cómo recientemente el Rey ha vuelto a recordar esos valores y virtudes de la Constitución española vigente y a reiterar el compromiso de la Corona de servicio a España y a los españoles. Nos referimos al discurso pronunciado por el Rey, con motivo del XXV aniversario de la Constitución, en sesión celebrada en las Cortes el pasado día 6 de diciembre de 2003, en cuyo discurso el Rey enlaza perfectamente con los dos reproducidos en páginas anteriores.

Tras recordar que la Constitución de 1978 partió de una transición tan ejemplar como completa, el Rey calificó a la Constitución como *"el gran pacto que siempre ha contado con el impulso integrador de la Corona"* y precisó que *"como obra de todos y para todos, nadie puede arrogarse en exclusiva como propia ni tampoco rechazar como ajena"*.

Calificada la Constitución como *"el marco sólido, estable y flexible para afrontar el futuro en común"* y *"el referente básico de nuestra convivencia"*, la Constitución se nos muestra lo suficientemente amplia *"para que las distintas visiones y planteamientos de nuestro arco político democrático puedan expresarse y traducirse en enriquecimiento para todos"*.

Recordó el Rey, igualmente, que la Constitución ha desempeñado un papel fundamental para crear las condiciones necesarias para la plena integración y participación de España en la Unión Europea y destacó la relevancia de aquella para habernos permitido asumir *"un puesto destacado en la configuración de la Europa más unida, más fuerte, amplia y solidaria que estamos construyendo"*.

El Rey, en este discurso pronunciado veinticinco años después de los dos, cuyos textos hemos reproducido íntegramente, ha vuelto a recordar que, desde los valores y principios de la Constitución, se pueden afrontar todos los problemas y anhelos *"dentro del respeto a las reglas de juego adoptadas libre y democráticamente, evitando planteamientos que puedan poner en peligro la estabilidad y la seguridad de todos"*. *"No dilapidemos, dijo, el caudal de entendimiento acumulado en el entorno de nuestra Norma fundamental"*.

El Rey entendió que la conmemoración del XXV aniversario de la Constitución era una ocasión propicia para *"dirigir una llamada a la prudencia y a la responsabilidad, a los hábitos del diálogo sincero, del consenso y de la moderación, para preservar y fortalecer juntos los pilares de nuestra convivencia"*. Nos parece muy importante y digno de destacar que, de nuevo, las llamadas al diálogo, al consenso y a la moderación aparecen y se reiteran en los discursos del Rey, de contenido y trascendencia constitucional.

Por último, y tras reiterar el afán de la Corona de servir a España y a los españoles para alcanzar nuevas cotas de bienestar y referirse al Príncipe de Asturias como garante de la continuidad del compromiso de la Corona al servicio de España, el Rey concluyó su discurso, ejemplo también de los valores que encarna y de los compromisos que asume como Jefe del Estado y símbolo de su unidad y permanencia, afirmando solemnemente: "*Nunca os faltará el afecto, la entrega e ilusión del Rey en ese empeño, reflejo de mi profundo amor a España y de la permanente identificación de la Corona con las legítimas aspiraciones de los españoles*".

ACONTECIMIENTOS MAS RELEVANTES DURANTE EL REINADO DE JUAN CARLOS I.

	CORONA DE ESPAÑA		POLÍTICA INTERIOR
1975	Proclamación del Rey Juan Carlos I. Capitán General. Registro Civil Familia Real y organización de la Casa de S.M. El Rey.	1975	Gobierno Arias Navarro. Estados de Excepción. Vizcaya y Guipúzcoa
1977	Felipe de Borbón. Príncipe de Asturias. R. D. 21-I. Renuncia Derechos Dinásticos de D. Juan de Borbón. Antonio Hernandez Gil, designado Presidente de las Cortes Española. Se abre el proceso constituyente. Homenaje de Asturias al Príncipe, en Covadonga 1-XI.	1976	Gobierno de Adolfo Suárez (4 julio). Graves incidentes en Vitoria y en Montejurra. Referéndum de la Ley para la Reforma Política (15 diciembre). Amnistía.
1978	Promulgación de la Constitución (29-XII). Juan Carlos I, Rey Constitucional.	1977	Entra en vigor la Ley para la Reforma Política (4 enero). Legalización P.C.E. (9 abril). Matanza abogados laboralistas de Atocha. Primeras elecciones democráticas (15 junio). Gobierno Suárez (UCD). Firma Pactos de la Moncloa.
1980	Alfonso XIII enterrado en El Escorial, el 19 de enero.	1978	Referendum Constitucional (6 diciembre).
1981	Toisón de Oro a Don José María Pemán. El Rey visita la Casa de Juntas de Guernica. El Rey otorga el Toisón de Oro al Príncipe de Asturias.	1979	Elecciones Generales (1 marzo). Gobierno Suárez (UCD). Elecciones Municipales (3 abril). Estatutos de Autonomía del País Vasco y de Cataluña.
1982	Premio Carlomagno, a D. Juan Carlos I.	1980	Apertura del Tribunal Constitucional.
1984	El Rey Doctor Honoris Causa por Harvard y por la Complutense y "por todas las Universidades españolas" (20 enero).	1981	Dimisión Suarez. Golpe de Estado Tejero-(23-II). Milans (23-II). Gobierno Calvo Sotelo. Ley del Divorcio (20 julio).

JUAN CARLOS I

	CORONA DE ESPAÑA		POLÍTICA INTERIOR
1985	Reina Victoria Eugenia, enterrada en El Escorial. Jura de bandera del Príncipe de Asturias.	1982	Elecciones generales. 28-X). Gobierno González (PSOE).
1986	Jura Constitución, Príncipe Asturias - 30 de enero. El Rey Premio Coudenhove Kalergi.	1983	Expropiación Rumasa (23 febrero). Elecciones Municipales (8 mayo).
1987	Regulación Títulos Familia Real.	1984	Acuerdo Económico y Social (9 octubre).
1988	Visita España, la Reina de Inglaterra. El Rey, Ciudadano de Honor de Roma.	1985	Ley del Aborto (2 agosto). Ingreso de España en la CEE.
1989	Muere Alfonso de Borbón Dampierre Príncipe Felipe, Teniente de las tres Armas. Isabel II de Inglaterra, otorga la Jarretera al Rey.	1986	Elecciones generales (22 junio). Referendum OTAN (12 marzo). Gobierno González (PSOE).
		1987	Elecciones Municipales (10 junio). Conversaciones Gobierno-ETA, en Argel.
		1988	Elecciones Generales 29-X. Gobierno González (PSOE) Julio Anguita, Líder del P.C.E. Huelga General 14-XII.
		1989	Transformación de AP en el PP. Declaración separada del IRPF, en los matrimonios.
1991	Muere Luis Gómez Acebo, Duque de Badajoz, cuñado del Rey. Inhumados en el Escorial los restos de la Infanta Isabel, *La Chata*, hija de Isabel II. Por primera vez el Rey concede audiencia general a los Grandes de España.	1990	Victoria municipal de PSOE en Andalucía. Caso de corrupción en el PP. Rosendo Naseiro.
1992	Inhumación de los restos del Infante Alfonso, hermano del Rey, en el Escorial.	1991	PSOE pierde las alcaldía de Madrid, Valencia y Sevilla. Alfonso Guerra sustituido por Narcis Serra. Ley "Corcuera" de Seguridad Ciudadana.
1993	Muere Don Juan de Borbón, padre del Rey. (Juan III)	1992	Tercera mayoría absoluta de Jordi Pujol.
1994	Carlos de Borbón-Dos Sicilias elevado a la dignidad de Infante de España.	1993	Victoria electoral del PSOE, sin mayoría absoluta. Subida espectacular del PP.
1995	Matrimonio de la Infanta Elena, Duquesa de Lugo.	1994	Huelga general 27-E. Cándido Méndez sustituye a Nicolás Redondo, en UGT.

JUAN CARLOS I

	CORONA DE ESPAÑA		POLÍTICA INTERIOR
1996	El Rey, Premio Joan Monnet. Muere la Infanta Mª Cristina, tía del Rey.	1995	Gregorio Ordóñez (PP) asesinado por ETA. Victoria del PP en Autonómicas y Municipales. Problemas graves en el CESID.
1997	Matrimonio de la Infanta Cristina, Duquesa de Palma de Mallorca.	1996	Victoria electoral del PP. Gobierno de Aznar con apoyo de CIU, PNV y nacionalistas canarios. Proceso de liberalización económica. TS acusa a Barrionuevo de dirigir el GAL. Proceso FILESA
1998	Nace Felipe Juan Froilán, hijo de la Infanta Elena.	1997	Felipe González deja la Secretaria General. del PSOE Hito antiterrorista: Reacción por el asesinato de Miguel Ángel. Blanco. Mesa de HB ingresa en prisión de donde saldría por decisión del T.C. Total privatización de la Cía. Telefónica.
1999	Nace Juan, hijo de la Infanta Cristina.	1998	Tregua de ETA. Pacto nacionalista de Estella. Anguita renuncia a la Secretaria General del PCE
2000	Muere Doña María M. de Borbón-Dos Sicilias, madre del Rey. Muere Don Gonzalo de Borbón Dampierre. Nace Victoria Federica, segunda hija de la Infanta Elena.	1999	Fin de la Tregua de ETA. Crisis del PSOE, Borrel renuncia a ser candidato. Fusiones bancarias, BSCH y BBVA

	POLÍTICA EXTERIOR		SOCIEDAD
1975	Fin de la Guerra Vietnam - U.S.A. (30-IV). Marcha Verde de Marruecos sobre el Sahara. España abandona el Sahara (14-XI).	1975	Sajarov, Premio Nóbel Paz.
1976	Muere Mao (9-IX). James Carter, Presidente U.S.A.	1976	Aparece El País (4 mayo).
1978	Asesinato de Aldo Moro (16 marzo). Golpe Sandinista en Nicaragua (22-VIII). Paz Camp David entre Egipto e Israel (17-IX).	1977	Muere María Callas (16 septiembre). Vicente Aleixandre, Premio Nobel. Crisis económica mundial (petróleo).
1979	Regresa Jomeini a Irán (5-II). URSS invade Afganistán (26-XII).	1978	Juan Pablo I, Papa (†1978). Juan Pablo II, Papa.
1980	Guerra Irán-Irak (22 septiembre). Fundación Sindicato Polaco Solidaridad. Reagan, Presidente U.S.A.	1979	Accidente Nuclear Harrisburg (28-8). Dámaso Alonso. Premio Cervantes. Muere Blas de Otero.

JUAN CARLOS I

	POLÍTICA EXTERIOR		SOCIEDAD
1981	Mitterrand, Presidente francés (10-V).	1980	Juegos Olímpicos de Moscú boicoteados por Occidente. Jhon Lennon asesinado (8-XII).
1982	Guerra de las Malvinas (2-IV). Egipto recupera El Sinaí (24-IV). OLP, reconoce el Estado de Israel (25-VII). Apertura peatonal verja Gibraltar (15-XII).	1981	Regresa a España el Guernica (10-IX). Buero Vallejo. Premio Nacional de Teatro. Envenenamiento masivo con aceite de colza Acuerdo Nacional de Empleo.
1983	Convenio Amistad España-U.S.A.	1982	Gabriel Márquez, Premio Nobel. Octavio Paz. Premio Cervantes. Visita del Papa a España.
1984	Asesinato Indira Gandhi (31-X). Reagan, Presidente U.S.A.	1983	Lech Walesa, Nobel de la Paz. Muere Joan Miro (25-XII). *Volver a Empezar*, J. L. Garci. Oscar.
1985	Gorbachov, Secretario del PCUS (11-III). Reunión Desarme Ginebra (19-XI).	1984	Juegos Olímpicos, Los Ángeles, boicot del Este. C. J. Cela, Premio Nacional Literatura. Mueren Jorge Guillén y Vicente Alexandre. Rafael Alberti. Premio Cervantes.
1986	España ingresa en la CEE (1.I).	1986	Muere Tierno Galván (19-I). Accidente Nuclear Chernobil (25-IV). Barcelona, Sede Juegos Olímpicos 92 (17-X).
1987	Elecciones Europeas (16-VI). Primer Acuerdo Desarme, U.S.A.-URSS (8-XII).	1987	Federico Mayor Zaragoza, Director UNESCO. Inicio de la "Perestroika" en la URSS.
1988	Mitterrand, Presidente Francés (8-V). Bush, Presidente U.S.A.	1988	Perico Delgado, gana el Tour. Madrid, Capital Europea Cultura 92 (27-V).
1989	Elecciones Polacas, gana Solidaridad (4-VI). Fin Muro de Berlín (9-noviembre). Fusilamiento Ceaucescu (25-XII). Mueren Hirohito de Japón y Fco. José I de Liechtenstein	1989	Muere Salvador Dalí (23 enero). C. J. Cela, Premio Nobel. Segunda visita de Juan Pablo II a España. Bicentenario Rev. Francesa (14-VII). Aparecen las TV. privadas. Nace el periodico *El Mundo*.
1990	Proceso de desmembración de la URSS. Gana las elecciones de Perú, Alberto Fujimori. Guerra del Golfo. Reunificación alemana (RFA-RDA).	1990	Muere Greta Garbo. Nelso Mandela es liberado en Sudáfrica. Fin de la dictadura en Chile. Patricio Alwyn.

JUAN CARLOS I

	POLITICA EXTERIOR		SOCIEDAD
1991	Muere Olar V de Noruega. Tratado de Amistad España-Marruecos. Conferencia en Madrid sobre Paz en Oriente Medio. I Cumbre Iberoamericana, en Guadalajara (México). Fin de la Guerra del Golfo. Golpe de Estado en la URSS. Redefinición de la Unión Europea, en Mastricht.	1991	Muere Maria Zambrano. Ambiente de corrupción en España. Muere Agustín Rodríguez Sahagún.
1992	II Cumbre Iberoamericana, en Madrid. Independencia de Bosnia-Herzegovina.	1992	Juegos Olímpicos de Barcelona. Exito de organización. Exposición Universal de Sevilla. Mueren Camarón de la Isla y Fco. Fernéndez Ordóñez.
1993	Muere Balduino II, Rey de los belgas. III Cumbre Iberoamericana, en Salvador de Bahía (Brasil). Conflicto en Bosnia, España en misión de paz.	1993	Mueren Cantinflas y Federico Fellini. Brugueras gana el Roland Garros. España adquiere la Colección Thyssen.
1994	IV Cumbre Iberoamericana, en Cartagena de Indias (Colombia). Revueltas en Chiapas (México). Yelsin toma a cañonazos el Parlamento.	1994	Miguel Delibes. Premio Cervantes. Oscar a *Belle epoque* de Fernando Trueba. Brugueras y A. Sánchez Vicario ganan el Roland Garros y Conchita Martínez, Winblendom.
1995	V Cumbre Iberoamericana, en Bariloche (Argentina) Nace el Euro. Javier Solana Secretario Gral. OTAN. Chirac, Presidente de Francia.	1995	Mario Vargas Llosa, Premio Cervantes. Devaluaciones de la peseta. Muere Lola Flores y Gutiérrez Mellado. Nuevo Código Penal.
1996	VI Cumbre Iberoamericana, en Chile. Reelección de Yelsin y de Clinton.	1996	Camilo José Cela. Premio Cervantes y Umbral Premio Príncipe de Asturias. Mueren Mitterrand, M.Mastroianni, Lopez Aranguren, el bailarín Antonio y Luis Miguel Domínguín.
1997	Devolución de Hong Kong a China Primer Ministro británico, Tony Blair Primer Ministro francés, Lionel Jospin	1997	José García Nieto. Premio Cervantes. Mueren Lady Di,Jjames Stwart, Teresa de Calcuta, Deng Xiaoping, Pilar Miró y Narciso Yepes. Dario Fo, Nobel de Literatura Primera oveja clónica, "Dolly".
1998	Detención de Pinochet en Londres. Ataque de la OTAN en Kosovo Gerhard Schöder, Canciller alemán. Nace el EURO, moneda única de la U.E.	1998	Guillermo Cabrera Infante. Premio Cervantes y José Saramago, Premio Nobel. Victorias de Arancha Sanchez y Carlos Moyá en Roland Garros. Mueren Frank Sinatra, Octavio Paz, Abril Martorell y Antonio Ordoñez.

JUAN CARLOS I

	POLITICA EXTERIOR		SOCIEDAD
1999	Mueren Husein de Jordania y Hassan II de Marruecos. Nuevos Reyes: Abdalá de Jordania y Mohamed VI de Maruecos. OTAN sigue atacando a Serbia. Guerra en Chechenia. Prodi nuevo Presidente Comisión U.E.	1999	Muere Jhon Jhon Kennedy, Alberti, Joaquín Rodrigo, Torrente Ballester y A. Kraus. José Hierro Premio Cervantes y Günter Grass Premio Nobel de Literatura.
2000		2000	Jorge Edwards. Premio Cervantes.

IV
Corona, familia real y Casa del Rey

CORONA DE ESPAÑA[*]

Basta con la simple lectura de los artículos que integran el Título II de la Constitución, consagrado a la Corona, y especialmente los artículos 56 y 60, para comprobar y constatar que en ellos aparecen conceptos propios y básicos del Derecho civil, como son los relativos al orden regular de sucesión, principios de representación, parentesco y consanguinidad, conceptos de línea y grado, extinción de líneas llamadas en Derecho, minoría de edad, tutor y ejercicio de tutela.

En este sentido cabe afirmar que la Monarquía implica y presupone una extrapolación al ámbito constitucional y político (donde tiene su sede genuina la institución de la Corona) de realidades y figuras básicas y fundamentales del Derecho civil, como son los conceptos (más bien *supraconceptos*) relativos a la familia y la sucesión hereditaria, resultando así plenamente acertada la conocida afirmación según la cual *"la Monarquía o es hereditaria o no es Monarquía"*.

Es cierto que la proyección o integración de aquellos presupuestos conceptuales Familia-Sucesión no pueden entenderse en la actualidad con un sentido de identidad y confusión como ocurría en las viejas Monarquías medievales o, incluso, bastante más tarde, en Monarquías de signo absolutista donde, por así decirlo, el Derecho privado y el Derecho público se confundían plenamente, con base en el marcado carácter personalista y posesivo del Reino por parte del Monarca, "amo y señor de vidas y haciendas".

Pero pese a las evidentes diferencias entre aquellas añejas monarquías y las actuales parlamentarias, reinantes en España y en nuestro entorno europeo, es claro que la regulación constitucional de la Corona como órgano, arranca de esos

---

[*] Este Capítulo, prácticamente en su integridad, constituye la conferencia pronunciada por Ramón López Vilas en el Congreso de los Diputados, bajo el título "Títulos, tratamientos y honores de la Familia Real. El Registro civil de la Familia Real", en las Jornadas de Derecho Parlamentario celebradas en Marzo de 2001 y publicadas en el libro "La Monarquía Parlamentaria". Congreso de los Diputados. Madrid 2001, págs. 449 y ss.

conceptos genuinamente civiles, que conviene, por tanto, tener muy definidos y arraigados para poder valorar correctamente el sentido y alcance de algunos de aquellos preceptos constitucionales.

Y dicho lo anterior, lo primero que hay que señalar, al adentrarnos en el Título II de nuestra Constitución, es lo expresivo que resulta, en línea con la evolución histórica de la Monarquía, la desaparición de la referencia literal al *Rey* en el epígrafe o frontispicio del propio Título y su sustitución por *la Corona*, rompiendo así nuestra tradición constitucional del siglo XIX. Sustitución o alteración lógica y procedente habida cuenta que la Corona pasa a ser y es algo más que un tema o referente centrado en la sucesión del Rey, para convertirse (al ser una Monarquía parlamentaria propia de un Estado social y democrático de Derecho) en el órgano constitucional que es llamado a ejercer la función propia de la Jefatura del Estado en un Ordenamiento democrático que adopta la forma de Monarquía parlamentaria.

Es cierto que en las Constituciones españolas del siglo XIX, el Título consagrado al Rey, normalmente le seguía o se incluía en él un Capítulo dedicado a la Sucesión a la Corona; pero es evidente que en tales Constituciones *la Corona* se contempla como concepto sinónimo o identificado con el Trono y no como órgano propiamente dicho, con la significación y entidad que hoy tiene en nuestra Constitución de 1978, donde *la Corona* es y significa mucho más que la sucesión en el Trono o sucesión del Rey, entendida como sucesión personal del Monarca.

Sabido es que nuestra vigente Constitución configura una Monarquía parlamentaria en la que la soberanía reside en el pueblo y, por representación, en las Cortes Generales. La Monarquía parlamentaria es, por tanto, y así se reitera por todos los comentaristas, el resultado histórico del proceso que condujo, desde el siglo XVIII, a la racionalización de la forma monárquica y a la conciliación del principio monárquico con el principio democrático.

Resultado de ese proceso evolutivo que desemboca en la configuración y concepción de nuestra actual Monarquía, la figura augusta del *Rey-persona* se inserta y se integra en el *"órgano Corona"*, a la que aquel le ha de ser leal como órgano supremo del Estado. El Rey deja de ser el Soberano y pasa a ser la personificación regia del órgano Corona, al tiempo que los *súbditos* dejan de ser tales para pasar a ser *ciudadanos*.

En otras palabras, el Rey pasa a ser la personificación de la Corona y del Estado y la Corona se nos ofrece como máxima objetivación de la Monarquía como forma de Estado.

Por tanto, siendo la Corona el órgano constitucional y el Rey la personificación de aquélla, a la Corona le corresponden los símbolos y los emblemas y al Rey los títulos, el tratamiento y los honores.

FAMILIA REAL.
FAMILIA DEL REY Y CASA DE S. M. EL REY

Llegados a este punto, y antes de ocuparnos del tratamiento normativo de los títulos, honores y distinciones de la Familia Real, resulta obligado aludir a algo que es obvio y fundamental, cual es el dejar sentadas las diferencias entre tres conceptos o instituciones claramente distintas que no siempre se manejan, en el ámbito periodístico, con la debida precisión. Nos referimos a la Familia Real, Familia del Rey y Casa de Su Majestad El Rey.

La Familia Real entraña y significa la idea de familia nuclear, constituida de manera restrictiva y exclusiva por los Reyes (don Juan Carlos I y doña Sofía), sus ascendientes en primer grado (sus padres, ya fallecidos en el caso de los actuales monarcas) y sus descendientes (hijos y nietos), los cuales constituyen un reducido núcleo familiar vinculado, por la Constitución de 1978, con mayor o menor proximidad, al orden regular de sucesión y, en su caso, a las obligaciones propias de la Regencia[1].

La Familia del Rey es, en cambio, un concepto ostensiblemente más amplio que el anterior y que está formado e integrado por los parientes más próximos del Rey (hermanas, cuñados, sobrinos...) y cuya consideración, como en cualquier familia, puede extenderse, con razonable libertad de criterio, a los parientes con mayor trato y/o afecto.

La Casa de S. M. El Rey es, en cambio, el órgano de naturaleza pública y administrativa puesto al servicio de la Jefatura del Estado para que, con dependencia

---

[1] Vid. en tal sentido Real Decreto 2917/1981, de 27 de noviembre. Debemos de resaltar, sin embargo, que el Rey Juan Carlos I considera a sus hermanas las Infantas doña Pilar y doña Margarita como integrantes de la Familia Real, según aparece en la obra de José Luis de Vilallonga "Conversaciones con D. Juan Carlos I de España", Ed. Plaza y Janés. Barcelona 1993, pag. 203

directa y completa del Titular de la Corona, le sirva a éste de apoyo en cuantas actividades se deriven del ejercicio de sus funciones.

Las competencias y funciones de la Casa de S. M. no se limitan, por tanto, a la organización y funcionamiento de lo que podría entenderse por régimen interno de la Familia Real, que es el aspecto que se destaca en el artículo 65 de la Constitución a efectos presupuestarios[2]. Pero es evidente que la mayor relevancia de la Casa de S. M. El Rey reside cabalmente en la organización de las relaciones institucionales del Rey con los organismos oficiales y entidades públicas y privadas de la Nación española, así como en el papel cada día más relevante que el Rey juega como Jefe del Estado en el ámbito de las crecientes e intensas relaciones internacionales de España con el resto de la comunidad internacional.[3]

Con cierta frecuencia se habla indistintamente en los medios de comunicación de Casa de S. M. El Rey y de la Casa Real. Pues bien, conviene quizás precisar que la denominación más adecuada y correcta desde el punto de vista legal y actual es la primera, pues es la que literalmente recogió el Decreto originario de 25 de noviembre de 1975 por el que se creó "la Casa de Su Majestad el Rey" (Decreto publicado en el BOE del día siguiente, 26 de noviembre) y que se ha mantenido en todas las reestructuraciones de la Casa habidas desde entonces, cuando ya la Monarquía felizmente reinante en España, estaba plenamente consolidada. Nos referimos a las sucesivas modificaciones contenidas en el Real Decreto de 30 de diciembre de 1987; la amplia y detallada reestructuración recogida en el Real Decreto de 6 de mayo de 1988 (BOE de 10 de mayo); la muy puntual de 25 de mayo de 1990 y, en fin, la Orden interna de 17 de abril de 1996 en todas las cuales se habla de "Reestructuración de la Casa de S. M. El Rey".

La denominación Casa Real tiene, en cambio, un valor histórico y tradicional absolutamente innegables, pero que no potencia adecuadamente la relevancia y significación constitucional que hay que destacar en la configuración de la Casa de S. M. el Rey como órgano de naturaleza pública al servicio de la Jefatura del Estado. La denominación Casa Real hace referencia a la estirpe Borbón y por eso sí tiene sentido, precisamente por su significación histórica y personal de la figura del Rey, seguir hablando de la Casa Real para referirnos, por ejemplo y como vamos a ver a continuación, a los títulos nobiliarios "que pertenezcan a la Casa Real" y cuya concesión, graciosa y libre, corresponde al Rey, como titular de la Corona y Jefe de la Casa, dentro siempre del ámbito de los miembros de su familia.

[2] Art. 65 C.E.: "1. El Rey recibe de los Presupuestos del Estado una cantidad global para el sostenimiento de su Familia y Casa, y distribuye libremente la misma. 2. El Rey nombra y releva libremente a los miembros civiles y militares de su Casa."
[3] En la primera Constitución española, que nunca tuvo vigencia, promulgada en Bayona el 6 de Julio de 1808 por José Bonaparte, ya se preveía la institución de la "Casa del Rey".

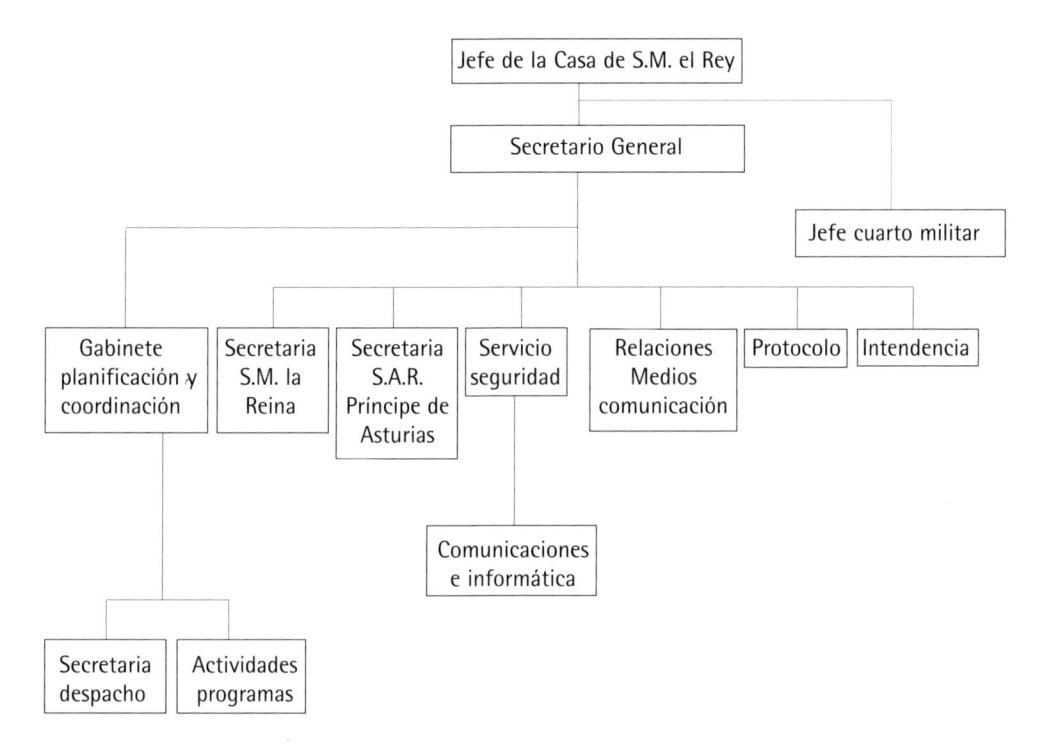

CORONA, FAMILIA REAL Y CASA DEL REY

```
                    Jefe de la Casa de S.M. el Rey
                                │
                         Secretario General ─────────────────┐
                                │                            │
                                                      Jefe cuarto militar

  ┌──────────┬──────────┬──────────┬──────────┬──────────┬──────────┬──────────┐
Gabinete   Secretaria  Secretaria  Servicio   Relaciones  Protocolo  Intendencia
planificación y  S.M. la    S.A.R.    seguridad    Medios
coordinación   Reina    Príncipe de            comunicación
                        Asturias
                                       │
                               Comunicaciones
                                e informática

  ┌──────────┐
Secretaria   Actividades
despacho     programas
```

221

TÍTULOS, TRATAMIENTO Y HONORES
DE LA FAMILIA REAL

El tratamiento normativo de estas cuestiones aparece proclamado parcialmente en la Constitución española, sólo en lo relativo al Rey (art. 56.2 C.E.), y se desarrolla ya "in extenso", refiriéndose a la Familia Real (y a los Regentes), en el Real Decreto de 6 de noviembre de 1987 (Real Decreto 1.368/1987) sobre régimen de títulos, tratamientos y honores de la Familia Real y de los Regentes.

En dicho Real Decreto se incluye un artículo (el 2) consagrado específicamente al Príncipe heredero, que viene a ser el obligado desarrollo del antes mencionado art. 57.2 de la Constitución, conjunto normativo al que nos referiremos más adelante, concretamente en el Capítulo siguiente, donde comenzaremos por aludir en el plano legislativo al Real Decreto de 21 de enero de 1977 (BOE de 22 de enero) sobre *"Títulos y denominaciones que corresponden al heredero de la corona"* publicado, como vemos, antes de las primeras elecciones democráticas de 15 de junio de 1977 y de la promulgación de nuestra vigente Constitución de 27 de diciembre de 1978.

De acuerdo con el artículo 56.2 de la Constitución, el título *"es el de Rey de España y podrá utilizar los demás que correspondan a la corona"*. Dicha declaración parte de la consideración –novedosa en el constitucionalismo español– del Rey como Jefe de Estado (artículo 56.1 C.E.). Proclamación o configuración del Rey como Jefe de Estado, que ha sido reiteradamente destacada por nuestros constitucionalistas como aspecto fundamental y muy destacado de nuestra Carta Magna.

El título constitucional e histórico es, por tanto, el de "Rey de España" que se configura así como el título dominante y absorbente, junto al cual la propia Constitución permite en el mismo precepto que el Rey de España pueda utilizar *"los demás que correspondan a la corona"*.

En consecuencia, integrando y compendiando este art. 1.1 del Real Decreto de 6 de noviembre de 1987 con el art. 56.2 de la Constitución, que aquel viene a desarrollar en lo que concierne a los títulos del Rey, cabría establecer la siguiente distinción tripartita, afectante siempre a la figura del Rey:

— *Título constitucional, dominante, absorbente y, en definitiva, integrador:* "Rey de España".
— *Títulos que corresponden a la Corona.*
  Aquí tienen cabida los títulos que algunos historiadores y nobiliaristas, apegados excesivamente a la tradición y a la historia, suelen llamar título "largo", frente al "corto", referido al de "Rey de España", que vienen a situar en un plano de cierta igualdad que nos parece inaceptable.
  Consideramos mucho más procedente y apropiado que aquí se incluya títulos que podrían dar vida al llamado o considerado Título "omnicomprensivo", recuerdo glorioso de la Monarquía fragmentada en reinos que precedió cronológicamente a la Monarquía propia del Estado unificado o unitario contemporáneo. Y aquí cabría, a su vez, distinguir entre:

  — Títulos "históricos de soberanía". Son los que llevan el nombre de territorios o ciudades que hoy configuran el Estado o que estuvieron en su día vinculados a las Españas: Son, por ejemplo, los de Rey de Castilla, de León, de Aragón, de Mallorca, de Sevilla; Duque de Borgoña, de Brabante y de Milán; Conde de Barcelona, de Flandes; Señor de Vizcaya, de Molina, etc.
  — Títulos "de pretensión". Vienen a representar y rememorar una reclamación fundada en razones histórico-políticas. El ejemplo quizás más significativo en este grupo sería el de "Rey de Gibraltar".
  — Títulos "pro memoria". Responden a razones históricas y sentimentales y corresponden a territorios que España hace tiempo que dejó de administrar. Así el de Rey de Jerusalén, Conde de Habsburgo...
  — Títulos que también corresponden al titular de la Corona. Aquí deberán incluirse los de "Majestad Católica", Jefe y Soberano del Toisón de Oro, de la Real Orden de Carlos III, Gran Maestre de Las Reales Órdenes Militares de Santiago, Calatrava, Alcántara y Montesa, etc.

Como cierre de este segundo apartado consagrado a los títulos que corresponden a la Corona, hay que decir que, en realidad, todos ellos están en desuso[4], salvo aquellos que corresponden al titular de la Corona, que siguen siendo utilizados o invocados en el ámbito específico del que éstos son propios.

La falta de uso se explica por la idea de entenderse que todos ellos están implícitamente absorbidos, con sus referentes históricos y, en su caso, territoriales, por el título constitucional por antonomasia ("Rey de España") que es además el preeminente, integrador y dominante de todos ellos. Hay que decir y recordar, sin embargo que el Rey Juan Carlos I, utilizó y aludió expresamente al de "Majestad Católica" con ocasión del primer viaje a España del Papa Juan Pablo II, en el mes de Octubre de 1982.

— *"Otras dignidades nobiliarias que pertenezcan a la Casa Real"*.

Esta tercera categoría de títulos no aparece mencionada en el art. 56.2 de la Constitución (*"Rey de España"* y *"demás que correspondan a la corona"*), pero a ellos está dedicado el Capítulo III del Real Decreto de 6 de noviembre de 1987. Pueden entenderse implícitamente integrados en la genérica alusión constitucional a los *"que correspondan a la corona"* (que hemos incluido en el apartado anterior, pero en realidad estos últimos ("dignidades nobiliarias" de la Casa Real) son propiamente títulos de nobleza que pertenecen a la Casa Real y cuya concesión libérrima corresponde al titular de la Corona, dentro siempre de los miembros de "Su Familia"[5].

Nos estamos refiriendo, por orden cronológico de su concesión, a los Ducados de Badajoz, Cádiz, Soria, Lugo y Palma de Mallorca. Sus respectivos usos fueron autorizados por Decretos de 1967 (Ducado de Badajoz) y 1972 (Ducado de Cádiz) siendo en ambos casos Jefe del Estado Franco; por Real Decreto de 23 de junio de 1981, el Ducado de

---

[4] Parece que la última vez que se publicó con carácter "oficial" la relación de títulos integrantes del título "largo" del Monarca español, fué en la edición del Gotha europeo correspondiente al año 1941, en la que figuraban una treintena de Títulos vinculados al Rey de España (entonces no reinante).

[5] No son, en cambio Títulos *"de la Casa Real"* algunos Títulos que pertenecen o han pertenecido a familiares del Rey (habiendo sido primeros concesionarios incluso algún Infante), como son los Ducados de Sevilla, Ansola, Dúrcal, Hernaní o Marchena.
Sobre la materia puede verse, entre otros, García-Mercadal: *"Los títulos de la Casa Real: algunas precisiones jurídico-dinásticas"*. Real Academia Matritense de Heráldica y Genealogía. Madrid 1998.

Soria; por Real Decreto de 3 de marzo de 1995, el Ducado de Lugo y, por Real Decreto de 26 de septiembre de 1997, el Ducado de Palma de Mallorca.

La concesión o atribución del uso de estos títulos nobiliarios tiene el carácter de *"graciable, personal y vitalicio"*, según dispone el artículo 6 del Real Decreto de 6 de noviembre de 1987.

— Carácter *"graciable"* en lo que concierne a su concesión por parte del Rey y, en el caso de los dos primeros (Ducados de Badajoz y de Cádiz), por el anterior Jefe del Estado, que se atribuyó en esta materia la facultad regia de conceder títulos nobiliarios en virtud de la Ley de 4 de mayo de 1948, por la que se restableció la legalidad vigente con anterioridad al 14 de abril de 1931 en materia de Grandezas y Títulos del Reino y Decreto de 4 de junio del mismo año 1948, por el que se desarrolló aquella Ley.

— Carácter *"personal"*, de modo que su uso queda limitado y vinculado a la persona del beneficiario y su consorte. A nuestro juicio no cabe sostener, tal como hacen algunos genealogistas y nobiliaristas, basándose en el término "personal" que recoge el art. 6 del Real Decreto de 6 de noviembre de 1987, que el uso de tales dignidades no es extensivo a los cónyuges respectivos. Entendemos que tal interpretación restrictiva no cabe por las siguientes razones:

— Vulneraría el régimen legal de los títulos de nobleza aplicable en estos casos como verdaderas mercedes nobiliarias que son, aunque sean, por definición, pertenecientes a la Casa Real.

— Constreñido su uso a sus beneficiarios/beneficiarias, conduciría al absurdo de significar para éstas una concesión de rango o tratamiento inferior al que les corresponde, habida cuenta que las hijas del Rey son Infantas de España y, como tales, reciben el tratamiento de Alteza Real (art. 3.1 del Real Decreto de 6 de noviembre de 1987) y las hermanas del Rey son también Infantas de España con tratamiento asimismo de Alteza Real (Disposición transitoria segunda del citado Real Decreto).

— Aquella interpretación restrictiva e ilógica iría manifiestamente en contra de la causa determinante de la propia Real concesión del título, que se explicita de modo inequívoco en la introducción o justificación de la propia Real concesión.

Así, por ejemplo, en los Ducados de Lugo y de Palma de Mallorca (Reales Decretos de 3 de marzo de 1995 y 26 de septiembre de 1997) se repite la fórmula que literalmente dice en ambos casos: *"En atención a las circunstancias que concurren en Mi muy querida Hija Su Alteza Real Doña (Elena y Cristina) de Borbón, Infanta de España, con ocasión de su matrimonio y como prueba de mi profundo afecto y cariño. He tenido a bien concederle, con carácter vitalicio, la facultad de usar el título de duquesa de (Lugo y Palma de Mallorca)".* Y a continuación aparece la firma de Su Majestad el Rey, con el refrendo del Presidente del Gobierno.

Obsérvese, a mayor abundamiento, que en tales palabras introductorias o justificativas se alude sólo al "carácter vitalicio" de los respectivos títulos, evitándose la referencia al carácter personal de los mismos para no incurrir en el sentido equívoco del vocablo *"personal"* del art. 6 del Real Decreto de 6 de noviembre de 1987 (*"La atribución del uso de dichos títulos tendrá carácter graciable, personal y vitalicio"*) que dio pie a esa interpretación restrictiva e injustificada que hemos expuesto y rechazado.

— Carácter *"vitalicio"*, lo que supone su extinción con la muerte de sus beneficiarios o titulados, concepto en el que se integra por extensión el consorte correspondiente, tal como acabamos de explicar.

En este punto, convendrá recordar, en fin, que en la concesión del uso del Ducado de Cádiz en 1972 se produjo una irregularidad al recogerse en el último momento en los términos de la concesión la frase *"... cuyo Título y tratamiento ostentarán igualmente su cónyuge y descendientes directos"*. Dicho añadido infringió frontalmente la naturaleza y el carácter singular de estos títulos de la Casa Real y debe entenderse derogado por lo dispuesto, no sólo en el art. 6 del Real Decreto de 6 de noviembre de 1987 (carácter vitalicio de aquellos), sino específicamente por la Disposición transitoria del mismo, relativa a *"los miembros de la familia del Rey Don Juan Carlos I de Borbón"*[6].

Examinada hasta aquí la materia relativa al *"Título del Rey de España"*, *"de los demás que correspondan a la corona"* y de *"otras dignidades nobiliarias que pertenezcan a la Casa Real"* procede ahora aludir resumidamente al tema de los tratamientos y honores de los hijos del Rey que no tengan la condición de Príncipe (o Princesa) de Asturias y los hijos de este Príncipe (o Princesa) de Asturias, pues reservamos el Capítulo siguiente a la figura singular del Príncipe de Asturias como heredero de la Corona.

---

[6] "Miembros de la familia del Rey" que, repetimos, no hay que confundir con el concepto y significado nuclear, más restrictivo y genuino, de "Familia Real" ni de "Casa Real".

El tratamiento del Rey de España, titular de la Corona, es el de "Majestad" (art. 56.2 C.E. y 1.1 del Real Decreto de 6 de noviembre de 1997). El art. 2 del propio Real Decreto lo hace extensivo, con la denominación de Reina, a la consorte del Rey de España mientras lo sea o permanezca viuda.

Históricamente el tratamiento de Majestad estuvo reservado exclusivamente al Emperador del Sacro Imperio Romano-Germánico hasta que, a partir del s. XIII, fue utilizado por los monarcas europeos para poner de manifiesto su autonomía y jurisdicción frente al Imperio: *"Rex est Imperator in regno suo"*.

Por lo que se refiere a los monarcas españoles, el tratamiento de Majestad aparece documentalmente probado desde antiguo, en época de los reinos antes de la unificación. Así, en las Cortes de Santa María de Nieva, en 1437, se denomina al Monarca "Vuestra Real Majestad"; y en las Cortes de Toledo, de 1480, se alude literalmente a ceremonias "que sólo a la Majestad Real son debidas".

El Real Decreto de 6 de Noviembre de 1987 contiene la previsión de que al consorte de la Reina de España, mientras lo sea o permanezca viudo, le corresponderá la dignidad de Príncipe, señalando, además, literalmente que: *"Recibirá el tratamiento de Alteza Real y los honores correspondientes a su Dignidad que se establezcan en el ordenamiento jurídico"* (art. 1.3)[7].

El art. 3 del repetido Real Decreto contempla y se refiere a la figura de los Infantes de España atribuyendo tal condición con carácter lógicamente restrictivo a *"los hijos del Rey que no tengan la condición de Príncipe o Princesa de Asturias y los hijos de este Príncipe o Princesa"*, los cuales *"recibirán el tratamiento de Alteza Real"* (nº 1 del art. 3). Son los Infantes natos[8].

En el nº 2 del mismo artículo 3 se prevé la posibilidad de que el Rey pueda otorgar la dignidad de Infante y el tratamiento de Alteza *"a aquellas personas a las que juzgue dignas de esta merced por la concurrencia de circunstancias excepcionales"*. Son los Infantes llamados de "gracia o privilegio".

En el nº 3 de este art. 3 se contiene la prohibición taxativa y terminante, fuera de lo previsto en este artículo, y en el anterior[9] (consagrado al Príncipe

---

[7] Históricamente, sin embargo, desde los Reyes Católicos, en los dos casos en que hubo Reina (Juana I "La loca" e Isabel II), sus consortes recibieron el Título de Rey,. Fueron los casos de Felipe el Hermoso y de Francisco de Asís.

[8] Sus consortes, mientras lo sean o permanezcan viudos, tendrán el tratamiento y honores que el Rey, por vía de gracia, les conceda en uso de la facultad que le atribuye el apartado f) del art. 62 de la Constitución. Art. 3.1 in fine.

[9] Y excepción hecha de lo previsto en el art. 5 consagrado a la Regencia, en donde se dispone que: "Quienes ejerzan la Regencia tendrán el tratamiento de Alteza Real e iguales honores que los establecidos para el Príncipe de Asturias, a no ser que les correspondan otros de mayor rango".

heredero), de titularse Príncipe o Princesa de Asturias (o cualquier otro título de los tradicionalmente vinculados al sucesor de la Corona) o Infantes de España y de recibir los tratamientos y honores propios y exclusivos de esas dignidades o titulaciones, íntimamente vinculadas a la condición de esas personas[10].

Por último, hay que subrayar el sentido vitalicio del contenido de las Disposiciones transitorias con que se concluye este importante Real Decreto de 6 de noviembre de 1987. Dichas Disposiciones transitorias están dedicadas específicamente y por su orden a los padres del Rey, a sus hermanas y a los miembros de la familia del Rey con algún título de la Casa Real.

La primera de ellas carece actualmente de efectos, al haber fallecido ya los padres del Rey.

En la segunda se dispone que las hermanas del Rey serán "Infantas de España" y que conservarán de por vida el derecho al uso del tratamiento de Alteza Real, pero no sus consortes ni hijos, consecuencia directa del carácter vitalicio del derecho de que se trata (tratamiento de Alteza Real).

En la tercera y última Disposición transitoria se mantiene ese carácter vitalicio referido en este caso a los miembros de la familia del Rey (concepto distinto y mucho más amplio, como ya hemos dicho, que el de Familia Real) que "en la actualidad tuviesen reconocido el uso de un título de la Casa Real y el tratamiento de Alteza Real": lo conservarán también de por vida pero no serán, por tanto, transmisibles ni a sus consortes ni a sus descendientes.

---

[10] Por lo que se refiere a los hijos de los Infantes de España, el art. 4 del Real Decreto prevé y dispone que *"tendrán la consideración de Grandes de España, sin que ello dé origen a un tratamiento especial distinto del de Excelencia"*.

EL REGISTRO CIVIL DE LA FAMILIA REAL

Mediante el Decreto-Ley 17/1975, de 20 de Noviembre, se escindió del Registro Civil general el Registro Civil de la Familia Real, armonizando las antiguas disposiciones especiales, como era el Real Decreto de 22 de enero de 1873, con los preceptos constitucionales sobre la Corona. En su desarrollo se promulgó el Real Decreto 2917/1981, de 27 de noviembre.

La finalidad fundamental del Real Decreto 2.917/1981, además de las específicamente registrales, fue dejar señalado, con trazo firme y criterio claro, quienes son las personas que forman e integran la Familia Real, las cuales aparecen puntualmente relacionadas en el art. 1 del citado Real Decreto, desde la concepción restrictiva del concepto jurídico de "familia nuclear".

"*El Rey de España, su Augusta Consorte, sus ascendientes de primer grado, sus descendientes y el Príncipe heredero de la Corona*".

En el Registro Civil de la Familia Real sólo se inscribirán: los nacimientos, los matrimonios, las defunciones y cualquier otro hecho o acto inscribible con arreglo a la legislación sobre Registro Civil, que afecten a las augustas personas antes enumeradas.

Manteniendo el criterio restrictivo antes señalado, sólo están legitimados para pedir certificaciones: el Rey o Regente; los miembros de la Familia Real con interés legítimo; el Presidente del Gobierno y el Presidente del Congreso de los Diputados (art. 4).

El Registro está a cargo del Ministro de Justicia, asistido como Secretario por el Director General de los Registros y del Notariado (art. 2) y aquél se llevó a efecto y se confeccionó en un solo Libro Especial totalmente nuevo e inédito ("*con todas sus hojas en blanco*", según dispone el art. 3).

El citado Real Decreto, claro y conciso, cierra su articulado con una remisión expresa a la legislación general sobre Registro Civil, en relación con las circunstancias de los asientos, los títulos para practicarlos y cualquiera otra materia no prevista en los artículos anteriores (art. 5).

Hay que decir, para terminar que, según las previsiones contenidas en la correspondiente Disposición adicional, nada más publicarse el repetido Real Decreto (BOE de 12 de diciembre de 1981), el Ministro de Justicia, que a la sazón lo era Pío Cabanillas-Gallas, impulsor del mismo, procedió a abrir el correspondiente Libro del Registro de la Familia Real, encabezándolo con la inscripción de nacimiento de Su Majestad el Rey, Juan Carlos I de Borbón. El asiento se practicó en virtud de traslado, por certificación literal expedida de oficio, de la inscripción que entonces existía en el Registro Civil Central, procediéndose a la cancelación obrante en dicho Registro.

Este mismo sistema y consiguiente procedimiento es el que escrupulosamente se ha seguido con todas las demás inscripciones practicadas desde entonces, relativas a las personas y actos inscribibles que se recogen en el art. 1 de este Real Decreto sobre el Registro Civil de la Familia Real y que hemos relacionado en líneas anteriores.

V
El prícipe de Asturias heredero de la corona de España

EL PRÍNCIPE DE ASTURIAS
Y LA SUCESIÓN EN EL TRONO (ART. 57.1 C.E.)
PROPUESTA DE MODIFICACIÓN

Como ya hemos tenido ocasión de escribir hace más de veinte años[1], la Monarquía, consustancialmente hereditaria, implica y supone la extrapolación al orden político de una serie de instituciones y conceptos fundamentales de carácter privado, como son la familia y la herencia, que constituyen el basamento de la Corona y que se proyectan también en el ámbito público y constitucional de la Institución.

Sin embargo, esto no significa, como ya ha sido puesto de relieve por los comentaristas de nuestra Constitución, que con ello se cree un clima de confusión entre el Derecho público y el Derecho privado, tal como ocurría en las viejas Monarquías medievales, sino que lo que se pretende destacar con tal afirmación es el reconocimiento de la vigencia, precisamente en el campo de la política democrática, de una serie de esquemas o principios arraigados y generalmente indiscutidos. La Corona, gracias precisamente a ser una institución hereditaria, aporta y proyecta en el orden político esos valores insustituibles de permanencia, estabilidad, arbitraje e integración entre todos los ciudadanos, que no súbditos, que ven en ella la mejor y más conveniente forma política del Estado[2].

La indisolubilidad entre la justificación funcional de la Monarquía y la transmisión o sucesión hereditaria de la Corona ha sido puesta de relieve con gran

---

[1] Vid. Ramón López Vilas: "La sucesión en la Corona (Comentarios al art. 57 de la Constitución)", en el libro, coordinado por P. Lucas Verdú, *La Corona y la Monarquía Parlamentaria en la Constitución de 1978*. Ed. Publicaciones de la Facultad de Derecho de la Universidad Complutense. Madrid 1983, pág. 129 y ss.
[2] Vid. por todos, O. Alzaga *La Constitución española de 1978*. Comentario sistemático. Madrid. 1978.

exactitud y acierto, subrayándose al efecto que las dos grandes ventajas tradicionalmente reconocidas a la Monarquía, a saber, la de su imparcialidad (el poder y la *"autoritas"* el Rey no los debe a ningún partido o grupo político) y la de su continuidad o permanencia (el poder y la *"autoritas"* se transmiten sin saltos ni vacíos temporales) descansan precisamente en que "el Rey nace y no se hace"[3].

La figura del heredero al trono, por tanto, forma parte fundamental y decisiva de la esencia misma de la Institución monárquica, porque ésta, como ya ha quedado dicho en páginas anteriores, o es hereditaria o no es Monarquía. Por eso resulta obvio recordar que la fórmula de sucesión a la Corona que constitucionalmente se acoja constituye siempre y en todo caso un tema que afecta a la médula o núcleo sustancial de la Corona.

Nuestra vigente Constitución recoge y configura en este punto un criterio automático de sucesión, de manera que, en ningún caso, queda la Corona vacante. La muerte del Rey supone y conlleva la asunción inmediata de la Corona por su heredero, independientemente de la edad de éste: el Rey lo es aunque sea menor de edad, o como se dijo refiriéndose a Alfonso XIII "aún antes de su nacimiento". La Constitución prevé, en efecto, los supuestos del Rey menor de edad y del Rey inhabilitado para el ejercicio de sus funciones por causas de enfermedad, viajes, etc. y, en ambos casos, el Rey sigue siendo Rey aunque aquellas funciones las desempeñe quien ostente la Regencia.

El criterio de sucesión acogido por nuestros constituyentes de 1978 fue, como es bien sabido, el tradicional en España desde las Partidas de Alfonso X el Sabio; concretamente el previsto en la Ley II, del Titulo XV de la Partida II. Dicho criterio fue confirmado por el Ordenamiento de Alcalá, las Leyes de Toro y la Novísima Recopilación y posteriormente reiterado por todas las Constituciones españolas del s. XIX, con el paréntesis bien conocido, durante el reinado de Fernando VII, de la "Pragmática Sanción" y la Ley Sálica.

Estamos, pues, en presencia de un criterio secularmente aceptado y profundamente arraigado en el constitucionalismo español. Es más, el apartado 1 del artículo 57 de la Constitución de 1978, donde se recoge el orden de sucesión en la Corona, es reproducción literal, como vamos a ver, del artículo concordante (art. 60) de nuestra última Constitución del s. XIX, la de 1876, en la que se reconocía y proclamaba como *"Rey legítimo de España a D. Alfonso XII de Borbón";* la

---

[3] Lo que no excluye, naturalmente, que quien "nace Rey" deberá recibir, precisamente por ello, una rigurosa formación en aras de las altas responsabilidades que habrá de asumir, de modo efectivo, en su momento.

cual, a su vez, reproducía casi literalmente las mismas pautas o reglas sucesorias anteriormente recogidas en los artículos correlativos de las demás Constituciones decimonónicas, a partir de la de 1837.

El art. 57.1 de la Constitución de 1978 dispone: *"La Corona de España es hereditaria en los sucesores de S. M. Juan Carlos I de Borbón, legítimo heredero de la dinastía histórica. La sucesión en el trono seguirá el orden de primogenitura y representación, siendo preferida siempre la línea anterior a las posteriores; en la misma línea, el grado más próximo al más remoto; en el mismo grado, el varón a la mujer, y en el mismo sexo, la persona de más edad a la de menos".*

De lo expuesto resultan claros e indubitados en nuestra vigente Constitución los siguientes criterios en orden a la sucesión en el trono:

— Preferencia de la línea recta (ascendientes-descendientes), sobre la línea colateral. Recuerda la máxima del Derecho de sucesiones común: "el cariño desciende, asciende y se extiende".
— Preferencia de los hijos varones sobre las hijas mujeres y, en el mismo sexo, preferencia del mayor sobre el menor.
— Principio de representación, de forma que los hijos del heredero premuerto acceden a la Corona con preferencia a los demás hijos del Rey, por cuanto que aquéllos, en virtud del dicho "principio de representación", ostentan los derechos de su padre premuerto.

Precedentes constitucionales de este precepto

Encontramos los precedentes, plenamente coincidentes, en las Constituciones de 1837, 1845, 1869 y 1876. La única diferencia es que unas dicen "será según" en lugar de "seguirá".

— *Constitución de 1812. Arts. 174 a 179*
Art. 174: *El Reino de las Españas es indivisible y sólo se sucederá en el trono perpetuamente desde la promulgación de la Constitución por el orden regular de primogenitura y representación entre los descendientes legítimos, varones y hembras, de las líneas que se expresarán.*
Art. 175: *No pueden ser reyes de las Españas sino los que sean hijos legítimos habidos en constante y legítimo matrimonio.*
Art. 176: *En el mismo grado y línea los varones se prefieren a las hembras, y siempre el mayor al menor; pero las hembras de mejor línea, o de mejor grado en la misma línea se prefieren a los varones de línea o grado posterior.*

Art. 177: *el hijo o hija del primogénito del Rey, en el caso de morir su padre sin haber entrado en la sucesión del Reino, prefiere a los tíos, y sucede inmediatamente al abuelo por derecho de representación.*
Art. 178: *Mientras no se extingue la línea en que está radicada la sucesión, no entra la inmediata.*
Art. 179: *El Rey de las Españas es el Señor D. Fernando VII de Borbón, que actualmente reina.*

— *Constitución de 1837. Arts. 50 y 51.*
Art. 50: *La Reina legítima de las Españas es Doña Isabel II de Borbón.*
Art. 51: *La sucesión en el trono de las Españas serán según el orden regular de primogenitura y representación, prefiriendo siempre la línea anterior a las posteriores; en la misma línea el grado más próximo al más remoto; en el mismo grado, el varón a la hembra, y en el mismo sexo, la persona de más edad a la de menos.*

Constitución de 1845. Arts. 49 y 50 que son literalmente idénticos a los arts. 50 y 51 de la Constitución de 1837.

Constitución de 1869. Art. 77.
Art. 77: *La autoridad real será hereditaria. La sucesión en el trono seguirá el orden general de primogenitura y representación, siendo preferida siempre la línea anterior a las posteriores; en la misma línea, el grado más próximo al más remoto; en el mismo grado el varón a la hembra, y en el mismo sexo, la persona de más edad a la de menos.*

Constitución de 1876. Arts. 59 y 60.
Art. 59: *El Rey legítimo de España es D. Alfonso XII de Borbón.*
Art. 60: *La sucesión al trono de España seguirá el orden regular de primogenitura y representación siendo preferida siempre la línea anterior a las posteriores; en la misma línea el grado más próximo al más remoto, en el mismo grado el varón a la hembra, y en el mismo sexo, la persona de más edad a la de menos.*

Elaboración constitucional del art. 57.1 de la C.E.

En el Anteproyecto constitucional el entonces art. 49.1 decía: *La Corona de España es hereditaria en los sucesores de S. M. Juan Carlos I de Borbón. La sucesión en el trono seguirá el orden de primogenitura y representación, siendo preferido siempre la línea anterior a las posteriores; en la misma línea, el grado más próximo al más remoto; en el mismo grado, el varón a la hembra, y en el mismo sexo, la persona de más edad a la de menos.*

Este texto se mantuvo intacto y sin discusión en las distintas fases de tramitación en el Congreso de los Diputados (Ponencia, Comisión y Pleno), pero cuando llegó al Senado, en el seno de la Comisión, la citada y transcrita redacción sufrió dos cambios: uno menor y el otro de indudable importancia dentro de las esencias de la Monarquía.

Por el primero, formulado a instancias de los senadores Satrústegui y, especialmente, Cela, el término "hembra" fue reemplazado por el de "mujer", al estimar, correctamente, que el vocablo contrapuesto a hembra sería "macho" y no varón.

El segundo cambio, a propuesta del senador Satrústegui, fue el relativo a la importante precisión, referida a S. M. Juan Carlos I de Borbón, de *"legítimo heredero de la dinastía histórica"*, extremo éste al que ya nos referimos en páginas anteriores al ocuparnos de "Juan Carlos I, Legítimo heredero de la dinastía"[4].

Aunque sólo estas dos fueron las enmiendas que prosperaron y conformaron el texto del actual artículo 57.1 de la C.E., quizás convenga reseñar que el debate más vivo sobre el citado texto en la Comisión del Senado fue el planteado por los senadores Villar Arregui (por entonces del Grupo "Progresistas y Socialistas Independientes") y Portabella (de "Entesa dels Catalans") pretendiendo, con argumentos que invocaban la modernidad y adecuación de nuestra Constitución al s. XX y al principio de igualdad de sexos, suprimir la preferencia del varón sobre la mujer, dentro del mismo grado, en la sucesión a la Corona. Pretensión que fue rechazada en Comisión, así como en el Pleno del Senado, donde fue mantenida y sostenida en este trámite por el senador Cordero de Campillo.

Por consiguiente y tal como ya hemos dicho anteriormente, el art. 57.1 de la Constitución de 1978 hace suyo el criterio tradicional en nuestro Derecho histórico, desde la Ley II, del título XV de la Partida II de Alfonso X el Sabio, confirmada en las Leyes de Toro y en la Novísima Recopilación, y además enlaza y reproduce la fórmula de todas las Constituciones monárquicas españolas desde la de 1837, tras las vicisitudes de la última etapa del reinado de Fernando VII, en relación con la Pragmática Sanción y la Ley Sálica.

---

[4] Nos remitimos a lo dicho en Capítulo III, "Juan Carlos I, legítimo heredero de la Dinastía histórica".

Pues bien, transcurridos más de veinticinco años desde entonces, iniciado ya el siglo XXI y vistas las reacciones surgidas y recogidas en los medios de comunicación con motivo del anuncio del compromiso matrimonial del príncipe Felipe con doña Letizia Ortiz, creemos firmemente que no debemos de eludir, al ocuparnos de este tema, la cuestión de la necesaria reforma del apartado 1 del art. 57 C.E., en el punto concerniente a la postergación de la mujer al varón en la sucesión al trono.

Dicha cuestión constituye, sin duda, tema de actualidad, ya resuelto, en las monarquías de nuestro entorno y se nos ofrece a los españoles como una cuestión necesitada de revisión y respaldada, al parecer, por la opinión pública mayoritaria, según los sondeos que muchos medios de comunicación han reproducido tras el anuncio del compromiso matrimonial del Príncipe Felipe, con inclusión también de opiniones en el mismo sentido de destacados y muy cualificados políticos representativos de variadas y dispares tendencias ideológicas.

Hemos de reconocer que hace más de veinte años, quien esto escribe, al comentar el art. 57 de la Constitución, se mostró partidario y conforme con la fórmula constitucional acogida por nuestros constituyentes de 1978[5] que, en decisión responsable y prudente, hicieron suya la fórmula mantenida por nuestro constitucionalismo decimonónico, expresiva de nuestra tradición y de nuestra historia más arraigada.

Las razones eran entonces coyunturales y nos siguen pareciendo válidas, pero sólo situadas en el contexto histórico y político de los años (1975-1978) de nuestra modélica Transición, en la que la Constitución se dibujaba como la esperanza y la meta a alcanzar con el mayor consenso posible y sin alimentar debates que nos pudieran distanciar de la Monarquía que se quería "reinstaurar".

En efecto, el contexto histórico al que nos referimos venía fuertemente marcado por los primeros pasos de una Monarquía en una fase muy delicada de inicial asentamiento, donde se polemizaba acerca de algo tan trascendental y básico como su calificación como "restauración" de la Monarquía histórica, enlazando con el último Monarca de la Casa de Borbón o, por el contrario, "instauración" en la persona de Juan Carlos I de la Monarquía del 18 de julio, inspirada en los

---

[5] Vid. Ramón López Vilas en "La sucesión en la Corona" en *La Corona y la Monarquía Parlamentaria en la Constitución de 1978*, obra ya citada en la nota 1 de este mismo Capítulo. Ed. Publicaciones de la Facultad de Derecho de la Universidad Complutense. Madrid. 1983. En la pág. 134 de dicho libro decíamos: "De aquí que haya sido afortunado el que nuestra Constitución, lejos de improvisar nuevas normas sucesorias, haya asumido en su integridad las tradicionales".

Principios del Movimiento Nacional y en las Leyes Fundamentales de la etapa franquista.

Evidentemente, todo lo que fuera enlazar y reproducir en la Constitución de 1978 los criterios tradicionales de sucesión en la Corona propios de la secular Monarquía española, era acentuar y subrayar el carácter "reinstaurador" de la misma en la persona del Rey Juan Carlos I, con claro distanciamiento, con ello, del régimen no democrático anterior, cuyas esencias se pretendían perpetuar y condensar en los Principios del Movimiento Nacional.

Y en aquel mismo contexto histórico no hay que olvidar que entonces era ya una evidente realidad la feliz existencia de un don Felipe niño, pero ya Príncipe de Asturias y, en cuanto tal, heredero de la Corona de España. Para los "dinásticos", desde su nacimiento y, en todo caso, para todos los demás, desde la promulgación de la Constitución. Príncipe de Asturias así reconocido formalmente por virtud del Real Decreto de 21 de enero de 1977 sobre *"Títulos y denominaciones que corresponden al heredero de la Corona"* (BOE de 22 de enero) y proclamado y aclamado popularmente como Príncipe de Asturias y heredero de la Corona en el acto celebrado en el Santuario de la Virgen de Covadonga, el 1 de noviembre del mismo año 1977.

El Príncipe Felipe, como Príncipe de Asturias, era incuestionablemente el heredero de la Corona, en sus años juveniles de formación para asumir en su día las más altas responsabilidades del Estado, garantizando de esa manera, como futuro Felipe VI, la continuidad del compromiso de la Corona al servicio de España.

Transcurridos más de veinticinco años desde que fue aprobada y promulgada la Constitución de 1978 y con nuestra Monarquía plenamente consolidada y unánimemente valorada y respaldada por el pueblo español, nos parece llegado el momento de plantearse la conveniencia, que entendemos positiva para la Institución, de la supresión de la histórica postergación de la mujer al hombre en la sucesión al trono español. Ello supondría un ejemplo de "sensibilización" y adecuación de nuestra Monarquía a la realidad social del tiempo presente, manifiestamente favorable a la igualdad del hombre y de la mujer en todos los ámbitos jurídicos y sociales, y aparecería también como un caso más de clara sintonía de la Corona española con las demás monarquías europeas, que ha sido el dato más subrayado por los medios de comunicación españoles al comentar el anuncio del compromiso matrimonial del Príncipe Felipe con persona no perteneciente a la realeza, "ni siquiera" a la aristocracia.

La oportunidad de dicha reforma constitucional aparece, además, propiciada por la realidad del próximo e inminente matrimonio del Príncipe de Asturias con doña Letizia Ortiz Rocasolano, perteneciente a la clase media española. Al margen de que, vigente la Constitución, ya no tiene sentido ni alcance alguno hablar de matrimonios "morganáticos" o "desiguales", es lo cierto e innegable que el compromiso matrimonial del príncipe Felipe ha venido a romper, en todo caso, con una secular tradición monárquica, con arreglo a la cual el matrimonio del Príncipe de Asturias históricamente estuvo siempre restringido al ámbito estricto de estirpes reales, sin que tal restrictiva tradición secular (verdadera norma consuetudinaria) se hubiera extendido o ampliado tampoco, en ningún caso anterior, a la aristocracia de mayor o menor rango.

La realidad incontestable de tal circunstancia localizada nada menos que en la figura del Príncipe de Asturias, ha provocado ya, como hemos dicho, numerosas y cualificadas opiniones y declaraciones centradas en la conveniencia de la revisión y de la consiguiente actualización de aquella obsoleta preferencia del varón a la mujer en la sucesión al trono. Ha sido la opinión pública la que, lógicamente, ha relacionado ambos temas, criticando la subsistencia en el s. XXI del "principio de masculinidad o varonía" en la sucesión al trono.

Por eso creemos sinceramente que es llegado el momento de plantear algo que, encarado con la debida prudencia y realismo y partiendo siempre de un amplio y previsible consenso, sería, además de oportuno, conveniente y positivo para la Institución. Ésta, a nuestro juicio, saldría reforzada aun más, si cabe, en la estima y consideración social, al poder presentar uno y otro supuesto, ciertamente afines y sinérgicos, como ejemplos del acercamiento y "sensibilización" de la Corona con las preferencias mayoritarias de la ciudadanía española y de "adecuación" de la Corona a la realidad social del tiempo presente[6], superando el efecto de "hecho aislado" en la decisión del Príncipe.

Y dentro de la "prudencia, realismo y amplio consenso" que en líneas anteriores hemos reclamado para la posible y conveniente reforma legislativa, recordemos que en lo que concierne a la Monarquía, la propia Constitución de 1978 ha previsto en su art. 168 un procedimiento singular para las reformas que afecten a aquélla.

En efecto, el citado art. 168 C.E. (Título X. *"De la reforma constitucional"*), pensado precisamente para evitar veleidades reformistas precipitadas que vulneraran la idea suprema y dominante de estabilidad y permanencia de la Constitución de 1978, dispuso en su texto un procedimiento evidentemente

---

[6] Insistiendo siempre, como faro y guía de cualquier reforma en tal sentido, que en materias relativas a la Corona siempre se ha de velar porque los valores de la tradición y de la adecuación de aquella a los tiempos actuales, han de mantener un delicado equilibrio para no quebrar las esencias mismas de la propia Institución.

disuasorio para cualquier reforma que pudiere afectar a toda la Constitución (revisión total de la Carta Magna); al Título Preliminar (donde se proclaman los principios y valores que informan nuestra Ley de leyes); al Capítulo Segundo, Sección primera del Título I (Derechos fundamentales y libertades públicas) y, en fin, al Título II (La Corona).

Dicho procedimiento exige un acuerdo de mayoría reforzada del Congreso y del Senado (es decir dos tercios, 2/3, en vez de dos quintos, 2/5), la disolución de las nuevas Cámaras elegidas y la posterior aprobación por Referéndum para su ratificación.[7]

Fácil es colegir de lo anterior que si nos ajustamos fielmente al procedimiento previsto en la propia Constitución, no será previsible ningún cambio hasta el final de la legislatura iniciada tras las elecciones de marzo del presente año 2004, es decir hasta el año 2008, pues la reforma así planteada supone que las Cortes que la voten y decidan se disuelvan, poniendo término a su propio mandato.

Ahora bien, es evidente que la inclusión de la Corona entre las instituciones blindadas y protegidas frente a lo que hemos llamado "veleidades reformistas precipitadas" tuvo su razón de ser en evitar el cuestionamiento de la Monarquía como forma política del Estado español, y no, en cambio, en la hipotética posibilidad de actualización o reforma, concreta y puntual, de un criterio de sucesión propio de siglos pasados, cuya supresión beneficia a la propia Institución y refuerza la idea dominante en los constituyentes de su permanencia y estabilidad como forma política del Estado español.

Para probar y justificar nuestra anterior afirmación hay que recordar y tener presente que en la transición política española, el PSOE, como primer partido de la oposición, se seguía definiendo y declarando como partido republicano, sin aceptación de la Monarquía. Frente a lo que hoy afortunadamente acontece, y que antes ya hemos señalado en orden a la plena y rotunda consolidación de la Monarquía y su consideración como la institución mejor valorada en el sentir de la ciudadanía española, hemos de reiterar que hace más de veinticinco años, en los comienzos del proceso constituyente, la Monarquía era "tema a debatir" por parte del PSOE. La dialéctica histórica entre Monarquía y República como forma

---

[7] El vigente art. 168 C.E. dice literalmente: *"1. Cuando se propusiere la revisión total de la Constitución o una parcial que afecte al título preliminar, al Capítulo segundo, Sección primera del Título I, o al Título II, se procederá a la aprobación del principio por mayoría de dos tercios de cada Cámara, y a la disolución inmediata de las Cortes. 2. Las Cámaras elegidas deberán ratificar la decisión y proceder al estudio del nuevo texto constitucional, que deberá ser aprobado por mayoría de dos tercios de ambas Cámaras. 3. Aprobada la reforma por las Cortes Generales, será sometida a referéndum para su ratificación."*

de gobierno sobrevoló en más de una ocasión (aunque fuera sólo a efectos dialécticos y transaccionables) los debates constituyentes.

Es un dato histórico innegable que el PSOE mantuvo, en congruencia con su postura tradicional y reiterada en su XXVII Congreso, su posición republicana hasta la intervención de su portavoz y vicepresidente del Congreso de los Diputados, Luis Gómez Llorente, en la sesión de la Comisión de Asuntos Constitucionales del día 11 de mayo de 1978. En dicha sesión, Gómez Llorente precisó que el Partido en cuyo nombre hablaba podría ser compatible con la Monarquía, si ésta cumpliera *"con el más escrupuloso respeto a la soberanía popular y a la voluntad de reformas y aún de transformaciones que la mayoría del pueblo desee en cada momento..."*, en cuyo caso *"no haremos obstrucción sino que facilitaremos el máximo consenso"*. Declaración que desembocó al cabo de los meses en el decidido apoyo del PSOE a la fórmula contenida en el art. 1.3 en que se proclamó, como es bien sabido, que *"la forma política del Estado español es la Monarquía parlamentaria"*, tras los pronunciamientos fundamentales que integran los dos apartados anteriores del art. 1 con el que se abre nuestra Carta Magna[8].

Como vemos, los tiempos han cambiado en grado superlativo. Hoy día el cuestionamiento constitucional de la Monarquía española reinante resulta impensable[9].

El contenido de los dos primeros apartados del art. 1 C.E. que preceden al apartado 3 que acabamos de reproducir, son los dos mejores avales y garantías de permanencia y estabilidad de la Monarquía española.

Con base en tales pronunciamientos, refrendados y hechos suyos por el Rey Juan Carlos I el 23 de febrero de 1981 en su intervención trascendental y decisiva para abortar el intento de golpe de estado[10], la Monarquía española que hoy encarna nuestro Rey ha sabido conjuntar y aunar los valores permanentes y estables de la Institución con el reconocimiento y la defensa de los valores y principios democráticos que proclama nuestra Constitución.

---

[8] Como es bien sabido, los dos primeros apartados del art. 1 C.E. proclaman: 1.*"España se constituye en un Estado social y democrático de Derecho, que propugna como valores superiores de su ordenamiento jurídico la libertad, la justicia, la igualdad y el pluralismo político"*. 2.*"La soberanía nacional reside en el pueblo español, del que emanan los poderes del Estado"*.

[9] Recordemos que el Partido Comunista, manteniendo su tradicional republicanismo, aceptó en Septiembre de 1977 (antes que el PSOE) y siendo el máximo responsable del Partido Comunista, Carrillo, *"una Monarquía parlamentaria que garantizase las libertades democráticas y reformas progresistas"*.

[10] Se ha llegado a decir muy gráficamente que *"aquel día (23 de Febrero de 1981) Juan Carlos hizo más por la democracia y por la monarquía que todos sus antepasados juntos"* (José Bono en "España Real", nº20, Enero-Marzo 2004, pág. 17).

Por todo ello, entendemos que frente al tema ya aludido por muchos medios de comunicación, con inclusión de opiniones de destacados políticos[11], sobre la conveniencia de la supresión del privilegio de masculinidad, esto es, de la preferencia del varón sobre la mujer en el orden de sucesión al trono, resulta obvio que caben dos posturas u opciones en cuanto al ritmo o procedimiento a seguir:

— La primera, la que podemos calificar de postura pasiva y retardataria. Se trataría de dejar que el tiempo pase y, antes de finalizar la presente legislatura en el año 2008, se abordase y pusiera en marcha el descrito proceso de disolución de las Cámaras y refrendo de la reforma constitucional, según lo previsto en el citado art. 168 C.E.
Tal postura, avanzada por algún cualificado parlamentario[12], supone, a nuestro juicio, correr el riesgo de que en ese periodo de tiempo (cuatro años) los Príncipes de Asturias hayan tenido descendencia (cosa deseable y presumible) y ésta se concrete en una primogénita (niña) y un segundogénito (niño), de modo que éste, con la legislación aún vigente, adquiriría, desde su nacimiento (art. 57.2 CE), el derecho a suceder en la Corona, con preferencia sobre su hermana mayor, haciendo inoperante cualquier reforma tras su nacimiento, salvo renuncia del beneficiario.
En este supuesto, es evidente que la igualdad de sexos en el orden de suceder se haría efectiva en la siguiente generación, es decir la generación posterior a la de los hijos de los Príncipes de Asturias, lo que nos situaría, a los efectos de acceso al trono, en los años finales del s. XXI. Y ello supondría que en todo este tiempo la sucesión a la Corona de España seguiría estando presidida por un criterio manifiestamente contrario al sentir socialmente mayoritario de la población española, estaríamos alejados de lo que, constitucionalmente, ya rige y acontece en la mayoría de las monarquías europeas[13] y, además y por último, se habría perdido una magnífica ocasión de sintonizar y de converger con la decisión del

---

[11] Hasta el que ha sido Presidente del Gobierno, J. M. Aznar, hombre poco dado a improvisaciones y precipitaciones, se ha mostrado partidario de la reforma, según se puede constatar consultando las hemerotecas correspondientes al mes de diciembre de 2003, con motivo de la conmemoración del XXV aniversario de la Constitución.

[12] Tal es el caso del diputado Gabriel Cisneros que en unas declaraciones al diario *La Razón* afirmó rotundamente en los días que siguieron al anuncio del compromiso matrimonial del Príncipe Felipe: "Hay que reformar la sucesión al trono a final de la próxima legislatura". (*La Razón*. domingo, 7-diciembre, 2003. Pág. 16)

[13] Con excepción de la Corona británica, ejemplo de tradición y de solera, pero que, ciertamente, no goza hoy día del prestigio de antaño.

Príncipe Felipe, también rupturista con la tradición en su elección de la persona para contraer matrimonio.
— La segunda opción sería la de asumir una posición más activa, por entender que la reforma es beneficiosa para la Institución y coherente y congruente con la decisión del Príncipe de Asturias respecto a su compromiso matrimonial, en la medida en que, una decisión y otra, rompen, como hemos dicho, seculares tradiciones monárquicas referidas al matrimonio del Príncipe de Asturias y a la sucesión al trono.

La reforma, repetimos, arroparía y reforzaría el significado u orientación de la decisión ya tomada por el Príncipe de Asturias, y una y otra pasarían a la Historia de España como hitos o ejemplos de "modernización" de la Monarquía española, que se habría hecho eco así, en los umbrales del s. XXI, del clamor social en pro de la igualdad del hombre y de la mujer a todos los efectos; sin distinción de sexo (sucesión a la Corona) ni de origen social o de cuna (matrimonio del Príncipe de Asturias).

En cuanto al fondo de la reforma constitucional propuesta nos parece que no ofrece duda la procedencia de la misma en el siglo XXI.

El principio de igualdad de sexos que se pretende establecer es un criterio básico del orden constitucional, no parangonable con otros que forzadamente algunos "tradicionalistas" suelen manejar al respecto.

En este punto queremos manifestar que discrepamos de la postura de aquéllos que, en actitud manifiestamente defensiva e inmovilista, se resisten a aceptar la improcedencia de la discriminación de la mujer frente al varón afirmando que es igual de discriminatorio el hecho de dar preferencia al primogénito o primero en el nacimiento.

A nuestro juicio este criterio, supuestamente discriminatorio, no es comparable al de postergación de la mujer por el hecho de ser tal. Cualquier jurista sabe que en el mundo del Derecho tiene que haber un cierto orden o criterio para respaldar y sustentar el principio general y constitucional (art. 9.3 C.E.) de seguridad jurídica, que es el que vela por evitar el desorden o el no saber a qué atenerse. Hablamos, insistimos, de un Principio general del Derecho y de rango constitucional[14].

Pues bien, en esa línea el criterio de la primogenitura o prioridad en el tiempo aparece claramente reconocido y avalado en el campo del Derecho por el vigente

---

[14] El criterio de libre designación del padre o causante o del sorteo absolutamente aleatorio, nos parece sinceramente improcedente y más conflictivo y comprometido para el propio causante, además de significar el rechazo de un Principio general de Derecho de rango constitucional, como es el de Seguridad jurídica, en el que se asienta y fundamenta el criterio de la primogenitura, sin distinción de sexo.

art. 31 del Código civil, según el cual "*la prioridad del nacimiento, en el caso de partos dobles, da al primer nacido los derechos que la ley reconoce al primogénito*"[15]. Estamos ante un precepto plenamente vigente y subsistente desde la publicación del Código civil en 1889, consagrado nada menos que a fijar el criterio de comienzo de la vida de la persona física, en concordancia con los anteriores arts. 29 y 30 del propio Código civil.

Como vemos, dicho precepto fundamental sienta el criterio firme de que en los partos dobles (o múltiples) el primogénito, titular de los derechos que en tal sentido les reconozca la ley, es el que primero nace, el que primero sale al mundo del seno materno[16].

Pero es que, además y por si eso no fuere bastante para acreditar la vigencia en el Derecho del criterio de la prioridad en el nacimiento para otorgar y reconocer los derechos que correspondan al primogénito, es sabido que parcelas o ramas del Derecho cada vez más importantes y desarrolladas en la actualidad, como son el Derecho inmobiliario registral o todo el sector del Derecho industrial relativo a Marcas y Patentes (cada día de mayor relevancia y complejidad) están presididas por la regla, auténtico criterio determinante de derechos, del famoso principio "*Prior tempore, potior iure*", esto es, "Primero en el tiempo, mejor en el Derecho"[17].

En cuanto a la forma o cauce procedimental de la reforma propuesta, ante las dos opciones apuntadas, conviene insistir en que la reforma puntual que proponemos para nada afecta a lo sustantivo y permanente de la Institución monárquica, que se pretende proteger en la Constitución con las cautelas de la

---

[15] Texto literal del art. 31 del Código civil aplicable también, claro está, a los partos múltiples. Precepto que se mantiene plenamente vigente y que no se consideró "discriminatorio", al menos por los legisladores de la Ley de 15 de Octubre de 1990 (BOE de 18 de Octubre) sobre reforma y derogación de varios preceptos del Código civil, que centraron aquella reforma exclusivamente en la aplicación del principio de no discriminación por razón de sexo. Es decir que en la obligada e inexcusable adecuación de los preceptos del Código civil a los principios y valores proclamados en la Constitución, se consideraron contrarios a la Constitucón algunos preceptos o expresiones discriminatorias para la mujer que fueron suprimidas y no en cambio, el principio (de orden y de seguridad jurídica) de la prioridad en el nacimiento, generante de "los derechos que la ley reconozca al primogénito".

[16] Criterio que incluso parece que no coincide con las estimaciones médicas según las cuales los primeramente concebidos son precisamente los que acceden al mundo con posterioridad.

[17] Principio vigente desde el Derecho romano (*Digesto* 20, 4, 3), que se mantiene con toda su pujanza, como hemos dicho, en ramas del Derecho tan avanzadas, tecnificadas y actuales como son las concernientes a Marcas y Patentes, en las que la prioridad en el tiempo (en la inscripción) significa y comporta el nacimiento de derechos frente a todos ("*erga omnes*"). Criterio básico también, como hemos dicho, de un Derecho ya clásico y tradicional como es el Derecho inmobiliario registral.

disolución de las Cortes y posterior Referendum, según el procedimiento previsto en el art. 186 C.E.[18]

La propuesta, puntual y concreta, referida única y exclusivamente a la equiparación hombre-mujer en la sucesión al trono, afectaría escuetamente a lo que podríamos llamar su régimen funcional, modificando un criterio anacrónico, jurídicamente obsoleto, socialmente rechazado y constitucionalmente ya expresamente derogado en la mayoría de las monarquías europeas.

Para resaltar la procedencia y la "naturalidad" de este cambio o adaptación a la realidad sociológica y jurídica de los nuevos tiempos, nada mejor que traer a colación y recordar en este punto, las palabras de S.A.R. Don Juan de Borbón (Juan III para los monárquicos dinásticos) pronunciadas el 14 de mayo de 1977 en su vibrante y emocionado discurso de cesión de sus derechos dinásticos a su hijo, ya entonces Rey, Juan Carlos I, y que hemos reproducido en nota a pie de página 174 de esta obra: *"Fiel a estos principios, durante 36 años he venido sosteniendo invariablemente que la Institución monárquica ha de adecuarse a las realidades sociales que los tiempos demandan..."*.

Por su parte y con motivo de los veinticinco años de la Constitución española, la catedrática y académica Carmen Iglesias –persona muy relacionada con el Palacio de la Zarzuela- escribió lo siguiente en la "tercera" del diario *ABC*, del 6 de diciembre de 2003, al destacar "la flexibilidad" del articulado de nuestra Constitución: *"Las Constituciones están hechas con vocación de permanencia, lo que no quiere decir que sean intocables o sagradas, pues el paso del tiempo y la sucesión de generaciones exigen sucesivas adaptaciones. Pero ese es precisamente el importante legado que las generaciones protagonistas del consenso de 1978 dejan a sus sucesores"*.

Esa "flexibilidad" de nuestra Constitución ha sido también destacada por el propio Rey Juan Carlos en su brillante discurso conmemorativo del XXV aniversario de la Carta Magna, al que nos hemos referido en páginas anteriores.

Por tanto, es evidente que la nota de "flexibilidad" es una de las características fundamentales y trascendentales de la vigente Constitución Española, consecuencia lógica de haber sido aquélla fruto y resultado del diálogo y del consenso de los distintos grupos políticos. Y decimos que es nota "trascendental" porque no hemos de olvidar que esa "flexibilidad" normativa es, precisamente, la que permite, de un lado, la alternancia política sin problemas de los distintos y con-

---

[18] Sobre la posibilidad de la reforma directa del art. 168 sin más y sin invocación siquiera de la norma de cierre del apartado 5 del art. 57, vid. Otero Novas en *El Régimen constitucional español*. Madrid 1986, donde afirma, refiriéndose al art. 168 C.E. y rememorando sus propias experiencias vividas en la Transición: *"...aunque quienes modificamos legalmente los principios "permanentes e inalterables" del régimen anterior, sabemos de las debilidades de estas cautelas"*. Ob. cit. pág. 60.

trapuestos partidos políticos triunfantes en las sucesivas elecciones y, de otro, facilita y consiente por vía hermenéutica o de interpretación las concretas y puntuales adaptaciones que los nuevos tiempos exigen o la propia experiencia aconsejen, evitando el anquilosamiento de cualquier precepto constitucional y propiciando la puntual adecuación a principios tan claros e indiscutidos como es el de la plena igualdad hombre-mujer, cuestión que, en el sentir general, aparece como inaplazable en nuestros días y que la propia Constitución proclama, a efectos generales, en su artículo 14.

El paso del tiempo (más de veinticinco años) que ha convertido en absolutamente anacrónico el principio o criterio de postergación de la mujer al hombre, está demandando a la nueva generación de políticos españoles esa modificación del orden de suceder en la Corona (art. 57.1) adaptándola a las exigencias de los nuevos tiempos. Y ello, partiendo de la base de un amplio consenso de las fuerzas políticas, parejo y similar al de la etapa constituyente, que puede incluso obviar, a nuestro juicio, el excesivo "blindaje" formal del artículo 168 de la propia Constitución (pensado en realidad para evitar el hipotético cuestionamiento de la Monarquía como forma política del Estado español), invocando al efecto el apartado 5 del art. 57 C.E., según el cual *"las abdicaciones y renuncias y cualquier duda de hecho o de derecho que ocurra en el orden de sucesión a la Corona, se resolverá por una ley orgánica"*.

Este precepto viene a ser una norma de cierre y de carácter competencial a favor de las Cortes generales, en virtud del cual -como está dicho- *"cualquier duda de hecho o de derecho que ocurra en el orden de suceder a la Corona se resolverá por una ley orgánica"*. Disposición de cierre que, obviamente, no puede restringirse a los supuestos de *"abdicaciones y renuncias"* y cuya "flexibilidad" y fuerza expansiva permite, a nuestro juicio, el cauce o procedimiento de ley orgánica que en el texto se dice, evitándose así las rigideces disuasorias del art. 168 C.E., diseñado -repetimos una vez más- para el caso (hoy día impensable) del cuestionamiento de la Monarquía como forma de Estado.

Pues bien, en el afán de evitar los inconvenientes de una reforma constitucional en este punto aplazada al año 2008 (disolución de la legislatura iniciada tras las elecciones del 14 de marzo y celebración de referéndum) que podría ser tardía e hipotéticamente conflictiva si para entonces doña Letizia Ortiz, ya Princesa de Asturias, hubiere alumbrado una niña primogénita y un segundo niño varón, creemos sinceramente que, dada la entidad menor de la reforma, una interpretación flexible de los preceptos citados de la Constitución (característica fundamental de la misma) nos permite invocar el apartado 5 del artículo 57 C.E.

La *"duda de hecho o de derecho"* ex art. 57.5 C.E. se concretaría en nuestro caso en discernir si la modificación propuesta obliga a pasar inexcusablemente por el procedimiento férreo y aparatoso del blindaje que representa el art. 168 C.E. (disolución de las Cortes y referéndum) o si, en cambio, dado que se trata de una modificación puntual de adaptación a exigencias de los nuevos tiempos, sin cuestionar en absoluto el tema de la Monarquía como forma política del Estado español (que es el "espíritu" que justifica y explica el tenor del citado art. 168 C.E.), basta y es suficiente, como nosotros creemos, el procedimiento y previsión de ley orgánica (art. 57.5 C.E.), que implica y ya presupone un amplio consenso.

Con esta solución (que propugnamos por entender que la Constitución la permite, habiendo voluntad política para ello), de un lado, se evitarían fórmulas procedimentales excepcionales y traumáticas de la vida parlamentaria (disolución de las Cortes), que resultarían además manifiestamente desproporcionadas para un resultado fácilmente previsible (referéndum) y, de otro, se reforzaría la Institución en cuanto que ésta (la Monarquía), tal como propugnó S.A.R. don Juan de Borbón en su discurso de abdicación ya reseñado en páginas anteriores, acogería en su propio seno un principio de general aceptación y de exigencia inaplazable en el contexto social, jurídico y constitucional de nuestros días. Y todo ello, como vemos, dentro y desde los cauces que la propia Constitución prevé y permite (arts. 57.5 y/o art. 168)[19].

Consiguientemente sería conforme a Derecho una interpretación "pro Instituto" y congruente con el conjunto de nuestro Ordenamiento jurídico[20], por la que se considere competente a las Cortes Generales para que, mediante Ley Orgánica, modifique el art. 57.1 de la Constitución, concretando y simplificando el texto en el sentido literal de "… en el mismo grado la persona de más edad a la de menos", desapareciendo el inciso "…el varón a la mujer y en el mismo sexo..".

---

[19] Insistimos, tal como ha quedado dicho en páginas anteriores, que la intención de los constituyentes y el espíritu de la norma al incluir la Corona en el mecanismo disuasorio del art. 168 C.E. estaba encaminado a evitar el cuestionamiento de la Monarquía como forma política del Estado español.

[20] Del que también han desaparecido, desde y por la Constitución, los efectos gravemente perjudiciales de los matrimonios morganáticos o "desiguales" en la sucesión a la Corona, que llevaban consigo la pérdida automática de ese derecho a acceder a la Corona.

Esta reforma constitucional, viable por el procedimiento ordinario de reforma (art. 57.5 C.E. compatible con el art. 167 C.E.), que evitaría los cauces excepcionales y desproporcionados de refrendo[21] y de disolución de las Cámaras[22], previsiblemente alcanzaría un amplio consenso de los grupos parlamentarios, no condicionados por el riesgo o amenaza de una disolución anticipada de las Cámaras.

La preconizada reforma debería plantearse, a nuestro juicio, al inicio de la presente legislatura constituida tras las elecciones del 14 de marzo de este año 2004 y antes del primer alumbramiento de la ya Princesa de Asturias[23], para impedir con tal medida cualquier riesgo de aparición de un "derecho adquirido" no deseado, según ha quedado apuntado en líneas anteriores y que podría generar tensiones futuras, en un contexto generalizado de no discriminación por razón de sexo en las sucesiones al trono de la gran mayoría de las monarquías europeas.

Contexto jurídico-constitucional y sociológico que, en cambio, no se daba en la generación del Príncipe Felipe y de sus hermanas las infantas Elena y

---

[21] Hay que reconocer, a mayor abundamiento, que el "referéndum", figura sin duda plenamente democrática, resulta hoy, para muchos, políticamente inoportuna y delicada, debido a los planteamientos del Gobierno vasco (Plan Ibarreche) y a las anunciadas reivindicaciones del nuevo Gobierno de Cataluña. En esta misma línea es de lamentar que la coyuntura política y, especialmente, el tema del terrorismo, que todo lo contamina y disloca, esté incidiendo y produciendo efectos negativos en el desarrollo de la vida democrática española, en el sentido, por ejemplo, de cuestionar o retrasar la conveniente reforma (a partir del consenso y de las vías previstas en la propia Constitución) del Título VIII de la misma, permitiendo que el Senado se convierta, sin más dilaciones, en una verdadera Cámara de representación territorial, tal como fue concebida en la etapa constituyente para la España de las Autonomías. Reforma que cada vez se hace más necesaria, vista la función que hoy cumple dicha Cámara. Lo que no se puede seguir sosteniendo es que, veinticinco años después de la promulgación y vigencia de la Constitución, ésta se siga considerando intocable en aspectos concretos, pues la propia Carta Magna contiene en su seno posibilidades para perfeccionar las Instituciones y adecuar sus preceptos a lo que aconseje la experiencia de su propia vigencia y la realidad social del tiempo presente. Reformas necesarias y convenientes que no deben servir de pretexto para otros fines que vayan más allá de lo dispuesto en el art. 2 de la propia Constitución.

[22] Una disolución anticipada de las Cámaras nunca sería bien vista por los parlamentarios y aplazar la reforma para hacerla coincidir con la disolución normal, tras los cuatro años de legislatura, ya hemos dicho que podría resultar tardía, en función de los previsibles nacimientos de hijos de los Príncipes de Asturias en ese período de tiempo.

[23] La posibilidad de esperar, sin más, al nacimiento del primer hijo/a de los Príncipes de Asturias para llevar a cabo o no la reforma propuesta, según el sexo del recién nacido, nos parece demasiado arriesgada y contraria a la sensibilidad aconsejable, a nuestro juicio, a la Institución, en el marco general de un criterio social claramente dominante y ya constitucionalmente acogido en la mayoría de las Monarquías europeas, a favor de la igualdad hombre-mujer.

Cristina, época en la que el principio de preferencia del varón, aunque conceptualmente se pudiera considerar discriminatorio, era un criterio generalizado y vigente en el orden de sucesión a la Corona en la mayoría de las monarquías europeas, al contrario de lo que hoy acontece, donde la no discriminación por razón de sexo es la regla general (con excepción de la Corona británica).

Por supuesto que la fórmula propuesta, y para nosotros viable, de modificación constitucional mediante ley orgánica, en absoluto puede plantear (como tampoco la otra, ex art. 168 C.E.) problema alguno de retroactividad respecto a la generación del Príncipe de Asturias y sus hermanas las Infantas (y quienes de ellas "traigan causa"), por cuanto que el actual Príncipe de Asturias tiene plenamente adquirido, de manera irreversible e incuestionable, el derecho a suceder a su padre, el Rey Juan Carlos I, al menos desde la entrada en vigor de la Constitución de 1978[24], razón por la cual, la reforma de que hablamos sólo puede tener aplicación y efectos a futuro, sobre los derechos, hoy inexistentes, de los hijos y descendientes del actual Príncipe de Asturias[25], sin que tenga trascendencia alguna el hecho de que se modifique el texto del art. 57.1 C.E. (por el que, constitucionalmente, el Príncipe Felipe es Príncipe de Asturias) antes del efectivo acceso al trono de éste como futuro Rey Felipe VI.

Y no tiene ni puede tener tal cronología trascendencia alguna (sólo aquí mencionada a efectos dialécticos) porque eso es, cabalmente, lo que entrañan y significan los principios jurídicos de irretroactividad de las leyes[26] y de derechos adquiridos, en este caso por parte del Príncipe Felipe, como Príncipe de Asturias y quienes de él traigan causa (sus hijos y descendientes).

Pero es que, además, conviene recordar que en los supuestos de reformas legislativas como la propuesta, cabría también que la dicción del nuevo texto determine y personalice el arranque de la nueva orientación, como hace

---

[24] Como mínimo esa es la fecha absolutamente indiscutible. Pero, a mayores, nos remitimos a lo dicho en el apartado siguiente de este mismo Capítulo V, al referirnos al Real Decreto de 21 de Enero de 1977 (B.O.E. de 22 de Enero de 1977) sobre "Títulos y denominaciones que corresponden al heredero de la Corona" y al acto de proclamación llevado a cabo en el Santuario de la Virgen de Covadonga el 1 de noviembre de 1977. Sin olvidar, por otra parte, que para los monárquicos dinásticos el Príncipe Felipe es Príncipe de Asturias desde el momento mismo de su nacimiento.

[25] Partimos siempre, claro está, de que los Príncipes de Asturias tengan, D. m., descendencia. La otra hipótesis, improbable y no deseada, no se contempla, en cuyo caso el orden sucesorio quedaría como está ahora.

[26] Art. 2.3 del Código civil: "*Las leyes no tendrán efecto retroactivo si no dispusieren lo contrario*". Precepto del Título preliminar del Código civil, de general proyección y aplicación a todo el Ordenamiento jurídico

por ejemplo el propio art. 57.1 refiriéndose nominalmente a *"S. M. Don Juan Carlos I de Borbón"* al proclamar que la Corona de España es hereditaria en sus *"sucesores"*.

Aún sin ser necesario, con ocasión de esa reforma, tan puntual y alejada del debate político, podría ser también, si se quiere, el momento de ir a *"una previsión y concreción suficientemente determinativa del orden sucesorio"* que postuló, durante la redacción de la Constitución, quien fue, precisamente, el Presidente de aquellas Cortes Constituyentes. Nos referimos a Hernández Gil[27], quien en su "Estudio sobre el Anteproyecto de Constitución", refiriéndose al entonces art. 49.1 del Anteproyecto, hoy art. 57.1 CE, afirmaba que *"desde el punto de vista de la técnica legislativa es un precepto conceptuoso, compendioso e impreciso"*, mostrándose partidario de *"completar esa regla general con unas puntualizaciones acerca de los llamamientos"*[28].

---

[27] Quien esto escribe (López Vilas) quiere en este punto rendir homenaje de reconocimiento y admiración a quien fue su maestro y a la labor por él desarrollada en la etapa constituyente. Y dejar constancia del alto honor que ha supuesto la estrecha colaboración con él mantenida a lo largo de muchos años, incluidos esos tan excepcionales de la Transición.

[28] Con el título de *La Constitución y su entorno*, puede verse en el Tomo 7 de sus Obras completas, pág. 398. El originariamente titulado *Estudio sobre el Anteproyecto de Constitución* fue un trabajo muy reservado y casi confidencial realizado apenas conocido el *Anteproyecto de Constitución* y antes de ser presentadas las enmiendas. Sus destinatarios fueron exclusivamente diez personas: El Rey, el Presidente del Gobierno (A. Suárez), el Presidente de la Comisión Constitucional (Attard) y los siete Ponentes constitucionales (Fraga, Cisneros, Herrero de Miñón, Pérez Llorca, Roca, Peces-Barba y Solé Tura).

LA DIGNIDAD DE PRÍNCIPE DE ASTURIAS Y LOS DEMÁS TÍTULOS VINCULADOS AL SUCESOR DE LA CORONA. ART. 57.2 C.E.

Tal como dice el apartado 2 del artículo 57 C.E. *"El Príncipe heredero, desde su nacimiento o desde que se produzca el hecho que origine el llamamiento, tendrá la dignidad de Príncipe de Asturias y los demás títulos vinculados tradicionalmente al sucesor de la Corona de España".*

La finalidad de esta proclamación constitucional no es decir qué es el Príncipe heredero, sino establecer y disponer que, desde su nacimiento o desde el llamamiento, le corresponde la dignidad de Príncipe de Asturias y los demás títulos vinculados tradicionalmente al sucesor de la Corona de España.

La prueba de lo dicho está en que la condición de Príncipe heredero del Príncipe Felipe constitucionalmente no resulta de dicho párrafo (apartado 2 del art. 57), sino del apartado precedente (1), donde se regula y precisa la sucesión en el trono de S. M. Don Juan Carlos I de Borbón, conforme al orden de primogenitura y representación y de acuerdo con las conocidas preferencias de línea, grado, sexo y edad.

Comparando la dignidad de Príncipe de Asturias con otros títulos extranjeros de Príncipes herederos de las respectivas Coronas[29], resulta notoria la diferencia con el Príncipe de Gales, heredero de la Corona británica, en el que hay una investidura o proclamación solemne como tal, con imposición de la espada como recuerdo histórico de la conquista de aquel territorio, circunstancia que en la Monarquía española no se dio y de ahí la referencia al nacimiento o al hecho que origine el llamamiento. En este sentido, el Príncipe de Asturias se asemeja

---

[29] La creación del título de Príncipe de Asturias en 1388 viene a reflejar la tendencia de la época para distinguir a los herederos de la Corona, ya que en Inglaterra el título de Príncipe de Gales se creó en 1283 y en Francia el título de Delfín data de 1343.

más a la figura del Delfín de Francia o a la del Príncipe de Piamonte de la Italia monárquica.

Históricamente la creación del título de Príncipe de Asturias se remonta a las Cortes de Palencia de 1388[30], durante el Reinado de Juan I, Rey de Castilla, habiendo sido su hijo y heredero Enrique III el primer Príncipe que ostentó este título reservado para designar al sucesor de la Corona. Enrique, que casó con Catalina de Gante, hija del Duque de Lancaster, reinaría como Enrique III el Doliente, por lo que obviamente el título de Príncipe de Asturias es título del Reino de Castilla.

En el Reino de Aragón, el primer Trastamara, Fernando de Antequera, crearía para su hijo y heredero Alfonso, que reinaría como Alfonso V el Magnánimo, el título de Príncipe de Gerona, en 1414.

El hijo de los Reyes Católicos, Juan, utilizó los títulos de Príncipe de Asturias y de Gerona, desde que fue proclamado heredero, en las Cortes de Castilla, en 1480, y en las Cortes de Aragón, en 1481, si bien no llegaría a alcanzar las coronas de ambos reinos, al morir en 1497 antes que sus padres.

Algo similar puede decirse del Reino de Navarra, pues Carlos III el Noble crearía en 1423 el título de Príncipe de Viana, no para su heredera Blanca, casada con Juan II, Rey de Aragón y que reinó entre 1425 y 1441, sino para el hijo de ésta, Carlos y, por tanto, nieto del Rey de Navarra. Carlos, Príncipe de Viana, no llegaría a reinar en Navarra.

Alcanzada la unidad personal de los reinos en 1512, el heredero de la Corona de España asume, entre otros, los títulos de Príncipe de Asturias, de Gerona y de Viana, aunque el que más fortuna ha hecho, ha sido el titulo castellano de Príncipe de Asturias, que recuerda el origen de la unidad nacional, al ser Asturias el embrión del Reino de León y después del de Castilla, cuya preeminencia sobre los demás reinos peninsulares se comprometió ya en la "Concordia de Segovia" (1475).

El principado de Asturias es un título reservado al primogénito, a efectos sucesorios, del Rey. Un posible sucesor, que no fuera hijo o hija del Rey, no accedería al referido título.

---

[30] Hay historiadores que remiten este título a origen más remoto y, concretamente, al momento en que Ordoño II Rey de Asturias y de León, traslada la Corte de Oviedo a León, dejando el Gobierno de Asturias a su hermano Ramiro, en calidad de Príncipe de Asturias, en el Siglo x. Es evidente que este origen no se puede relacionar con la calidad que se pretende resaltar a partir de 1388, que es la de heredero de la Corona, mientras que en el Siglo x se reflejaba una situación objetiva, la de Ramiro como gobernante del Señorío de Asturias, sin la condición de Rey.

En la tradición española, el título de Príncipe sólo se otorga al heredero de la Corona, correspondiendo el de Infante a los demás hijos del Rey y a los hijos del propio Príncipe de Asturias. Esta regla consuetudinaria tiene, en nuestra historia, dos excepciones: la de Príncipe de la Paz, otorgado a Godoy por Carlos IV y la de Príncipe de Vergara otorgado por Amadeo I a Espartero.

Digamos también que desde el reinado de los Reyes Católicos, han existido 24 Príncipes de Asturias, incluyendo tanto a las mujeres que han ostentado el título, como a don Juan de Borbón, que lo fue desde la abdicación de sus hermanos mayores en 1933. El padre del Rey Juan Carlos I no fue proclamado Príncipe de Asturias, pues en tal momento se vivía el período republicano, pero evidentemente lo fue y ha surtido efectos dinásticos, al transmitir a su hijo los derechos hereditarios de Alfonso XIII.

Como curiosidad histórica cabe recordar y señalar que, desde los Reyes Católicos, han existido cinco Princesas de Asturias titulares, a saber:

— Isabel, hija de los Reyes Católicos. Fue jurada en dos ocasiones: la primera antes de nacer su hermano Juan y la segunda tras morir éste. No llegaría a reinar.
— Juana (I) la Loca, también hija de los Reyes Católicos. Llegaría a reinar compartiendo el trono con su esposo Felipe I el Hermoso. Sería Reina propietaria hasta su muerte, aunque de hecho su hijo Carlos I sería Rey de Castilla desde 1517.
— Isabel (II), hija de Fernando VII. Sería jurada de niña, a los tres años de edad, ocupando el trono en el mismo año (1833) del juramento, constituyéndose la Regencia de su madre Mª Cristina y, después, la del general Espartero.
— Mª Isabel Francisca, hija de Isabel II, también y pese a no llegar a reinar (pues lo haría su hermano Alfonso XII), fue Princesa de Asturias por dos causas distintas: como heredera de Isabel II y, después de la Restauración de 1875, como heredera de su hermano Alfonso XII, hasta que éste tuvo descendencia.
— Mª de las Mercedes, hija de Alfonso XII, que tampoco llegó a reinar pese a ser Princesa de Asturias, también por dos causas: como heredera de Alfonso XII y tras nacer, ya Rey, Alfonso XIII, como heredera de su hermano, hasta que éste tuvo descendencia.

Como datos también curiosos cabe señalar que así como, desde Carlos I a nuestros días, sólo ha habido una Reina consorte española, la Reina Mª de las

Mercedes Orleans, esposa de Alfonso XII[31], también ha habido, aunque en período republicano, una sola Princesa de Asturias, consorte, española, Dña. María de Borbón-Dos Sicilias, madre del actual Rey, Juan Carlos I.

Cumplidas las previsiones, Dña. Letizia Ortiz Rocasolano será la segunda española que, como consorte, ostente el título de Princesa de Asturias y, después, el de Reina de España.

Alfonso XII, por Orden de 22-VIII-1880, estableció que el automatismo en el reconocimiento de Príncipe de Asturias se aplicara sólo a los varones, mientras que en el caso de las mujeres sería necesario el otorgamiento de la dignidad. La Constitución de 1978 establece el automatismo, sin distinción de sexos, *"desde el nacimiento o desde que se produzca el hecho que origine el llamamiento como heredero"*.

Ciñéndonos a los precedentes inmediatos y concernientes a nuestro actual Rey, Juan Carlos I, hay que recordar que, en época del general Franco, la Ley de 22 de julio de 1969 que designó a D. Juan Carlos de Borbón sucesor, a título de Rey, en la Jefatura del Estado, le confirió el titulo de Príncipe "de España" y no el de Príncipe de Asturias. Con ello se pretendió no reconocer ni potenciar ninguna consideración a favor de su padre, don Juan de Borbón (Juan III para los monárquicos dinásticos), dimanante o implícita en la dignidad o denominación del Príncipe de Asturias por su histórica e inequívoca significación de "el heredero de la Corona"[32].

Reinstaurada la Monarquía en la persona de S. M. el Rey Juan Carlos, es de resaltar la acertada celeridad con que se llevó a cabo la conveniente rectificación y el restablecimiento del título de "Príncipe de Asturias" para designar al sucesor o heredero de la Corona.

En efecto, el Real Decreto de 21 de enero de 1977[33] (anterior, como ya he señalado en páginas precedentes, a las primeras elecciones democráticas de junio de 1977 y a la promulgación de la Constitución[34]) sobre *"Títulos y denominaciones que corresponden al heredero de la Corona"* (BOE de 22 de enero de 1977) le confirió y

---

[31] Vid. árbol genealógico de la Dinastía Borbón.
[32] También se utilizó interesadamente en pro de la denominación de "Príncipe de España" el paralelismo con la Casa Real griega, donde el heredero es "Príncipe de Grecia".
[33] Frente a esta fecha de 21 de enero de 1977, nótese que el tema del Registro Civil de la Familia Real no se organizó hasta el 27 de noviembre de 1981 y el relativo a los Títulos, tratamientos y honores de la Familia Real no se reguló hasta el 6 de noviembre de 1987.
[34] Como es bien sabido, la Constitución aprobada en referéndum el 6 de diciembre de 1978, fue promulgada por S.M. el Rey el 27 de diciembre de 1978, al término de la sesión conjunta del Congreso de los Diputados y del Senado, celebrada en el Palacio de las Cortes el día 27 de diciembre de 1978 (BOE de 29 de diciembre de 1978).

restableció el titulo de Príncipe de Asturias al heredero de la Corona, pasando a ser el precedente inmediato del apartado 2 del art. 57 de la Constitución, donde se reconoce y proclama para el Príncipe heredero la dignidad de Príncipe de Asturias. El 1 de noviembre del mismo año 1977 fue proclamado y aclamado como Príncipe de Asturias en el Santuario de la Virgen de Covadonga, tal como ya ha quedado dicho en el Apartado anterior de este mismo Capítulo dedicado al Príncipe de Asturias y la sucesión en el trono.

El apartado 2 del art. 57 de la C.E. dice literalmente: *"El Príncipe heredero, desde su nacimiento o desde que se produzca el hecho que origine el llamamiento, tendrá la dignidad de Príncipe de Asturias".*

— *Precedentes constitucionales de este precepto.*
Claramente se encuentran en la Constitución de Cádiz de 1812 y, concretamente, en los artículos 201, 202 y 203 de la misma.
Art. 201 *"El hijo primogénito del Rey se titulará Príncipe de Asturias".*
Art. 202 *"Los demás hijos e hijas del Rey serán y se llamarán Infantes de España".*
Art. 203 *"Asimismo serán y se llamarán Infantes de las Españas los hijos e hijas del Príncipe de Asturias".*
— *Elaboración constitucional del art. 57.2 de la C.E.*
Desde la elaboración del texto originario contenido en el Anteproyecto de Constitución se mantuvo pacíficamente en el trámite parlamentario, tanto en el Congreso como en el Senado, la misma redacción que pasó a ser la definitiva en nuestro texto constitucional.

Como vemos, el texto vigente enlaza directamente con la Constitución de Cádiz, si bien los constituyentes de 1978 redujeron el precepto a la figura del Príncipe heredero, disponiendo al efecto que le corresponderá la dignidad de Príncipe de Asturias desde su nacimiento o desde el llamamiento, sin hacer alusión al titulo de Infantes de España para los hijos e hijas del Rey y para los del Príncipe de Asturias, tal como se decía en la Constitución de 1812.

Dicho art. 57.2 C.E., que habla del *"Príncipe heredero"* y el artículo 2 del Real Decreto de 6 de noviembre de 1987, que desarrolla y amplía aquél, refiriéndose al *"heredero de la Corona",* aluden también, uno y otro, a *"los demás títulos vinculados tradicionalmente al Sucesor de la Corona de España",* tras disponer ambos, como ha quedado visto, que aquél tendrá desde su nacimiento o desde que se produzca el hecho que origine el llamamiento, *"la dignidad de Príncipe de Asturias"* (dice la Constitución), *"de Príncipe o Princesa de Asturias"* (matiza el Real Decreto).

¿Cuáles son *"los demás títulos vinculados tradicionalmente al sucesor de la Corona"*? Fundamentalmente:

— Del Reino de Aragón. En primer lugar el de Príncipe de Girona, que es el reservado al heredero del Reino de Aragón. Y a continuación y por su rango, Duque de Mont Blanc, Conde de Cervera y Señor de Balaguer.
— Del Reino de Navarra. El de Príncipe de Viana, correspondiente también al heredero del Reino de Navarra.

Tras el lógico y comprensible silencio de la Constitución en orden a la materia relativa a los tratamientos y honores debidos al Príncipe de Asturias, por no ser la Carta Magna el marco adecuado para ello, el Real Decreto de 6 de noviembre de 1987 en el propio art. 2 previene y dispone que: *"El Príncipe o Princesa de Asturias recibirá el tratamiento de Alteza Real. Su consorte participará de igual dignidad y tratamiento. Recibirá los honores que se establezcan en el ordenamiento jurídico"*.

Mediante Real Decreto de 16 de marzo de 2001, se creó el Guión y el Estandarte del Príncipe de Asturias, modificando el Real Decreto de 21 de enero de 1977, que aprobó el Reglamento de Banderas, Estandartes, Guiones, Insignias y Distintivos.

Aunque el Real Decreto de 16 de marzo de 2001 no establece las armas del Príncipe es patente que refleja la voluntad del Rey sobre el particular, haciendo coincidir las armas de ambos, aunque dejando claro su distinto rango, por ejemplo, en las coronas y la cruz de Borgoña propia del Soberano de la Orden del Toisón de Oro, así como la peculiaridad del Principado, al reproducir el color azul, más claro que el utilizado por el Rey, coincidente con el de la bandera de Asturias.

Digamos, en fin, para terminar este apartado dedicado al Príncipe de Asturias, heredero de la Corona, que no faltan voces entre la doctrina especializada que reclaman la conveniencia de un Estatuto jurídico del Príncipe de Asturias.

A nuestro juicio, y sin caer en excesivas reglamentaciones ni rigideces en torno a tan importantísima figura institucional –con el riesgo de encorsetar demasiado la figura del heredero de la Corona española– sí parece conveniente intentar superar y desarrollar más la parquedad normativa que hemos comprobado y examinado, representada por estos dos escuetos preceptos: uno de rango constitucional, casi meramente enunciativo (apartado 2 del art. 57 C.E.) y otro (el art. 2 del Real Decreto de 6 de noviembre de 1987) que viene a reiterar y a desarrollar mínimamente aquél, aludiendo sólo al tratamiento de Alteza Real, extensivo a su consorte, y a los honores debidos *"que se fijen en el ordenamiento jurídico"*, expresión que parece apuntar a un previsible y conveniente desarrollo normativo, en ningún caso excesivo ni farragoso, y que bien pudiera concretarse con ocasión del matrimonio del Príncipe de Asturias.

EL MATRIMONIO DEL PRÍNCIPE DE ASTURIAS. ART. 57.4 C.E. LA MONARQUÍA DEL SIGLO XXI

En los dos anteriores apartados de este Capítulo V consagrado al Príncipe de Asturias nos hemos referido, siguiendo el orden previsto en el importante artículo 57 de la Constitución española, a la sucesión en el trono, regulada en el apartado 1 del precepto, en el que se dispone y se proclama la condición de Príncipe heredero del Príncipe Felipe, y la declaración, contenida en el apartado 2 del propio artículo, que *"desde su nacimiento o desde que se produzca el hecho que origine el llamamiento"* le corresponde el titulo o dignidad de Príncipe de Asturias.

En este apartado del presente Capítulo nos vamos a referir al tercer aspecto concerniente al Príncipe de Asturias como heredero de la Corona: su matrimonio. De tal cuestión se ocupa el apartado 4 del propio art. 57, refiriéndose a *"las personas que teniendo derecho a la sucesión contrajeren matrimonio..."* Dice literalmente: *"Aquellas personas que teniendo derecho a la sucesión en el trono contrajeren matrimonio contra la expresa prohibición del Rey y de las Cortes Generales quedarán excluidas en la sucesión a la Corona por sí y sus descendientes".*

Precedentes constitucionales de este precepto

Se encuentran en las Constituciones de 1812, 1837, 1845, 1869 y 1876. Veamos los artículos correlativos de estas Constituciones.

— *Constitución de 1812.* Su art. 208 decía literalmente: *"El Príncipe de Asturias, los Infantes o Infantas y sus hijos y descendientes que sean súbditos del Rey, no podrán contraer matrimonio sin su consentimiento y el de las Cortes, bajo pena de ser excluidos del llamamiento a la Corona".*
— *Constitución de 1837.* Su art. 48.5 decía: *"El Rey necesita estar autorizado*

por una Ley especial… para contraer matrimonio y para permitir que lo contraigan las personas que sean súbditos suyos y estén llamados por la Constitución a suceder en el trono".

— Constitución de 1845. El art. 47 disponía: *"El Rey, antes de contraer matrimonio, lo pondrá en conocimiento de las Cortes, a cuya aprobación se someterán las estipulaciones y contratos matrimoniales que deban ser objeto de una Ley. Lo mismo se observará respecto del matrimonio del inmediato sucesor a la Corona. Ni el Rey ni el inmediato sucesor pueden contraer matrimonio con persona que por Ley esté excluida de la sucesión a la Corona".*

— Constitución de 1869. El art. 74.6 era del siguiente tenor literal: *"El Rey necesita estar autorizado por una ley especial… para contraer matrimonio y para permitir que lo contraigan las personas que sean súbditos suyos y tengan derecho a suceder en la Corona, según la Constitución".*

— Constitución de 1876. Su art. 56 coincidía literalmente con el art. 47 de la Constitución de 1845 que hemos reproducido antes y al que nos remitimos.

Visto el artículo 57.4 de la vigente Constitución de 1978 y reproducidos los correlativos de las anteriores Constituciones decimonónicas, procede subrayar las siguientes cuestiones diferenciales:

— La vigente Constitución española no prevé el matrimonio del Rey y sí solo de las personas con derecho a la sucesión en el trono genéricamente mencionadas. En este sentido, se asemeja a la Constitución de 1812, que tampoco aludía al matrimonio del Rey, pero en cambio y como hemos visto, sí hacía referencia expresa a *"los Infantes o Infantas y sus hijos y descendientes".*

— El aspecto, sin duda, más importante en orden al matrimonio de los que tengan *"derecho a la sucesión"* y en consecuencia y con carácter prioritario y preferente, al del Príncipe de Asturias, se concreta en que mientras todas las constituciones españolas del siglo XIX configuraron la autorización entendiéndola en forma expresa, como autorización o consentimiento previo debidamente explicitado por las Cortes y/o el Rey, incluso mediante una Ley especial, la vigente Constitución española reduce los efectos sancionadores de exclusión en la sucesión al trono, sólo para el caso de existencia de una *"prohibición expresa"* del Rey y de las Cortes, es decir, si el matrimonio se contrajera *"contra la expresa prohibición del Rey y de las Cortes Generales".*

Elaboración constitucional del art. 57.4 de la CE

Este precepto no figuraba en el anteproyecto de Constitución. Fue introducido por la Ponencia del Congreso con la siguiente redacción: *"Aquellas personas que, teniendo derecho a la sucesión en el trono contrajeren matrimonio contra la expresa prohibición del Rey quedarán excluidas en la sucesión a la Corona, por sí y sus descendientes".*

Este texto de la Ponencia sufrió una modificación en sede de la Comisión del propio Congreso, dando entrada en el tema de la prohibición *"al Congreso"*. La modificación concretada en el referido añadido (*"... contra la expresa prohibición del Rey, de acuerdo con el Congreso, quedarán excluidas..."*) fue consecuencia de una enmienda planteada e introducida por la Minoría catalana, que fue aprobada por unanimidad.

Este texto de la Comisión del Congreso fue aprobado por el Pleno del Congreso de forma que *"la expresa prohibición"* habría de ser a iniciativa del Rey y del Congreso.

En la Comisión del Senado se aprobó otra modificación (propuesta del Sr. Sainz de Baranda), en el sentido de que la referencia al Congreso fuera sustituida por la expresión *"Cortes Generales"*, dando así entrada en aquella posible prohibición expresa a nuestra Segunda Cámara que, como es bien sabido, integra con el Congreso, las Cortes Generales.

Lo primero que hay que puntualizar al referirnos al Apartado 4 del art. 57 que analizamos es que este precepto de cierre y de formulación negativa (*"contra la expresa prohibición"*) nada tiene que ver con la obsoleta y superada cuestión de los matrimonios morganáticos, que, sin embargo, tuvieron su aplicación y efectos hasta la entrada en vigor de la Constitución de 1978.

Quizás, por ello, no puede negarse la relativa frecuencia con la que algunos especialistas se han ocupado del estudio de la Pragmática de Carlos III y las voces que, sorprendentemente, aún especulan acerca de su hipotética vigencia, sin fundamento alguno desde -repetimos- la aprobación y entrada en vigor de nuestra Constitución de 1978[35].

Insistimos en que la Constitución de 1978, en lo atinente al matrimonio de las personas que pudieran ser llamadas a la sucesión al trono, no establece más condición que aquél se contraiga sin que exista la expresa y conjunta prohibición del Rey y de las Cortes Generales.

---

[35] Vid. por todos, F. Pau Vall. *La Pragmática de Carlos III sobre matrimonios desiguales. El art. 57.4 de la Constitución y la Monarquía parlamentaria*, en Revista Cortes Generales, nº29, 1993.

En consecuencia, han quedado derogadas todas las disposiciones generales y dinásticas que excluían de la sucesión a quienes contrajeran matrimonio morganático o desigual, como la Pragmática de 23 de marzo de 1776, promulgada por Carlos III, cuyo contenido se reproduce en la Novísima Recopilación, promulgada en 1805 por Carlos IV (Ley 9ª, Título II, Libro X), en el Decreto de 25 de junio de 1874, en la Real Orden de 16 de marzo de 1875, durante el reinado de Alfonso XII, así como en el Real Decreto de 27 de mayo de 1874 y en la Real Orden de 14 de abril de 1915, reinando Alfonso XIII.

No cabe duda alguna de que la Constitución deroga todas las normas anteriores que la contradigan, ya sean de carácter general como de carácter dinástico o familiar, pues éstas últimas, en todo caso, no pueden tener cabida en una Monarquía Constitucional, por ser propias de una Monarquía Absoluta.

La obsolescencia y derogación de la Pragmática resulta clara y evidente, como decimos, desde la entrada en vigor de nuestra Constitución de 1978 y así lo han venido a demostrar palmariamente los matrimonios de las infantas Elena y Cristina, hijas de los Reyes y *"personas con derecho a la sucesión"*.

En relación con el precepto que analizamos (art. 57.4 C.E.) debemos reiterar que se trata de un precepto excepcional y de clara formulación restrictiva y negativa: la exclusión de la sucesión en el trono sólo cabe si el matrimonio se contrajera (por parte de la persona con derecho a la sucesión) contra la expresa prohibición del Rey y de las Cortes Generales.

A la hora de explicar las razones del cambio y sustitución de la necesaria *"autorización previa"* del Rey y de las Cortes en las Constituciones españolas del XIX por la ausencia de *"prohibición expresa"* en nuestra vigente Constitución de 1978, la verdad es que los comentaristas de la Constitución no se ponen de acuerdo.

Unos ven en tan sustancial y significativo cambio la proyección en toda su extensión del derecho fundamental a la no discriminación por cualquier *"condición o circunstancia personal y social"* (art. 14 C.E.) o, más concretamente, por la aplicación del derecho del hombre y de la mujer *"a contraer matrimonio con plena igualdad jurídica"* (art. 32.1 C.E.)[36]. Otros, en cambio, discrepan de tales razonamientos por entender que los preceptos que contienen reconocimiento de derechos fundamentales se asientan en la idea de universalidad de sujetos y que, en consecuencia, no afectan a la singularidad de la Institución monárquica, y prefieren afirmar que el precepto en sí debe entenderse como ejemplo de "preven-

---

[36] Vid. Y. Gómez Sánchez, "Matrimonios regios y sucesión a la Corona" en *Estudios sobre la Monarquía*. Torres del Moral y Gómez Sánchez. Madrid 1997, págs. 157 y ss.

ción del respeto debido a los principios constitucionales más democráticos", sometiendo al Príncipe de Asturias a unas cautelas específicas en su decisión de contraer matrimonio[37].

Para unos, la previsión del art. 57.4 resulta "anacrónica y claramente desfasada respecto de los principios y valores de la Constitución vigente"; para otros, "cualquier sucesor en una Jefatura del Estado vitalicia y hereditaria, y especialmente, el Príncipe de Asturias, está sometido, lógicamente, a una responsabilidad muy superior a la de los ciudadanos en general, por lo que las cautelas a adoptar en su eventual decisión de contraer matrimonio son mayores y sometidas a unas amplias y delicadas consideraciones que las de cualquier otra persona".

Sea como fuere, y visto que el apartado 4 del art. 57 de la Constitución vincula al Rey y a las Cortes Generales, aquél debe entenderse en sus justos términos como una condición para el acceso al trono del Príncipe de Asturias, que se concreta en que su matrimonio no haya sido prohibido de forma expresa por el Rey y las Cortes Generales conjuntamente, dada la copulativa *"y"* que aparece en el texto constitucional.

Ya hemos dicho en líneas anteriores que el apartado 4 del art. 57 no prevé el matrimonio del Rey y, en cambio, se refiere no sólo al heredero de la Corona, sino también a todas las personas que tengan derecho a la sucesión al trono.

Y nada dice el propio precepto sobre el procedimiento o trámites a seguir para dejar constancia de la información del compromiso matrimonial que debe preceder al matrimonio y a la no existencia de la tantas veces repetida *"prohibición expresa"*.

Dejando a un lado supuestos especulativos que nacen de ciertas lagunas de que adolece el precepto constitucional[38], sí nos parece obligado referirnos someramente a la cuestión procedimental para que se cumplan las exigencias mínimas previas al matrimonio.

A nuestro juicio, en esta materia hemos de partir de la idea de fondo o criterio constitucional básico que nos parece fundamental en el tema del matrimonio del Príncipe de Asturias y de las demás personas llamadas a la sucesión.

---

[37] Vid. R. Sánchez Ferriz. "Matrimonios regios. El art. 57.4 de la Constitución", en *La Monarquía Parlamentaria*. Congreso de los Diputados. Madrid 2001, págs. 369 y ss.

[38] Nos referimos a la ya apuntada laguna relativa al matrimonio del Rey (que sí lo contemplaban las Constituciones de 1837, 1845, 1869 y 1976) y también a la posibilidad de un matrimonio secreto del heredero o de algunas de las personas con derecho a la sucesión, supuestos que no se contemplan en el art. 57.4 de nuestra vigente Constitución.

Esa idea no es otra que el cambio sustancial ya expuesto operado en la Constitución vigente de 1978 de sustitución del mecanismo del previo sometimiento a la autorización expresa (incluso mediando Ley especial), por la fórmula *"contra la expresa prohibición del Rey y de las Cortes Generales".* Nuestros constituyentes de 1978 entendieron acertadamente que aquel requisito previo, tal como estaba configurado, resultaba excesivamente rígido y anacrónico y que respondía a una concepción de la Corona propia de la Monarquía de épocas pasadas.

En consecuencia, el sometimiento a la autorización previa y expresa (s. XIX) ha quedado eliminada como tal, y a partir de la vigente Constitución española basta con la constancia de que el Rey y las Cortes Generales han conocido oportunamente el compromiso matrimonial.

Respecto del Rey, dicho conocimiento e implícita autorización se entienden inequívocamente contenidos en el acto formal de difusión de la noticia por la propia Casa del Rey.

Por lo que concierne a las Cortes Generales, aquéllos (el conocimiento y la autorización) quedan cumplimentados con el cruce de la comunicación oficial por parte de la Casa del Rey (a través del Presidente del Gobierno a efectos de refrendo) y la toma de conocimiento, sin objeción ni oposición alguna, por parte de la Presidencia de las Cortes Generales, sin que proceda hablar de plazos ni convocatorias formales de ningún tipo.

Y todo ello, en el ámbito de la debida cortesía institucional entre la Casa del Rey y la Presidencia del Congreso de los Diputados, en sus funciones y competencias como Presidencia de las Cortes Generales.

Cumplidas estas exigencias y trámites en el caso del anuncio oficial del pasado día 1 de noviembre de 2003, del compromiso matrimonial del Príncipe Felipe con doña Letizia Ortiz, quizás convenga hacer algunas consideraciones sobre el alcance y significación del matrimonio del día 22 de mayo del presente año 2004, en la Catedral de la Almudena de Madrid.

Ha quedado claro que, hoy día, en el plano jurídico-constitucional, la importante decisión del Príncipe de Asturias en orden a su matrimonio con la persona elegida sólo está condicionada, como hemos visto, a que aquél no haya sido prohibido de forma expresa por el Rey y las Cortes Generales.

Sin embargo no se puede ignorar el salto cualitativo e importante que entraña la elección tomada por el Príncipe Felipe en la persona de Doña Letizia Ortiz Rocasolano. Minimizar esta cuestión o, peor aún, obviarla creemos que supondría y significaría una actitud huidiza y poco responsable por nuestra parte.

Ya hemos dicho en el Apartado primero de este mismo Capítulo V, consagrado específicamente a la sucesión a la Corona[39], que la decisión y el compromiso matrimonial del Príncipe con doña Letizia Ortiz, joven divorciada y perteneciente a la clase media española, es, por encima de cualquier otra consideración, una decisión libérrima del Príncipe Felipe que rompe frontalmente con la tradición histórica de la Monarquía española y con los hábitos mantenidos durante siglos por los Príncipes de Asturias. El perfil de mujer guapa, emancipada, culta, profesional y representativa de su generación y de su tiempo han primado por encima de otras consideraciones impuestas hasta ahora por el peso de la tradición y de la historia.

A la nota esencial y descollante de la ruptura con la tradición histórica va unida inescindiblemente la visión y caracterización de la decisión tomada por el Príncipe como un ejemplo de "actualización" o adecuación de la Monarquía y de la Dinastía a los tiempos actuales, haciendo permeable aquéllas a la realidad social de nuestros días, como ya anteriormente habían hecho, por cierto, las infantas doña Elena y doña Cristina con sus respectivos matrimonios "por amor".

A mayor abundamiento hay que decir, también, que con su decisión el Príncipe de Asturias ha venido a reproducir en la Corona de España los criterios asumidos por los Príncipes herederos de su generación en otras Casas Reales de nuestro entorno europeo. Son, en definitiva, los aires nuevos que han irrumpido en las Casas Reales del viejo continente, y que ya se habían apuntado en algún caso en la generación anterior, la de los actuales Reyes, como fue el caso de las Casas Reales de Noruega y Suecia.

Y sin que ello deba entenderse como justificación o razón determinante de la decisión del Príncipe de Asturias, qué duda cabe que las decisiones análogas de los Príncipes herederos de las Coronas de Holanda, Bélgica, Dinamarca, Noruega y... los que vengan, son plenamente equiparables con la opción escogida por nuestro Príncipe de Asturias, sin que proceda, como se ha hecho en algunos medios periodísticos, entrar en disquisiciones acerca del mejor o peor origen social de las elegidas o sobre sus respectivas condiciones de mujer soltera o divorciada o madre no casada[40].

---

[39] Vid. Supra. *El Príncipe de Asturias y la sucesión en el trono. Artículo 57.1 C.E. propuesta de modificación.*

[40] El anuncio del compromiso matrimonial del Príncipe de Asturias con Doña Letizia Ortiz generó inmediatamente en los ambientes periodísticos de todas clases una reacción, reflejo a su vez de los ecos sociales, que se ha llegado a denominar en esos círculos como "efecto Letizia". En la fase inicial de esa reacción se puso en marcha una auténtica exploración de la personalidad de Doña Letizia, sus antecedentes familiares, profesionales, culturales e incluso sentimentales. Con ese "efecto" había que contar, así como con el reflejo mimético de alguno de sus gestos. En tal sentido nos parece sintomático que el regalo literario del compromiso por parte de la futura Princesa de Asturias fuese un libro -*El Doncel de Don Enrique el Doliente*- obra de Mariano José de Larra, que inmediatamente alcanzó una tirada insólita en el mundo editorial español.

Todo lo anterior viene a poner de manifiesto que nada puede oponerse a la corriente irrefrenable de los cambios en la Historia y de igual forma que se dice y se repite que "no pueden ponerse puertas al campo", convendrá insistir y subrayar el lado bueno y positivo que comporta esa "actualización" o adecuación, en lo posible, de nuestras Instituciones más señeras (Monarquía y Corona) a la realidad social del tiempo presente. Se trata, en definitiva, de respaldar nuevas actitudes representativas de un "aggiornamento" de aquéllas.

"Aggiornamento" o adecuación a los nuevos tiempos que, como ya hemos afirmado al defender la propuesta de igualdad en la sucesión al Trono[41], ha de hacerse siempre con exquisita prudencia y cuidado (y con el amplio consenso debido), habida cuenta que en todas las materias relativas a la Corona cualquier reforma puntual o excepcional que venga impuesta por los tiempos, habrá de llevarse a cabo cuidando que los valores de la tradición y los de adecuación de aquélla a la nueva realidad mantengan un equilibrio que no quiebre definitivamente las esencias intangibles de la propia Institución: Familia y herencia.

Conviene recordar en este punto que también el Rey Juan Carlos I, al acceder a su reinado en los difíciles y complejos años de la Transición, supo romper con hábitos y tradiciones seculares, no siempre ejemplares, de la Monarquía española, ajustándose así a una visión más moderna y actual de la propia Corona.

Nos referimos a cómo en la etapa constituyente Juan Carlos I no propició ni hizo suya la idea de crear un Consejo de la Corona asesor de la misma y que, a iniciativa fundamentalmente de López Rodó, se presentó y configuró como un filtro conveniente para el Rey y fundamental en su labor asesora para los grandes temas y cuestiones de Estado.

Ejemplos entonces existentes de "Consejo de la Corona" o "Consejo Real" había y sigue habiendo en nuestro entorno constitucional (Bélgica, por ejemplo) y, sin embargo, el Rey Juan Carlos, decididamente opuesto a todo lo que significara restauración de una Monarquía que pudiera aparecer como "cortesana", fue sensible a los temores y reservas del entonces presidente del Gobierno, Adolfo Suárez, quien veía en tal órgano la posibilidad de un *"lobby"* de poder Real o "próximo al Rey", que pudiera invadir o condicionar sus propias competencias o

---

Pero al margen de esas reacciones iniciales de tintes marcadamente "rosas", lo que aparece como sensación más arraigada y duradera en la opinión pública, es un sentimiento muy generalizado de impulso histórico hacia una proyección popular de la Corona, acorde con lo que cabría llamar "la Monarquía del siglo XXI".

[41] Nos remitimos de nuevo a lo dicho "in extenso" en páginas anteriores en el Apartado primero de este mismo Capítulo: *"El Príncipe de Asturias y la sucesión en el Trono. Art. 57.1. Propuesta de modificación".*

las de otros poderes del Estado. Y ello, pese a que dicho Consejo de la Corona estaría integrado, en todo caso, por seis personalidades independientes y de reconocido prestigio, con experiencia acreditada, además, en puestos de máxima responsabilidad institucional: el Presidente del Tribunal Constitucional, el Presidente del Tribunal Supremo, el Presidente del Consejo de Estado, los Presidentes del Congreso y del Senado "en la anterior legislatura" y el Presidente de la Junta de Jefes de Estado Mayor[42].

Si el rechazo de una Monarquía "cortesana", a imagen y semejanza de precedentes históricos bien conocidos, fue uno de los primeros y más positivos gestos de "modernización" de la Monarquía encarnada por el rey Juan Carlos I, creemos que en esa misma línea u orientación cabe situar –reconociendo una vez más el salto cualitativo que ello representa– la decisión matrimonial del Príncipe Felipe, claramente rupturista con la tradición histórica, aproximándose con su matrimonio al sentir más generalizado del pueblo español en pro de los matrimonios "por amor"[43] y sin otros condicionamientos que vinieran a limitar o encorsetar la libre elección del Príncipe.

Y en esta misma línea argumental de razonamientos, analogías, sondeos y coincidencias en que queremos encuadrar la decisión del Príncipe Felipe en relación con lo que representa su matrimonio, convengamos también que si se aceptara –y el contexto social, jurídico y constitucional lo demanda– la propuesta planteada y formulada en páginas anteriores[44] a favor de la eliminación de la preferencia del principio de masculinidad o varonía en la sucesión al trono, haciendo, por fin, iguales al hombre y a la mujer, nos encontraríamos con el siguiente dato expresivo del futuro que avanza inexorable en favor de la igualdad y promoción en todos los órdenes de las mujeres y que, en el caso que nos ocupa, supondría una feliz coincidencia.

Y así es, pues si el primogénito/a de don Felipe y doña Letizia Ortiz fuere niña, resultaría que, dentro aproximadamente de cuarenta años, cuando por ley de vida accediera al trono español, se encontraría con la curiosa coincidencia (generadora, en principio, de una mejor relación y comunicación) de que sus

---

[42] La enmienda presentada por López Rodó fue rechazada en Comisión por 31 votos en contra y dos a favor (los dos diputados de AP miembros de la propia Comisión). Vid. López Rodó. *"Memorias IV"*, pág. 396.

[43] Las estadísticas y sondeos que aparecieron con motivo del anuncio del compromiso matrimonial del Príncipe Felipe han sido elocuentes en tal sentido, manifestándose mayoritariamente los ciudadanos consultados a favor del matrimonio "por amor", sin condicionamientos ni exigencias previas, tachadas de "anacrónicas" e improcedentes.

[44] Vid., in extenso, Apartado primero de este mismo Capítulo: *"El Príncipe de Asturias y la sucesión en el trono. Art. 57.1 C.E. Propuesta de modificación"*.

colegas –permítasenos la expresión– que en esos años ostentarán las coronas de Bélgica, Holanda, Noruega... serán también mujeres, hoy niñas recién nacidas; sin olvidar, en igual sentido, que en la propia generación actual del Príncipe Felipe existe ya la figura de Princesa heredera al trono, como es el caso de la Corona de Suecia en la persona de la Princesa Victoria[45].

En efecto, la primogénita del Príncipe Alberto, heredero de la Corona de Bélgica, y de su esposa, la Princesa Matilde[46] es la Princesa Elizabeth, sucesora de su padre el día de mañana en el trono belga como Reina titular (no consorte) de Bélgica.

Igualmente, la primogénita del Príncipe Guillermo de Holanda, heredero de la Corona de Holanda, y de su esposa, la Princesa Máxima[47] es la Princesa Catharina Amalia, sucesora de su padre el día de mañana en el trono de los Países Bajos como Reina titular (no consorte) de Holanda.

Y, en fin y por ahora, la primogénita del Príncipe Haakon de Noruega, heredero de la Corona de Noruega, y de su esposa, la Princesa Mette–Marit[48], es la Princesa Ingrid Alexandra, sucesora de su padre el día de mañana en el trono noruego, como Reina titular (no consorte) de Noruega.

Y conscientemente hemos dicho "por ahora", porque no hay que olvidar que el día 14 de mayo, fecha cercanísima a la señalada para el matrimonio del Príncipe de Asturias (22 del mes de mayo) contraen también nupcias, el Príncipe Federico, heredero de la Corona de Dinamarca, con quien será Princesa Elizabeth[49].

---

[45] No hace falta insistir en que en tales países eso es así por haberse derogado y modificado en los últimos años leyes anteriores y tradicionales que postergaban (e incluso vetaban) a la mujer respecto del varón en la línea sucesoria al trono.

[46] Matilde d'Udekem d'Acoz, aristócrata belga, licenciada en Psicología y logopeda. Conoció al príncipe Alberto en un exclusivo club deportivo próximo a Bruselas, donde uno y otra solían ir a jugar al tenis.

[47] Máxima Zorreguieta, perteneciente a una conocida familia argentina, licenciada en Economía en Buenos Aires, "máster" en Boston, había comenzado a ejercer brillantemente su profesión en Nueva York. Conoció al Príncipe Guillermo, en Sevilla, durante una Feria de Abril. Su "tacha" u objeción estrictamente política, al conocerse y anunciarse la relación con el Príncipe Guillermo de Holanda, se concretó en el dato de que su padre, Jorge Zorreguieta, había sido Ministro de Agricultura en el gobierno militar del general Videla, al que, como es sabido, se le imputan crímenes horrendos durante aquella durísima dictadura. Por esa concreta razón y a instancias del Gobierno holandés, de reconocida trayectoria democrática, sus padres no fueron invitados a la boda Real.

[48] Mette-Marit Tjessem perteneciente a una familia de clase media de la ciudad de Kristiansand, situada al Sur de Noruega. Madre soltera e hija de divorciados, conoció al Príncipe Haakon, a través de unos amigos comunes, en un festival en su ciudad natal.

[49] Mary Elizabeth Donaldson, australiana, era abogada en una importante empresa (Microsoft Davinson) de Sidney. El Príncipe Federico de Dinamarca y heredero de la Corona, la conoció con ocasión de los pasados Juegos Olímpicos de Sidney.

Y después de estas puntuales y significativas precisiones, propias más bien de la prensa "rosa", no queremos concluir este Apartado del presente Capítulo, consagrado al matrimonio del Príncipe de Asturias, sin subrayar y destacar que el enlace matrimonial del Príncipe Felipe con doña Letizia Ortiz Rocasolano es un nuevo paso importante y trascendental en la senda constitucional recorrida ya por don Felipe como Príncipe de Asturias y, en cuanto tal, heredero de la Corona española, debiendo traer aquí a colación y recordar cómo don Felipe, al alcanzar la mayoría de edad, el 30 de enero de 1986, en fiel cumplimiento de lo dispuesto en el art. 61.2 de la Constitución, juró la Constitución y fidelidad al Rey en Acto solemne celebrado ante las Cortes Generales.

Por lo que tiene de compromiso constitucional vinculante e irreversible nos parece ilustrativo reproducir, a pie de página, el Acuerdo adoptado días antes por el Gobierno (Consejo de Ministros de 27 de diciembre de 1985) en el que precisamente se destacó la trascendencia y significación de dicho acto, de naturaleza y rango constitucional, en su doble vertiente, simbólica y jurídica[50].

Todo ello viene a reafirmar que, reinstaurada y consolidada la Monarquía española en la persona del Rey Juan Carlos I como legítimo heredero de la dinastía histórica, la continuidad de la dinastía histórica está asegurada en la joven

---

[50] El texto íntegro aparece reproducido en el Diario de sesiones del Congreso de los Diputados correspondiente al 30 de Enero de 1986 y dice literalmente lo siguiente:
"El día 30 de enero de 1986, su Alteza Real don Felipe de Borbón y Grecia, Príncipe Heredero, alcanzará la mayoría de edad, tal como ha sido certificado, a instancias del Presidente del Gobierno, por el Ministro de Justicia en su calidad de encargado del Registro Civil de la Familia Real establecido por Real Decreto 2917/1981, de 27 de noviembre.
A partir del referido día, se hace necesario que, en cumplimiento de lo previsto en el artículo 61 de la Constitución, Su Alteza Real el Príncipe Heredero preste ante las Cortes Generales juramento de desempeñar fielmente sus funciones, guardar y hacer guardar la Constitución y las leyes, y respetar los derechos de los ciudadanos y de las Comunidades Autónomas, así como de fidelidad a Su Majestad el Rey.
Resulta, pues, que el juramento de Su Alteza Real el Príncipe Heredero adquiere una doble dimensión que el Gobierno desea resaltar. Por una parte, posee un sentido simbólico muy preciso, por cuanto viene a concretar en una ceremonia solemne el compromiso del heredero de la Corona ante el ordenamiento constitucional, los derechos de los ciudadanos y de las Comunidades Autónomas y, asimismo, ante Su Majestad el Rey. De ahí que sean las Cortes Generales, como representantes del pueblo español, del que emanan todos los poderes del Estado y en el que reside la soberanía nacional, quienes hayan de recibir compromiso de tanta trascendencia.
Pero al lado de esta dimensión simbólica, el juramento de Su Alteza Real el Príncipe Heredero contiene también una importante dimensión jurídica. En nuestra Monarquía parlamentaria, la Corona es un órgano constitucional que se inserta, con las precisas funciones que establece el Título II de la Norma Fundamental, en la estructura institucional del Estado, por lo que el Príncipe heredero participa también de esta naturaleza. Con tal dimensión jurídica, el juramento de Su Alteza Real el

figura de don Felipe, Príncipe de Asturias y, como tal, heredero de la Corona que, con el matrimonio, asegurará con su línea la continuidad de la Dinastía y de la Corona al servicio de España.

Es la España que se abre y configura en la Constitución de 1978, promovida y alentada por el rey Juan Carlos I, el Rey de la reconciliación entre todos los españoles, y que se nos muestra como la primera Constitución española fruto del pacto y no de la imposición.

Es la España asentada en la Constitución del diálogo y del consenso, en la que la nota de flexibilidad resulta consustancial a la misma, porque precisamente en su génesis se acogieron las coincidencias imprescindibles entre los diversos grupos parlamentarios y, desde ahí, se articuló la diversidad.

Es la España que ha alcanzado unos niveles de libertad, de estabilidad y de prosperidad jamás conocidos en nuestra historia.

Es la España, en fin, del siglo XXI, en la que la Corona es garantía esencial y determinante en el aseguramiento de los valores superiores que proclama el art. 1 de nuestra Constitución, desde el reconocimiento de que la soberanía nacional reside en el pueblo y de que la Monarquía es la forma política del Estado español.

Príncipe Heredero se configura como acto de naturaleza constitucional que se proyecta sobre el conjunto de las instituciones estatales y, muy particularmente, sobre los restantes órganos constitucionales. Al jurar ante las Cortes Generales, el Príncipe Heredero asume así una responsabilidad institucional específica y recibe la titularidad de la misma, concretada en una vocación de Rey o Regente.

En virtud de todo lo cual, el Consejo de Ministros, a propuesta del Presidente del Gobierno, ha adoptado en su reunión del día 27 de diciembre de 1985, el siguiente

ACUERDO

Primero. Tomar conocimiento de que su Alteza Real el Príncipe Heredero don Felipe de Borbón y Grecia, alcanzará el día 30 de enero de 1986 la mayoría de edad, tal como acredita, en certificación recabada por el Presidente del Gobierno, el Ministro de Justicia en su calidad de encargado del Registro Civil de la Familia Real establecido por Real Decreto 2917/1981, de 27 de noviembre.

Segundo. Solicitar de los Excelentísimos señores Presidentes del Congreso de los Diputados y del Senado, y de acuerdo con lo dispuesto en los artículos 74.1 de la Constitución y 61 y 70, respectivamente, de los Reglamentos del Congreso de los Diputados y del Senado, la convocatoria, el día 30 de enero de 1986, de una sesión extraordinaria conjunta de ambas Cámaras de las Cortes Generales con un orden del día único consistente en la toma del juramento que debe prestar Su Alteza Real el Príncipe heredero don Felipe de Borbón y Grecia de desempeñar fielmente sus funciones, guardar y hacer guardar la Constitución y las leyes y respetar los derechos de los ciudadanos y de las Comunidades Autónomas, así como de fidelidad a su Majestad el Rey, según lo previsto en el artículo 61 de la Constitución, y con el ceremonial propio de tal solemne ocasión.

Madrid, 28 de diciembre de 1985. El Presidente del Gobierno, Felipe González".

Addenda

BANDERA Y ESCUDO DE ESPAÑA

La Bandera

Las banderas, hasta poco más de dos siglos, no han estado vinculadas al Estado o Nación, sino a la dinastía reinante. La utilización extensiva de la bandera, se inició por los Ejércitos y la Armada mediante el criterio de añadir un escudo a los colores de la dinastía, lo que no era suficiente distintivo.

CARLOS III unificó la bandera roja y amarilla para la Armada, costas y la Marina mercante, por Real Decreto de 28 de mayo de 1785, tras un concurso de ideas, siendo la razón básica de la elección su inmejorable visibilidad. Es la bandera que ha llegado a nuestros días como bandera de España.

En el Ejército de tierra se unificó la bandera por Real Decreto de 13 de octubre de 1843, durante el reinado de Isabel II, tomando la de la Armada que ya se consideraba como bandera nacional o de la Monarquía española.

Durante la II República, por Decreto de 27 de abril de 1931, se sustituye la franja inferior roja, por una morada, y se iguala el ancho de las tres franjas. La Junta de Defensa Nacional del Ejército del General Franco, restituye la Bandera bicolor por Decreto de 29 de agosto de 1936.

La Constitución de 1978, establece la bicolor, como bandera de España.

Disposiciones legales vigentes sobre la bandera de España

Art.º 4 - Constitución Española.- Descripción de la bandera de España.
R.D. 2335/80 de 10 octubre.- Regula el uso de la bandera en buques.

Ley 79/80 de 24 diciembre.- Fórmula de juramento a la bandera.
R.D. 441/81 de 27 febrero.- Especificaciones sobre los colores de la bandera.
Ley 39/81 de 28 octubre.- Regula el uso bandera de España y de otras.

El Escudo

El Rey de Asturias, don Pelayo, utilizó el León de gules sobre fondo de plata, que daría lugar al escudo del Reino de León. Alfonso VII al unir los reinos de León y Castilla, incorporó al León un Castillo, que se encuartelaría con Fernando III El Santo.

La Confederación Catalana-aragonesa, había aceptado las cuatro barras de gules en campo de oro, del Condado de Barcelona.

Tras la "Concordia de Segovia" (1475), los Reyes Católicos unieron las armas de los reinos de Castilla y Aragón y sus divisas personales, el yugo, Fernando con la Y de Ysabel y las flechas Isabel, con la F de Fernando, así como el águila de San Juan Evangelista. Al conquistar el Reino de Granada, se añade la granada en el ángulo inferior de la boca del escudo.

Felipe I el Hermoso incorpora la Cruz de Borgoña o de san Andrés.

Tras la conquista del Reino de Navarra (1515) se incorpora una orla de cadenas de oro sobre fondo de gules que Sancho VII el Fuerte, Rey de Navarra, había incorporado a su escudo en memoria de la Victoria de las Navas de Tolosa.

Carlos I sustituiría el águila de San Juan por el águila Imperial bicéfala y añadiría dos columnas con el lema *"Plus Ultra"*, la Corona Imperial y el collar del Toisón de Oro.

Felipe II, quitaría los atributos imperiales, la Corona y águila, y añadió en 1580 el escusón del Reino de Portugal en el centro. Desde luego, también, estuvieron incorporadas al escudo de España las armas de los territorios que pertenecieron al Reino, como Nápoles, Parma, Flandes, Toscana, Branbante, Tivol, Austria y Borgoña.

Felipe V sustituye el escusón de Portugal, por un escusón con bordura con las tres flores de Lis, de la familia Borbón. La bordura de gules es la brisura que correspondía a Felipe V como tercer hijo del Rey Borbón francés.

El primer escudo de España puede decirse que apareció en las Cortes de Burgos, el día 11 de junio de 1515, en las que el Reino de Navarra se unió al de Castilla.

Todas las modificaciones posteriores señaladas, no alteran su esencia. El escudo de España, que es un escudo de integración, refleja muy bien nuestra historia hasta alcanzar la unidad.

El general Franco incorporó al escudo, el lema "Una Grande Libre" rodeando el cuello del águila de San Juan Evangelista que, junto con el yugo y las flechas en el escudo quiere recordar a los Reyes Católicos.

La Constitución de 1978 no describe el escudo de España, como hace con la bandera, lo hace la Ley 33/81 de 5 de octubre.

Legislación complementaria sobre el escudo de España:

— Ley 33/81 de 5 de octubre.- escudo de España
— Real Decreto 2964/81 de 18 de diciembre.- Modelo oficial del escudo.
— Real Decreto 2267/82 de 3 de septiembre.- Especificaciones técnicas sobre los colores del escudo de España.

HIMNO DE ESPAÑA. MARCHA REAL

El actual himno nacional es la composición denominada Marcha Granadera, también conocida como Marcha Real.

La historia reciente de su vigencia arranca con el Decreto de 17 de julio de 1942, en el que se oficializaba el himno nacional junto con el "Saludo Nacional", brazo en alto, y los "cantos del Movimiento", el Cara al Sol, el Oriamendi y el Himno de la Legión, lo que colocaba al himno nacional en una posición absurda, no ya durante la propia dictadura del general Franco sino años después, bien concluida la Transición democrática.

Por fin, mediante Real Decreto 1560/1997 de 10 de octubre, se declara *Himno Nacional de España* a la *Marcha Granadera* o *Marcha Real Española*, regulándose su tratamiento en los actos públicos.

Para que tal declaración fuera posible, el Estado debió adquirir a los herederos de don Bartolomé Pérez Casas los derechos de explotación, reproducción, etc., pues el referido compositor fue el autor de la armonización e instrumentación de la *Marcha Real* el año 1908. Dicha adquisición se acordó mediante Real Decreto 1543/1997 de 3 de octubre.

La Marcha Granadera no tiene compositor conocido, la leyenda dice que el Rey de Prusia se la regaló a Carlos III, por lo que su origen sería germánico. Lo cierto es que Carlos III dictó un Real Decreto el 3 de septiembre de 1770 en San Ildefonso, declarándola *Marcha de Honor Española*.

Desde Carlos III, puede decirse que la Marcha Granadera ha tenido la consideración de himno nacional, con las excepciones siguientes:

El 7 de abril de 1822, siendo Presidente de las Cortes don Rafael del Riego, cuando éstas y el Gobierno se encontraban huidos en Cádiz, fue declarada marcha nacional el *Himno de Riego* hasta la invasión de los "Cien mil Hijos de San Luis" que repondrían en su plenitud el poder Real de Fernando VII.

Es patente que el *"Himno de Riego"* no se estableció con el advenimiento de la I República, como suele ser de común creencia, sino casi cincuenta y un años antes, cuando el Gobierno de España, teniendo prácticamente preso al Rey, reside en Cádiz aprestándose a resistir, inútilmente, el ataque de los "Cien mil Hijos de San Luis" que enviara la Santa Alianza.

Durante la II República, el Himno Nacional volvió a ser el *Himno de Riego*.

Durante el reinado de Amadeo I, se abrió un concurso para declarar un nuevo himno nacional, pero a pesar del gran número de concursantes, más de 400, fracasó el intento.

Salvando los dos breves períodos reseñados, como decíamos, la *Marcha Granadera* o *Marcha Real*, ha sido tenida por himno nacional desde 1770 hasta nuestros días.

El himno nacional carece de letra, aunque han existido diversos intentos para incorporarle un texto que pueda ser cantado por el pueblo, ninguno de los cuales cuajó.

Merece destacarse la letra que aportó don José Mª Pemán, durante el régimen del general Franco, de marcado carácter "movimientista", como corresponde a la primera época de aquél Régimen. Esta es : "*¡Viva España! / Alzad los brazos, hijos del pueblo español / que vuelve a resurgir / Gloria a la Patria / Que supo seguir / Sobre el azul del mar / El caminar del Sol / ¡Triunfa España! / Los yunques y las ruedas cantan al compás / Un nuevo himno de fe / Junto con ellos / Cantemos de pie / La vida nueva y fuerte / De trabajo y paz*".

La Marcha Granadera tiene un ritmo grave y pausado de gran sentido majestuoso y hasta religioso, lo que dificulta la integración en ella de una letra, que es lo ocurre en la mayoría de países. Por su condición de Marcha Real se utiliza para rendir honores a la realeza de Cristo y de la Virgen María, cuando se expone el Santísimo Sacramento o se exhiben imágenes de Cristo y la Virgen.

Quizá lo más sorprendente del himno nacional español sea, como decíamos al principio, que hasta el año 1997 no hubiera tenido mejor ubicación normativa que el referido Decreto de 17 de julio de 1942.

Como legislación directamente relacionada con el himno nacional, debe resaltarse el Real Decreto 834/1984 de 11 de abril por el que se aprueba el Reglamento de honores militares, que regula su utilización a efectos de rendición de honores. Este Real Decreto daba por supuesta la existencia del himno nacional, en referencia a la Marcha Granadera, aún cuando faltaba trece años para que fuera efectiva su condición de tal.

El himno nacional no sólo es la más alta expresión de rendición de honores sino que, junto con la bandera y el escudo, constituyen el conjunto de símbolos de la unidad histórica y constitucional de España.

Himno nacional de España

MARCHA REAL

Allegro Mae...

CUADRO HISTÓRICO-CULTURAL DE MEDIO MILENIO

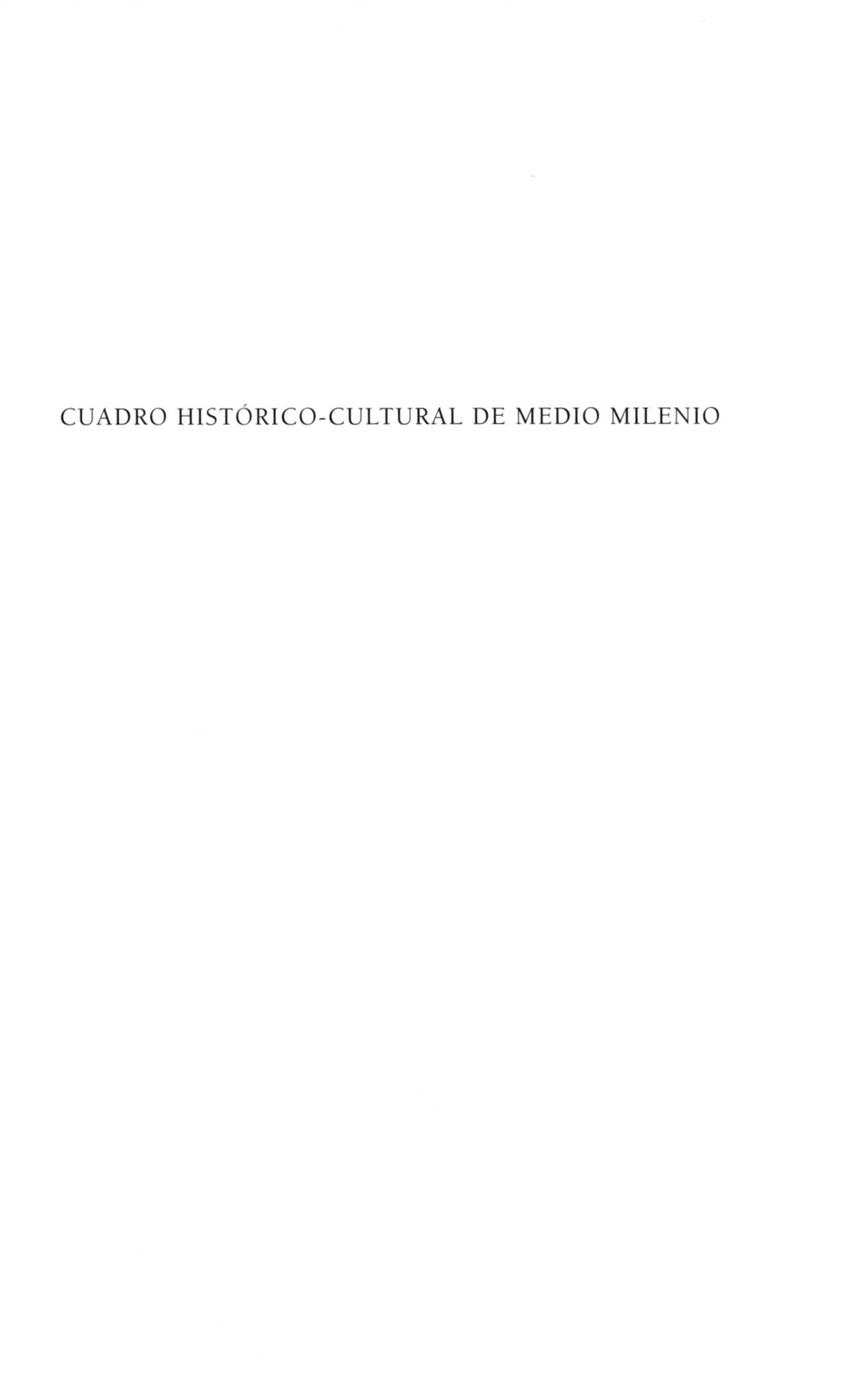

LA DINASTÍA BORBÓN

	ORDEN POLÍTICO	CORONA	ARTES	LETRAS
RENACIMIENTO 2ª MITAD S.VX Y S.XVI	PODER REAL ABSOLUTO. PÉRDIDA PODER NOBLEZA. UNIDAD NACIONAL. DESCUBRIMIENTO. IMPERIO PLURAL	R. CATÓLICOS Juana I Carlos I Felipe II	CLASICISMO PINTURA - Perfección formas - Colorismo - Perspectiva - Profana y religiosa ARQUITECTURA Plateresco Desarrollo del Gótico Herreriano Severidad, colosianismo MÚSICA - Polifonía MANIERISMO	FORMALISMO CLASICISTA LATÍN – LENGUAS VULGARES. PROFANA. MÚSICA ASCÉTICA NOVELA: - Picaresca - Pastoril - Bizantina - Morisca GRAMATICA ESPAÑOLA
BARROCO S. XVII	PODER REAL ABSOLUTO VÀLIDOS DECLIVE DEL PODER EN EUROPA FIN AUSTRIAS	Felipe III Felipe IV Carlos II	SOLEMNIDDAD ARTIFICIO Claroscuro ARQUITECTURA Churrigueresca PINTURA Luz, movimiento, espacio MÙSICA - Escénica (Zarzuela) - Melodía acompañada - Virtuosismo. Exuberancia (Coros 36 voces") Música religiosa vocal (oratorio)	VUELTA AL ROMANCE ACTITUD MORALIZANTE¨ Honra, amor, monarquia, religiòn AUGE DEL TEATRO COMEDIA ESPAÑOLA METÁFORA-HIPÉRBOLE ANTI-FORMALISMO
ILUSTRACIÒN S. XVIII	DESPOTISMO ILUSTRADO FILANTROPISMO INICIOS DE LA BURGUESÍA	Felipe V Luis I Fernando VI Carlos III	NEOCLASICISMO Florecimiento de Museos ARQUITECTURA Simetría, sobriedad, prima la columna. Aparece el urbanismo PINTURA Estilo escultórico pérdida color ROCOCÓ Complejidad barroca Estilo decorativo Equilibrio, belleza formal Proporcionalidad. Música cortesana, destaca el piano Formas: Sonata, Sinfonía, Solista	NEOCLASICISMO FORMALISMO VUELVEN LAS TRES REGLAS DE LA UNIDAD. AUGE DEL TEATRO. MODERNIZACIÓN DEL CASTELLANO. (Sintaxis actual) POCO DESARROLLO DE LA PROSA. PRE-ROMANTICISMO (fines s. XVIII).

CIENCIAS	FILOSOFÍA	RELIGIÓN	CARACTERÍSTICAS	PERSONAJES
GRAN AVANCE Geografía Cartografía Náutica Ciencias Naturales Ciencias Exactas Medicina. Derecho Internacional APARECE IMPRENTA HUMANISMO LEYES NATURALEZA	DECLIVE ARISTOTELISMO LIBRE PENSAMIENTO ERASMISMO Concilia Humanismo y Fe DESARROLLO ESCOLÁSTICA (influencia Concilio Trento)	UNIDAD DE FE Expulsión judíos Sometimiento moriscos REFORMA PROTESTANTE Lutero-Calvinismo CONCILIO DE TRENTO CONTRA-REFORMA INQUISICIÓN ACTIVIDAD MISIONERA Jesuitas (Fco. Javier) ANGLICANISMO	ANTROCENTRISMO CLASICISMO HUMANISMO	Elio Antonio Nebrija Erasmo Rotterdam Cardenal Cisneros Fco. de los Cobos Sta. Teresa de Jesús Francisco de Vitoria S. Juan de la Cruz Luis Vives Fray Luis de León Francisco Suárez Garcilaso de la Vega Juan Bta. Herrera
Desatención enseñanza primaria. Desarrollo de las Universidades Progreso Medicina.experimental Acceso a la Ciencia Moderna Creación Centros científicos. Innovaciones tecnológicas	ESCOLÁSTICA 1ª MITAD SIGLO FILOSOFÍA MODERNA DESCARTES Comprensión del Universo sin referencia a Dios. Racionalismo-Idealismo 2ª MITAD SIGLO EMPIRISMO (LOCKE) NIHILISMO (HUME)	CONTRA-REFORMA INQUISICIÓN Problema Galileo Tensión Ciencia-Dogma JANSENISMO	SIGLO DE ORO ESPAÑOL SENSUALIDAD VUELTA A LO MEDIEVAL. GRANDIOSIDAD- DRAMATISMO. COMPLEJIDAD DE FORMAS. ALEGORÍA	Conde Duque de Olivares Murillo Velázquez Lope de Vega Fco. de Quevedo
GRAN AVANCE Medicina Ciencias Exactas Ciencias Naturales Astronomía Urbanismo EMPIRISMO MECANICISMO BASES PARA INDUSTRIALIZACIÓN SIGLO XIX CREACIÓN CENTROS DE INVESTIGACIÓN DETERMINISMO	IUSNATURALISMO RACIONALISMO Y DEISMO CRITICISMO Rousseau Kant Montesquieu	PROTESTANTISMO CENTRO EUROPA ESCEPTICISMO Avance Incredulidad ACEPTACIÓN DEL PRESTAMO A INTERÉS, (BULA VIX PERVENIT)	ANTROPOCENTRISMO RACIONALISMO HUMANISMO NEOCLASICISMO ESPÍRITU CRÍTICO IGUALITARISMO Y REFORMISMO BASES REVOLUCIÓN FRANCESA DERECHO A LA FELICIDAD	José Patiño M. Esquilache C. Aranda C. Floridablanca Jovellanos Fco. de Goya Fco. Isla Tomás Iriarte Fdez. Moratín Fray Benito Feijoo Ramón de la Cruz

	ORDEN POLÍTICO	CORONA	ARTES	LETRAS
PRE-ROMANTICISMO TRANSICIÓN 1775-1825	ILUSTRACIÓN EN DECLIVE PRIMEROS SIGNOS REVOLUCIONARIOS EN ESPAÑA CONVICCIÓN ANTI-REPUBLICANA Y PRO-BORBONICA SOMETIMIENTO A NAPOLEÓN PACTOS DE FAMILIA	Carlos IV	ARQUITECTURA Recuperación del gótico, románico y bizantino. (Caótico electicismo). PINTURA Pérdida rigorismo, abocetamiento. Temas históricos. MÚSICA (BEETHOVEN) Expresividad, energía, sensualidad, virilidad, abandono del elitismo cortesano.	2ª ESCUELA SALMANTINA. Nicasio Álvaro Cienfuegos Manuel José Quintana ESCUELA SEVILLANA Manuel Mª Arjona José Marchena José Mª Blanco White Alberto Lista. SUBJETIVIDAD MELANCOLÍA EVOCACIÓN
ROMANTICISMO S. XIX	LIBERTAD, ABSOLUTISMO. LIBERALISMO. NACIONALISMO SOCIALISMO GUERRA DE LA INDEPENDENCIA CUESTIÓN CARLISTA REVOLUCIÓN 68 REPÚBLICA. RESTAURACIÓN PÉRDIDA COLONIAL CONSITUCIONALISMO FEDERALISMO.	Fernando VII Isabel II Alfonso XII	ARQUITECTURA NEOGÓTICA Fantasiosa, extravagante. PINTURA ABANDONO EL ACADEMICISMO Expresión sentimientos, contacto con la Naturaleza. Goya, pinturas negras y aguafuertes. MÚSICA Popular, nacional. Música ligera de salón. Intimismo. Virtuosismo. Piano. Música-poética Renace Zarzuela, aparece "género chico".	SENTIDO LIBERAL LIBERTAD CÁNONES PATRIOTISMO Y CRISTIANISMO AUGE NARRATIVA Novela histórica y costumbrista. Desarrollo periodismo. Poesía de inspiración, pasión, arrebato, sentimentalismo, melancolía, lirismo, Teatro dramático, sin las tres reglas de unidad. Aparece la literatura realista. en la 2ª mitad del S. XIX (*).
S. XX	DEMOCRATISMO. SOCIALISMO. COMUNISMO. FASCISMO Y ANARQUISMO GUERRAS MUNDIALES GUERRA C. ESPAÑOLA. POLÍTICA DE BLOQUES: Guerra Fría. Armamentismo FIN DE COMUNISMO. GLOBALIZACIÓN LIBERALZIACION.	Alfonso XIII Juan Carlos I	IMPRESIONISMO VANGUARDISMO ARQUITECTURA Funcionalismo PINTURA Fauvismo (colorismo) Cubismo (geometrismo) Surrealismo (meta real) Expresionismo. Abstractismo. Pop-Art. MÚSICA Intimismo, pintoresquismo, popular.	GENERACIÓN 98 Patriotismo pesimista. Modernismo. GENERACIÓN 27 Vanguardismo nexo en el Siglo de Oro. AÑOS 50 Y 60 Realismo social.

ADDENDA

CIENCIAS	FILOSOFÍA	RELIGIÓN	CARACTERÍSTICAS	PERSONAJES
Investigación científica, dinamiza desarrollo tecnológico. ERA CIENTÍFICA MATEMÁTICAS: Trigonometría y la Analítica (funciones). Gran avance en FÍSICA (calor, luz, electricidad...) Revolución BIOLOGÍA. Química orgánica, Fisiología, Bacteriología,	POST-KANTISMO J. Teófilo Fiche. Lógica histórica. Evolución dialéctica racional del espíritu. George Hesel.	OPOSICIÓN IGLESIA A LOS ALBORES REV. FRANCESA. Persecución religiosa en Francia. 1793.	INICIO REVOLUCIÓN DEL SENTIMIENTO. INICIOS DEL ANTI-FORMALISMO.	Manuel Godoy. Fco. de Goya José Madrazo G. M. Jovellanos
DESARROLLO CIENTÍFICO A PARTIR DE 1815 Terminología científica moderna. Las épocas absolutistas frenan el desarrollo científico y producen el exilio de los científicos.	IDEALISMO LÓGICO Realidad producto del desarrollo del espíritu humano. El desarrollo del espíritu humano, explica la "Historia del Mundo y del Hombre" (Hegel). Marx aplica la teoría de Hegel a la economía.	INCOMPATIBILIDAD IGLESIA-REVOLUCIÓN LIBERAL 1834–Encíclica singulari nos (Gregorio XVI). 1864–Encíclica Quanta Cura acompañada un Racionalismo, el Liberalismo (80 errores) y la civilización moderna (Pío IX). CONCILIO VATICANO I Concepción antiliberal Centraliza gobierno Iglesia. Infalibilidad del Papa. CRISIS ESTADOS PONTIFICIOS -UNIDAD ITALIANA	INDIVIDUALISMO SUBJETIVISMO SENSUALIDAD. ANTI-FORMALISMO TRADICIONES POPULARES DISTANCIAMIENTO REALIDAD. INDUSTRIALIZACIÓN (Primera Fase). SOCIEDAD URBANA COLONIALISMO AFRICANO	Baldomero Espartero Francisco Serrano Juan Prim Práxedes Sagasta Fco. Pl Margall Francisco de Goya Gustavo A. Becquer Rosalía de Castro Mariano J. Larra José de Echegaray Marino Fortuny Benito Pérez Galdós (*) Leopoldo Alas (*)
GRAN DESARROLLO CIENTÍFICO Y TECNOLÓGICO TRAS II GUERRA MUNDIAL Técnica armamento Energía nuclear Comunicaciones Cibernética Técnica espacial	POSITIVISMO Filosofía como Ciencia EXISTENCIALISMO Existencialismo Cristiano	RERUM NOVARUM LEÓN XII – 1898 CONDENA DEL MODERNISMO PÍO X – 1907 CONCILIO VATICANO II JUAN XIII – PABLO VI TENSIONES ENTRE TEOLOGÍA LIBERACIÓN Y TEOLOGIA TRADICIONAL JUAN PABLO II	REALISMO SOCIAL MODERNISMO-VANGUARDISMO SEGUNDA INDUSTRIALIZACIÓN BURGUESÍA-PROLETARIADO LUCHA DE CLASES. DESARROLLISMO ECONÓMICO CAPITALISMO FIN COLONIALISMO TERCER MUNDISMO	Antonio Maura Mig. Primo de Rivera Manuel Azaña Francisco Franco Adolfo Suárez Felipe González Jose Mª Aznar Hnos. Machado Miguel Unamuno Ramón Valle-Inclán Jacinto Benavente Juan Ramón Jimenez Federico García Lorca Vicente Aleixandre Camilo J. Cela Salvador Dalí Pablo Picasso Joan Miró Manuel Falla Paul Casals Antonio Tapies Antonio López

REYES Y JEFES DE ESTADO DE MEDIO MILENIO

LA DINASTÍA BORBÓN

	ESPAÑA		PORTUGAL		FRANCIA		INGLATERRA
TRASTARMARA	Isabel I (1474-1505) Fernando II (1479-1516)	**AVIS (Enrique bastardo)**	Alfonso V (1438-1481)	**VALOIS**	Luis IX (1461-1483)	**TUDOR**	Enrique VII (1485-1509)
			Juan II (1481-1495)		Carlos VIII (1483-98)		
					Luis XII (1498-1515)		Enrique VIII (1493-1533)
			Manuel I (1495-1521)				Eduardo VI (1547-1533)
					ORLEANS		María I (1553-1558)
	Juana I (1505-1517) Felipe I (1506		Juan III (1521-1577)				Isabel I (1558-1603)
					Francisco I (1515-47)		
			Sebastián I (1557-1578)	**VALOIS-ANGULEMA**			
HABSBURGO	Carlos I (1517-1556)		Enrique (1578-1580)		Enrique II (1547-1559)	**ESTUARDO**	Jacobo I (1603-1625)
	Felipe II (1556-1598)						Carlos I (1625-1649)
					Francisco II (1559-60)		
	Felipe III (1598-1621)	**HABSBURGO**	Felipe II (1580-1598)				
			Felipe III (1598-1621)		Carlos IX (1560-1574)		
	Felipe IV (1621-1665)		Felipe IV (1621-1640)				
					Enrique II (1574-1589)		
							REPÚBLICA CROMWELL
	Carlos II (1665-1700)						1649-1660
					Enrique IV (1589-1610)		
BORBÓN		**BRAGANZA**	Juan I (1640-1656)	**BORBÓN**	Luis XIII (1610-43)	**ESTUARDO**	
	Felipe V (1700-1746)		Alfonso VI (1656-1667)		Luis XIV (1643-1715)		Carlos II (1660-1685)
	Luis I (1724)		Pedro II Regencia (1667-1683) Reinado (1683-1706)		Luis XV (1715-1774)		Jacobo II (1685-1688)
	Fernando VI (1746-1659)						María II Guillermo III (1689-1702)
	Carlos III (1759-1788)		Juan V (1706-1750)		Luis XVI (1774-1793)		Ana (1702-1714)
	Carlos IV (1788-1808)		José I (1750-1777)				
					I REPÚBLICA (1793-1799) Robespierre (1794)	**HANNOVER**	Jorge I (1714-1727)
							Jorge II (1727-1760)
					CONSULADO Napoleón (1799-1803)		
			(Cont.)				(Cont.)

	ALEMANIA		RUSIA	PAPADO	EE.UU.
HABSBURGO	Federico III (1440-1493)	**RIURIKOVICH**	Iván II (1462-1505)	Sixto IV (1471-1484)	
	Maximilia I (1493-1519)			Inocencio VIII (1484-92)	
	Carlos V (1519-1556)		Basilio III (1505-1533)	Alejand.IV(1492-1503)	
	Fernando I (1556-1564)			Pío III (1503-)	
	Maximilia II (1564-1576)		Iván IV (1533-1584)	Julio II (1503-1513)	
	Rodolfo II (1576-1612)			León X (1513-1521)	
	Matías (1612-1619		Fiodor I (1584-1589)	Aadriano VI (1522-1523)	
	Fernando II (1619-1637)			Clemente VII(1523-34)	
	Fernando III (1637-1657)		GODUNOV	Pablo III (1534-1549)	
	Leopoldo I (1658-1705)		Boris I (1589-1605)	Julio III (1550-1555)	
	José I (1705-1711)		Fiodor II (1605)	Marcelo II (1555)	
	Carlos VI (1711-1740)			Pablo IV (1555-1559)	
	Carlos VII (1742-1745)		TALSO	Pío IV (1559-1565)	
				Pío V (1566-1572)	
			Demetrio I (1605-06)	Gregorio XIII (1572-85)	
				Sixto V (1585-1590)	
			SUISKIII	Urbano VII (1590)	
				Gregorio XIV (1590-91)	
			Basilio IV (1606-1610)	Inocencio IX (1591)	
				Clemente VIII (1592-1605)	
			Inter-Regno (1610-13)	León XI (1605)	
				Pablo V (1605-1621)	
				Gregorio XIV (1621-23)	
HABSBURGO-LORENA	Francisco I (1745-1765)	**ROMANOV**	Miguel III (1613-1645)	Urbano VIII (1623-1644)	
				Inocencio X (1644-55)	
	José II (1765-1790)			Alejand. VII (1655-67)	
			Alejo II (1645-1676)	Clemente IX (1667-700)	
	Leopoldo II (1790-1792)		Fiodor III (1676-1682)	Clemente X (1670-76)	
			Iván V (1682-1689)	Inocencio XI (1676-89)	
	Francisco II (1792-1806)		Pedro I (1689-1725)	Alejand. VIII (1689-91)	
			Catalina I (1725-1727)	Inocenc. XII (1691-1700)	
	Fin Sacro Imp. Rom. G.		Pedro II (1727-1730)	Clemente XI (1700-21)	
			Ana Ivanov. (1730-1740)	Inocenc. XIII (1721-24)	
			Iván VI (1740-1741)	Benedic. XIII (1724-30)	
			Isabel (1741-1762)	Clemente XII (1730-40)	
			Pedro III (1762)	Benedicto XIV (1740-58)	
			Catalina II (1762-1796)	Clemente XIII (1769-74)	
			Pablo I (1796-1801)	Pío VI (1775-1799)	

LA DINASTÍA BORBÓN

ESPAÑA		PORTUGAL		FRANCIA		INGLATERRA
BONAPARTE José I – 1808-1814)		Pedro III (1777-1816 María I		BONAPARTE Napoleón I (1804-14)		Jorge III (1760-1820)
BORBON Fernando VII (1808-33) Isabel II (1833-1868)		Juan VI (1816-1826) Pedro IV (1826)		BORBON Luis XVIII (1814-1824) Carlos X (1824-1830)		Jorge IV (1820-1830)
SABOYA Amadeo I (1871-1873)	B R A G A N Z A	María II (1826-1853) Pedro V (1853-1861)		ORLEANS Luis Felipe I (1830-1848)	H A N N O V E R	Guillermo IV (1830-1837)
I REPÚBLICA Estanislao FIG. (1873) Fco. PI Margall (1873) Nicol. Salmerón (1873) Emil. Castelar (1873-74)		Luis I (1861-1889) Carlos I (1889-1908) Manuel II (1908-1910)		II REPÚBLICA L. Napoleón (1849-52) BONAPARTE Napoleón III (1852-70)		Victoria (1837-1901) Eduardo VII (1901-1910) Jorge V (1910-1936)
BORBON Alfonso XII (1875-85) Alfonso XIII (1861-1931) I REPÚBLICA N. Alcalá-Zamora (1931-36) D. Mtez. Barrios (1936) M. Azaña (1936-39) DICTADURA 1939-1975 Gral. Franco Juan Carlos I 1975	B O R B Ó N	REPÚB. PORTUGAL T. Braga (1910-11) M. Arriaga (1911-1915) B. Machado (1915-17) Sinodio Paes (1918) DR. Almeida (1919-23) T. Gomes (1923-1925) Gral. Gomes (1925-28) Gral.Carmona (1929-51) Gral. Caveiro (1951-58) Am. Thomas (1958-1974) Gral. Spinola (1974) Gral. Costa G. (1974-76) Gral. Eanes (1976-86) Mario Soares (1986-96) Jorge Sampaio (1996)		III REPÚBLICA (1871-1946) Thiers (1871-1873) P. M.Mahon (1873-1879) Jules Grevy(1879-87) S. Carnot (1887-1994) J. Casimir-P. (1894-1895) Felix Faure (1895-99) Em. Loubel (1899-1906) Fallieres (1906-1913) R. Poincare (1913-20) Millerand (1920-24) Dommergue (1924-31) P. Doumer (1931-32) Alb.Lebrun (1932-40) Gob. Vichy: Gral. Petain Resis. Grl. de Gaulle (1940-1945) IV REPÚBLICA (1947-1958) VIC. Auriol (1947-53) Rene Coty (1953-58) V REPÚBLICA C. de Gaulle (1958-69) G. Pompidou (1969-74) V. Giscard E. (1974-81) F. Mitterrand (1981-1995) J. Chirac (1995)		Eduardo VIII (1936) Jorge VI (1936-1952) Isabel II (1962)

ALEMANIA	RUSIA	PAPADO	EE.UU
CONFED. DEL RHIN			
Era Napoleón I (1806-14)	Alejandro I (1801-25)	Pío VII (1800-1823)	G. Washington (1788-96)
Napoleón I – PROTECT.			J. Adams (1796-1800)
	Nicolás I (1825-55)	León XII (1823-1829)	T. Jefferson (1800-1808)
CONFED. GERMÁNICA			J. Madison (1808-1816)
HABSBURGO-LORENA	Alejandro I (1885-81)	Pío VIII (1829-1830)	J. Moore (1816-1824)
Presidida Empdor. Austria			J. Q. Adams (1824-1828)
Francisco II (1815-35)	Alejandro II (1881-94)	Gregorio XVI (1831-46)	A. Jackson (1828-1836)
Fernando I (1835-48)			M.V. Buren (1836-18400
Fco. José I (1848-66)	Nicolás II (1894-17)	Pío IX (1846-1878)	W. Harrison (1840-1841)
			J. Tyler (1841-1844)
CONF. N. ALEMANIA			J. Polk (1844-1848)
(HOHENZOLLERN)		León XIII (1878-1903)	Z. Taylor (1848-1850)
Poder Rey de Prusia			M. Fillmore (1850-1852)
Guillermo I (1866-71)		Pío X (1903-1914)	F. Pierce (1852-1856)
			J. Buchanan (1856-1860)
HOHENZOLLERN		Benedicto XV (1914-22)	A. Lincoln (1860-1864)
(II REICH)			A. Johnson (1864-1868)
Guillermo I (1871-1888)			U. Grant (1868-1876)
Federico II (1888)		Pío XI (1922-1939)	R. Hayes (1876-1880)
Guillermo II (1888-1918)			J. Garfield (1880-1881)
			Ch. A. Arthur (1881-1884)
REPÚBLICA WEIMAR	U.R.S.S.	Pío XII (1939-1958)	G. Cleveland (1884-1888)
F. Hebert (1919-1925)			B. Harrison (1888-1892)
Hindenburg (1925-1934)	Era Lenin (1918-1924)	Juan XIII (1958-1963)	G. Cleveland (1892-1896)
	Era Stalin (1924-1953)		W. M. Kinley (1896-1901)
III REICH	Era Kruschev (1955-64)	Pablo VI (1963-1978)	T. Roosevelt (1901-1908)
A. Hitler (1934-1945)	Era Breznef (1966-82)		W. Jaft (1908-1912)
	Andropov (1982-84)	Juan Pablo I (1978)	W. Wilson (1912-1920)
REPÚB. FEDERAL	Chernenko (1984-85)		W. Harding (1920-1923)
Theo. Heuss (1949-59)	Era Perestroika	Juan Pablo II (1978)	C. Coolidge (1923-1928)
Hinr. Luebke (1959-69)	Gorbachov (1985-91)		H. Hoover (1928-1932)
Gus. Hinemann (1969-74)			R. Roosevelt (1932-1945)
Wal. Scheel (1974-79)	Yelsin (1991-99)		H. Truman (1945-1952)
Karl Cartens (1979-84)			D. Eisenhower (1952-1960)
R. Weizsäcker (1984-94)	Putin (2000)		J. Kennedy (1960-1963)
Roman Herzog (1994-99)			L. Johnson (1963-1968)
Johannes Rau (1999)			R. Nixon (1968-1974)
			Gerald Ford (1974-1976)
			James Carter (1976-1980)
			R. Reagan (1980-1988)
			George Bush (1988-1992)
			Bel Clinton (1992-2000)
			George W. Bush (2000)

Este libro se terminó
de imprimir en Madrid,
el 19 de mayo de 2004